Gottfried Heller

DIE **REVOLUTION**
DER **GELDANLAGE**

Für meine Frau Margaret

Gottfried
Heller

DIE **REVOLUTION**
DER **GELDANLAGE**

FBV

Bibliografische Information der Deutschen Nationalbibliothek:
Die Deutsche Nationalbibliothek verzeichnet diese Publikation in der Deutschen Nationalbibliografie.
Detaillierte bibliografische Daten sind im Internet über http://dnb.d-nb.de abrufbar.

Für Fragen und Anregungen:
info@finanzbuchverlag.de

1. Auflage 2018

© 2018 by FinanzBuch Verlag,
ein Imprint der Münchner Verlagsgruppe GmbH
Nymphenburger Straße 86
D-80636 München
Tel.: 089 651285-0
Fax: 089 652096

Korrektorat: Hella Neukötter
Umschlaggestaltung: Manuela Amode, München
Satz: ZeroSoft, Timisoara
Druck: GGP Media GmbH, Pößneck
Printed in Germany

ISBN Print 978-3-95972-078-6
ISBN E-Book (PDF) 978-3-96092-130-1
ISBN E-Book (EPUB, Mobi) 978-3-96092-131-8

Weitere Informationen zum Verlag finden Sie unter

www.finanzbuchverlag.de

Beachten Sie auch unsere weiteren Verlage unter www.m-vg.de

INHALT

Inhalt

Vorwort

Ende 2017 hat die *Europäische Zentralbank* (EZB) weitreichende Beschlüsse gefasst, die den Leitzins von null Prozent bis mindestens Mitte 2019 festschreiben. Nach meiner Einschätzung könnten die Null-Prozent-Jahre sogar bis 2020 dauern. Für Anleger und Sparer sind das denkbar schlechte Nachrichten, bedeuten sie doch, dass ihre Leidenszeit noch lange anhalten wird. Sie bekommen für den Großteil der Ersparnisse, die in Bank- und Versicherungsprodukten angelegt sind, so niedrige Zinsen, dass damit der Kaufkraftverlust durch die Inflation bei weitem nicht ausgeglichen wird. Die Anleger und Sparer werden auf diese Weise schleichend enteignet.

Trotzdem halten die meisten Deutschen eisern an ihren Spargewohnheiten fest und legen den Großteil ihrer Ersparnisse unverändert in zinsabhängigen Produkten an. Dieses Verhalten ist vor allem in der privaten Altersvorsorge brandgefährlich, weil mit Minizinsen ein finanzieller Ausgleich für das schrumpfende gesetzliche Rentenniveau damit unmöglich ist. Deshalb ist es höchste Zeit, endlich umzudenken und einen Teil der Gelder in Aktien anzulegen. Ohne Aktie ist keine vernünftige Vorsorge möglich. Jetzt noch weniger als in »normalen« Zeiten. Sie ist langfristig die mit Abstand ertragreichste Anlageklasse. Das hat sie sogar in den letzten beiden Jahrzehnten bewiesen. Obwohl in dieser Zeitspanne so viele Finanzkrisen und Kurseinbrüche wie nie zuvor die Börsen und die Anleger erschüttert haben, konnten Aktienanleger per saldo attraktive Renditen aus Kursgewinnen und Dividenden erzielen.

Dabei gibt es für Sie als Privatanleger seit einigen Jahren so einfache und außerordentlich kostengünstige Möglichkeiten wie noch nie. Selbst mit geringen Beträgen kann ein weltweit breit gestreutes und damit wenig risikoanfälliges Wertpapierdepot aufgebaut werden: Mit ETFs, die einen Börsenindex wie den *DAX* oder den *Dow Jones* nachbilden, und die man so bequem und unkompliziert wie eine einzelne Aktie kaufen kann.

Die börsengehandelten Indexfonds, wie ETFs in der deutschen Übersetzung heißen, verschaffen Ihnen die gleichen Chancen wie Investmentprofis, die Milliarden verwalten. Eigentlich sogar bessere, weil Sie als

9

Privatanleger nicht unter Erfolgszwang und dem Druck staatlicher Regulierung stehen. Das ist eine großartige »Demokratisierung« der Geldanlage.

In diesem Buch möchte ich Ihnen, liebe Leserinnen und Leser, aufzeigen, mit welch einfachen Methoden Sie diese »Revolution« zum Aufbau eines Vermögens und zu dessen Mehrung nutzen können. Dazu stelle ich Ihnen leicht verständliche und bequem nachzuvollziehende Strategien zur Risikominimierung und zur Renditesteigerung vor, die sich während meiner 50 Jahre an der Börse erfolgreich bewährt haben. Ein besonderes Augenmerk lege ich auf die brennende Frage, wie man mit kluger Vorsorge den Ruhestand komfortabel gestalten kann.

Für diese revolutionären Möglichkeiten der Geldanlage mittels ETFs brauchen Sie als Anleger kein besonderes Börsenwissen. Der gesunde Menschenverstand reicht.

München, im Januar 2018
Gottfried Heller

1. Schöne neue Börsenwelt – Privat-anleger sind die grossen Gewinner

Geld anlegen ist nicht annähernd so schwierig, wie es aussieht. Erfolg-reich investieren erfordert lediglich, ein paar Dinge richtig zu machen und gravierende Fehler zu vermeiden.

John Bogle, »Erfinder« von Indexfonds für Privatanleger

Einleitung

In der Börsenwelt findet seit Jahren eine lautlose Revolution statt. Die größten Opfer dieser Revolution sind die Halbgötter der Wall Street. Manche von ihnen haben das aber bis heute noch nicht so richtig begriffen. Als ich 1967 in New York an einer Hochschule Abendkurse über Börse und Wertpapieranalyse besuchte, ging es vor allem um *Stock Selection* – also um die richtige Auswahl von Aktien – durch fundamentale Analyse sowie auch mit Hilfe von Charts. Die Auswahl von Aktien war jedenfalls damals das A und das O des Investierens. Ich war in der Zeit, als ich Abendkurse besuchte, tagsüber als Ingenieur bei einer Management-Consulting-Firma in New York tätig. Damals wohnte ich schon seit vier Jahren in Amerika und hatte den schockierenden Mord an Präsident John F. Kennedy 1963 miterlebt.

In den USA wird man tagein, tagaus in den Medien mit Börsennach-richten konfrontiert. Für einen Deutschen wie mich war es auch neu, dass meine Kollegen in Aktien investiert waren und sich laufend für Börsen-nachrichten interessierten. Deshalb blieb es nicht aus, dass ich schon bald vom Börsenbazillus infiziert war. Der damalige Grund für mein Abend-studium war, dass ich ein Stellenangebot bekommen hatte, in München die Leitung einer Investmentvertriebsgesellschaft zu übernehmen. Der Börsenlehrgang bot mir zumindest teilweise das Rüstzeug für meine spä-tere Vermögensverwalterkarriere.

In jenen Tagen standen Analysten hoch im Kurs und jeder Broker, wie etwa *Goldman Sachs, Merrill Lynch, Morgan Stanley* oder *Lehman Brothers* – um nur einige der Großen zu erwähnen –, beschäftigte große Stäbe, die nur mit dem Herausfiltern von Aktien beschäftigt waren. Die Analysten waren spezialisiert auf Branchen, etwa die Automobil-, Chemie-, Stahl-, Computer-, Pharmazie- oder die Versicherungsbranche. Einzelne Analysten konzentrierten sich sogar auf nur wenige Unternehmen. Monatlich wurden in den Zeitungen und Zeitschriften ausführliche Tabellen mit der Reihenfolge der besten bis schlechtesten Analyseteams veröffentlicht. Natürlich gab es auch die Star-Analysten, deren Trefferquoten in der Aktienauswahl besonders hoch waren. Diese Stars waren auch in der Presse sehr gefragt und brachten es häufig in die Schlagzeilen. Sie wurden oft für teures Geld von anderen Investmentbanken abgeworben, manchmal gleich auch ganze Teams.

Kurz: Es ging in der Finanzbranche so ähnlich zu wie heute im Fußball, nur mit dem Unterschied, dass die Transfersummen nicht so astronomisch hoch waren, wie sie heute im Fußball üblich sind. Jedenfalls ist man im Rückblick auf die 1960er Jahre geneigt zu sagen, es sei die gute alte Zeit gewesen. Die Wall Street sonnte sich im Glanz ihrer überragenden Bedeutung in der Businesswelt Amerikas und strotzte vor Selbstzufriedenheit.

Doch dann kam einer, der die Halbgötter an der Wall Street herausforderte. Es war kein Geringerer als Paul A. Samuelson. Professor Samuelson war im Jahr 1970 der erste amerikanische Nobelpreisträger in Wirtschaftswissenschaften, zudem hat er das einflussreichste Lehrbuch der Ökonomie geschrieben. Heute gilt er als der größte Ökonom des vorigen Jahrhunderts. In einem vorsätzlich provokativen Essay schrieb er im Jahr 1974, dass ein Fonds, der einfach einen Index nachbildet, eigentlich die beste Lösung für Anleger sei. Er erklärte, die meisten Investmentmanager sollten doch einfach verschwinden: »Werden Sie Klempner oder lehren Sie Griechisch oder arbeiten Sie bei einem Unternehmen, das etwas Nützliches herstellt«, empfahl er den Halbgöttern.

Denn wenn man die Gebühren abziehe, seien fast alle Aktien- und Anleihemanager nicht in der Lage, den Gesamtmarkt zuverlässig zu schlagen. Und daher wäre die Welt besser daran, wenn die Analysten endlich aufhörten, es zu versuchen. Und er schlug vor, jemand sollte ein Aktien-Portfolio mit niedrigen Kosten auflegen, das ganz einfach den *Standard & Poor's* 500-Index nachbildet, das wichtigste Aktienbarometer der USA.

Dieser Artikel brachte Professor Samuelson keine Freunde an der Wall Street ein. Jedoch ein Fondsexperte namens John Bogle, der gerade im Begriff war, die Investmentgesellschaft *Vanguard* (auf Deutsch: »Vorhut«) zu gründen, fand die Idee von Paul Samuelson faszinierend und startete prompt am 31. August 1976 den ersten Indexfonds der Welt. Sozusagen die Vorhut der Revolution in der Geldanlage.

John Bogle wurde an der Wall Street als Narr verlacht. Doch heute ist dieser Indexfonds mit einem Volumen von 341 Milliarden US-Dollar (Ende August 2017) der größte Aktienfonds der Welt. In des Wortes wahrster Bedeutung gilt hier der Spruch: »Wer zuletzt lacht, lacht am besten«. Professor Samuelson schrieb später begeistert: »Ich messe Bogles Erfindung die gleiche Bedeutung bei wie der Erfindung des Rads, des Alphabets, Gutenbergs Buchdruck und gutem Wein und Käse: ein Publikumsfonds, der Bogle nie reich machte, der aber die langfristigen Renditen von Fondsanlegern anhob. Etwas Neues unter der Sonne.«

Wenn Sie sich jetzt fragen, warum der Indexfonds seinen Erfinder John Bogle nicht reich gemacht hat, obwohl das von ihm gegründete Unternehmen *Vanguard* mehrere Billionen Dollar managt und zum zweitgrößten Vermögensverwalter der Welt aufgestiegen ist, hier die Erklärung: *Vanguard* ist voll und ganz im Besitz der in den USA aufgelegten ETFs und klassischen Indexfonds und gehört damit indirekt den Anlegern dieser Fonds. *Vanguard* ist also keine Aktiengesellschaft, sondern eine Art Genossenschaft, und John Bogle war und ist wie jeder andere Anleger nur über die *Vanguard*-Fonds beteiligt, die er besitzt. Diese uneigennützige Eigentümerstruktur gilt übrigens als ein Grund dafür, dass *Vanguards* ETFs und Fonds bei den Anlegern so beliebt sind. Sie wissen, dass das Unternehmen nur ihren und sonst gar keinen Interessen verpflichtet ist.

Mit der Etablierung der Indexfonds begann der erste Teil einer Revolution an der Wall Street, aber sie war noch nicht existenzbedrohend für das Heer der Analysten. Denn für Indexfonds gibt es, wie bei anderen Publikumsfonds, nur einmal pro Tag einen Kurs, zu dem man Anteile kaufen oder verkaufen kann. Erst als der zweite Teil der Revolution folgte, wurde es für die Eliten an der Wall Street ernst.

Das war, als im Jahr 1993 die *State Street Corporation* in Boston, die älteste Bank Amerikas, gegründet 1792, eine moderne Form der Indexfonds, die ETFs, erfand. Das Akronym ETF bedeutet *Exchange Traded Fund* – zu Deutsch börsengehandelter Fonds –, dessen Kurs fortlaufend bestimmt wird und der jederzeit wie eine Aktie an der Börse gekauft oder verkauft werden kann. Danach schossen die Indexfonds wie Pilze aus dem Boden.

Darauf folgte ein für die traditionelle Investmentwelt niederschmetternder Tiefschlag: Die Forschungen der Finanzwissenschaft ergaben, dass über 90 Prozent der Rendite und ebenso 90 Prozent des Risikos eines Portfolios von den in ihm enthaltenen Aktienklassen bestimmt werden. Weniger als zehn Prozent der Rendite und des Risikos sind demnach der Auswahl einzelner Wertpapiere (*Stock Picking*) und dem *Markt-Timing* zuzuschreiben.

Aus der Investmentpraxis kamen exakt die gleichen, für die Investmentgilde schockierenden Ergebnisse: Die *Dimensional Fund Advisors*, eine Fondsgesellschaft in Kalifornien, untersuchten die Ergebnisse von 44 Pensionsfonds mit einem Volumen von etwa 450 Milliarden Dollar. Die umfangreiche Untersuchung kam zu dem Ergebnis, dass über 96 Prozent der Erträge allein den Anlageklassen in den Portfolios zu verdanken waren. Nur gerade einmal vier Prozent waren der Aktienauswahl und dem *Timing* von Käufen und Verkäufen zuzuschreiben. Das war der finale Tiefschlag für die altehrwürdige Königsdisziplin der Finanzwirtschaft.

Es war fast so wie die revolutionäre Entdeckung des Astronomen Nikolaus Kopernikus, dessen Studien ihn zu der Überzeugung führten, dass nicht die Sonne die Erde umkreise, sondern dass die Sonne im Mittelpunkt des Weltalls ruhe und dass – genau umgekehrt – die Erde und die Planeten sich in Kreisen um sie bewegten. Sein großes Werk *Über das Kreisen der Himmelskörper* leitete, auch wenn nicht alle seiner Annahmen richtig waren, eine neue geistige Epoche der Menschheit ein, die so genannte kopernikanische Wende. Aus Angst vor der Reaktion der Kirche ließ er sein brisantes Werk erst kurz vor seinem Tod drucken.

Die Wende in der Anlagepolitik beschrieb der Finanzwissenschaftler William Bernstein so: »Ihre Investmentperformance wird fast vollständig durch einen einzigen Faktor bestimmt – Ihre Asset-Allokation über breite Assetklassen hinweg. Aktien- oder *Fonds-Picking* sowie *Markt-Timing* – die Faktoren, von denen traditionell angenommen wird, sie würden den Anlageerfolg bestimmen – sind tatsächlich fast irrelevant.«

Dieses kategorische Urteil, dass die weltweit von einem Heer von Analysten praktizierte, aufwändige und mühevolle Suche nach den besten, ertragsreichsten und sichersten Aktien und Anleihen von geringem Nutzen und praktisch irrelevant sei, ist etwa so niederschmetternd, wie wenn jemand zehn Semester Theologie studiert hat und dann am Ende erfährt, dass es eigentlich ganz einfach nur auf die Zehn Gebote ankommt.

Der berühmte Investor Warren Buffett hat diesen Vergleich gewählt. Und so geht es auch mir: Bis vor gut 15 Jahren habe ich nach den Methoden der alten Börsenwelt gearbeitet. Obwohl schon im fortgeschrittenen Alter, bin ich jedoch noch so wissbegierig, lernbereit und flexibel, um auch neue, unkonventionelle Wege zu gehen. Vorausgesetzt sie führen auf einfache und sichere Art und Weise zum Ziel und sie nützen vor allem den Anlegern und nicht der Finanzbranche.

Dieses Buch zeigt Ihnen auf, natürlich neben einigen anderen Themen, wie Sie mit Indexfonds Ihr Geld auf einfache Weise anlegen können und warum diese Methode für kleines wie großes Geld, für Sparprogramme oder Einmalanlagen erfolgreich anwendbar ist. Die wesentlichen Merkmale eines solchen ETF-Portfolios sind:

- **mühelos investieren** mit simplen Indexfonds,
- **höchstmögliche Sicherheit** durch breite globale Diversifikation,
- **deutliche Kostenminderung** durch geringe Gebühren und Umschichtungen,
- **passgenaue Vermögensanlage**, je nach individuellem Risikobedürfnis,
- **übersichtliches, transparentes Depot** mit wenigen Einzelpositionen.

Die Vorteile des Indexinvestierens gegenüber den herkömmlichen Investmentmethoden sind enorm. Indexanlagen liefern Ihnen die durchschnittliche Marktrendite, abzüglich geringstmöglicher Kosten. Als Indexanleger geben Sie sich folglich »nur« mit einer »mittelmäßigen« Rendite zufrieden. Jedoch nur scheinbar. Sie erzielen zwar konstant »nur« die durchschnittliche Marktrendite, damit liegen Sie aber immer noch auf lange Sicht über dem Durchschnitt aller aktiv gemanagten Fonds, weil diese mal über, aber öfter unter dem Durchschnitt liegen, dort allerdings höhere Kosten anfallen.

In unzähligen Studien wurde nachgewiesen, dass aktiv gemanagte Fonds durchschnittlich unter der Marktrendite liegen und es keine Konstanz in der Wertentwicklung gibt. Indexieren ermöglicht zudem eine passgenaue Festlegung des Risikos entsprechend Ihrer Risikotragfähigkeit. Und schließlich sind Indexinvestments nervenschonender, weil sie schwankungsärmer sind, da ein ETF-Depot breiter diversifiziert ist als herkömmliche Depots.

Es ist erfreulich, dass über die Jahre durch technologischen Fortschritt und Innovationen Instrumente geschaffen wurden, die den Anleger auf Augenhöhe mit den Banken bringen. Diese neuen Angebote können Sie mit Strategien kombinieren, die es ermöglichen, Risiken immer weiter zu minimieren. Auch über diese erprobten Strategien schreibe ich in diesem Buch. Die Zeiten für Anleger waren noch nie so vielversprechend wie heute. Mit einfachen Mitteln, wenig Zeitaufwand und niedrigen Transaktionskosten kann sich heute jedermann an der Börse engagieren und den Grundstock zu seinem nachhaltigen privaten Wohlstand legen.

Das unterscheidet unsere heutige Zeit von jener des letzten Jahrhunderts. Wohlstand ist nun einfacher machbar, auch ohne Spezialwissen und ohne vermeintlich besserwissende Bankberater. Auch sind die Konditionen für Otto Normalverbraucher heute nicht viel anders als jene, die Superreiche von den Geldhäusern eingeräumt bekommen. Die Revolution in der Geldanlage hat sich also zum Wohl des normalen Anlegers entwickelt und nicht nur zum Nutzen einer privilegierten Schicht.

Mein Buch zeigt auf, wie Sie langfristig Ihr Geld sicher vermehren können. Die hier beschriebene Anlagestrategie mit ETFs ist leichter zu verstehen und umzusetzen als konventionelles Investieren und erfordert weniger Zeitaufwand für die Überwachung und die Betreuung. Sie erzielt auf lange Sicht – besser als jeder andere Investmentansatz – mit größerer Wahrscheinlichkeit Anlageergebnisse, die im Bereich der erfolgreichsten zehn bis 20 Prozent aller Anleger liegen.

Und schließlich sollten Sie noch an den wichtigsten Aspekt denken, nämlich an Ihre Lebensqualität. So wie Ihr Leben sollten Sie auch Ihre Finanzdinge ohne Angst und Zittern gestalten und gut mit Ihrer materiellen Vorsorge leben und schlafen können. Die von mir beschriebene Anlagemethode ist nicht nur den Gutbetuchten vorbehalten, sondern sie ist anwendbar für großes und kleines Geld, zum Aufbau eines Vermögens mittels eines Sparplans oder zur besseren Gestaltung eines vorhandenen Vermögens. Es ist in meinen Augen die Demokratisierung des Investmentwesens. Endlich herrscht Chancengleichheit: Jeder kann davon Gebrauch machen.

Warum schreibe ich dieses Buch und warum gerade jetzt? Ich bin schon um Jahre übers Rentenalter hinaus, bin nicht mehr beruflich eingespannt – und ich bin materiell versorgt. Insofern kann ich vollkommen unabhängig informieren. Das ist mir wichtig. Hinter mir steht keine Bank, ich vertrete nicht die Interessen einer Versicherung, kein Verband nimmt Einfluss auf meine Sichtweise. Nach 50 erfolgreichen Jahren an der Börse und nach über 80 Jahren in diesem Leben muss ich niemandem nach dem Mund reden. Kurz: Ich bin völlig unabhängig und ungebunden, ich muss keine Rücksicht nehmen und kann mich offen und freimütig äußern. Dazu habe ich jetzt die Zeit und den inneren Abstand und kann meine gesammelten, vielseitigen Erfahrungen und mein breites Wissen weitergeben.

Von Hause aus bin ich kein Ökonom, sondern Ingenieur. Ich habe meine Profession in meinem Berufsleben meist als Vorteil erlebt. Meine Ausbildung erlaubt mir, akribisch und planvoll der Geldanlage gegenüberzutreten, ohne ideologische Scheuklappen und rechthaberischen Ballast. Viele erfolgreiche Börsenprofis sind keine Volkswirte oder Betriebswirte, sondern Ingenieure, Physiker, Mathematiker, Historiker, Philosophen. Jeder kann an die Börse. Gesunder Menschenverstand reicht als Grundlage vollkommen. Und Warren Buffett fügt hinzu: Die vier Grundrechenarten genügen.

Meine Jahre in den USA – eine prägende Zeit und wichtige Weichenstellung

Sechs Jahre lang, von 1963 bis 1969, habe ich in den USA gelebt. In New York bin ich als Ingenieur für eine Management-Consulting-Firma tätig gewesen. Vor meiner Ausreise war ich bei einer Unternehmensberatungsfirma in Deutschland beschäftigt. Mein Job in den USA war mit vielen Reisen verbunden, meist per Flugzeug, ein Leben aus dem Koffer im Hotel, in jenen Jahren kam ich viel herum.

Als ich mit meinem Kollegen Dan an einem gemeinsamen Auftrag bei einer Firma in Chicago arbeitete, fiel mir Folgendes auf: Jeden Morgen begann Dan mit einem etwa halbstündigen Telefonat. Am anderen Ende der Leitung war sein Broker in New York, der meinen Kollegen über die Börsenlage informierte und ihm berichtete, welche Transaktionen er getätigt hatte. Das war und ist nicht untypisch für Amerika. In den USA wird tagsüber ständig über die Geschehnisse an der Wall Street, dem Sitz der Börse des *New York Stock Exchange*, ausführlich berichtet. Obwohl nur eine kleine Straße, ist die Wall Street als Zentrum der Finanzindustrie von früh bis spät in allen Medien präsent.

Im Gegensatz dazu führt die Börse in Deutschland ein Schattendasein. Sie wird als Stiefkind behandelt und darf vor den Abendnachrichten gerade einmal zwei Minuten zu Wort kommen. Den Deutschen fehlen die Jahrzehnte einer Aktienkultur, weil durch die schrecklichen Hitlerjahre die meist jüdische Börsenelite außer Landes getrieben wurde. So wundert es wenig, dass die amerikanischen Anleger viel besser informiert sind und demzufolge ihre Ersparnisse viel rentabler in Aktien oder Aktienfonds angelegt haben als die schlecht informierten, unerfahrenen deutschen Anleger, die brav, wie von alters her, das Gros ihrer Ersparnisse in heute renditelose Zinsanlagen gesteckt haben. Ein Armutszeugnis!

Da ich als Management Consultant beruflich viel unterwegs gewesen bin, konnte ich in viele Firmen hineinschauen. Eine Schuhfabrik in Cincinnati, ein Fabrikant von Kinderwagen und Autokindersitzen in Philadelphia, ein Großversandhaus für die Elektronikindustrie, einer der größten US-Versicherer in Boston oder eine Strickwaren- und Unterwäschefirma in Minneapolis. So konnte ich gründlichen Einblick erhalten in Firmen aus ganz unterschiedlichen Branchen.

Es war eine intensive und wunderbare Zeit in den USA, nicht nur beruflich, sondern auch privat. Meine spätere Ehefrau Margaret, eine Britin, habe ich dort in New York kennengelernt. Ein-, zweimal im Jahr reisen wir noch heute in die Staaten. Die Vereinigten Staaten haben mich stark beeinflusst, kulturell und politisch. Für Robert Kennedy habe ich 1968 nebenbei in New York in der Bronx Wahlkampf gemacht.

Besonders geprägt haben mich die USA jedoch vor allem in Sachen Aktienkultur. Und dank der reichhaltigen Einflüsse, denen ich in Wirtschaft und Finanzen sechs Jahre lang ausgesetzt war, konnte es nicht ausbleiben, dass ich schon in jungen Jahren vom Börsengeschehen tief fasziniert war – und ich habe dann die Welt der Aktie zu meinem Beruf gemacht.

DEUTSCHLAND – EINE BÖRSENWÜSTE

Im Jahr 1969 kehrte ich von New York zurück nach Deutschland und fing in München als Chef einer Investmentvertriebsgesellschaft an. Damals herrschte in der deutschen Investmentbranche Goldgräberstimmung. Eine US-Fondsgesellschaft namens *IOS (Investors Overseas Services)* hatte in

Deutschland das Börsenfieber entfacht und ihre teilweise sehr spekulativen Fonds massenhaft – auch an Kleinanleger – verkauft. Bald kam es zu betrügerischen Machenschaften und so sah sich die Bundesregierung gezwungen, ein Gesetz zum Schutz der deutschen Anleger zu erlassen.

Um den Vertretern der Investmentbranche die Bestimmungen des neuen Gesetzes zu erläutern, kam ein Ministerialbeamter aus dem Finanzministerium zu einer Veranstaltung nach München. Er hob unter anderem hervor, dass ein Investmentfonds es auch Kleinanlegern ermögliche, in Aktien mit der nötigen Risikostreuung zu investieren. Dabei verglich er Investmentfonds mit einem Omnibus, mit dem ein Kleinanleger genauso zum Ziel komme wie ein Großanleger, der mit einem Auto fahre.

Als er den Omnibus-Vergleich brachte, fiel mir ein kleiner älterer Herr mit randloser Brille und ungarischem Akzent auf. Der fragte, ob der Gesetzgeber denn überhaupt wisse, ob die ausländischen Omnibusfahrer über einen Führerschein verfügten. Das Publikum lachte. Ich erkannte den Frager als den Mann, der im Monatsmagazin *Capital* regelmäßig eine Finanzkolumne schrieb. Nach der Veranstaltung ging ich auf ihn zu und fragte ihn, ob er bereit wäre, mit mir in einer gemeinsamen Firma im Portfoliomanagement sein Know-how einzubringen. Hierdurch könnte er mithelfen, das Defizit der Deutschen in Sachen Börse zu beseitigen.

Er gab mir spontan zur Antwort, dass er hierzu mit den richtigen Partnern gerne bereit wäre. Schon im Herbst 1970 fassten wir den Beschluss, eine Depotverwaltung zu gründen, was formell am 22. April 1971 geschah. Das war der Beginn unserer gemeinsamen Aktivitäten – heute würde man sagen: unseres »Joint Ventures«. Als André Kostolany diese, seine zweite Karriere begann, war er mit 65 Jahren schon im Pensionsalter. Unsere Zusammenarbeit war sehr erfolgreich und dauerte fast 30 Jahre bis zu seinem Tod.

Schon bald nach der Gründung der *FIDUKA* entstand die Idee, Börsenseminare abzuhalten. Das erste *Kostolany-Börsenseminar* fand im Oktober 1974 in München statt. Es war das erste seiner Art in Deutschland. Die Börsenstimmung war zu dieser Zeit jedoch miserabel: vervierfachter Ölpreis, galoppierende Inflation, Flucht in Gold und Sachwerte. Der breite US-Aktienindex *Standard & Poor's 500* hatte 50 Prozent verloren. Das Wort vom Ausverkauf des Westens an die Ölscheichs und Erinnerungen an den großen Börsencrash von 1929 machten die Runde. Es herrschte Endzeitstimmung.

Doch was bei diesem ersten Seminar vom Podium herunterdrang, war alles andere als verzweifelt. »Jetzt allmählich anfangen zu kaufen«, sagten wir. Der Rat erwies sich als gut. Schon zwei Monate später begann der Börsenaufschwung, in dessen Verlauf der *Standard & Poor's*-Index bis Mitte Juni 1975 von 577 auf 890 Punkte – also um mehr als 50 Prozent – stieg.

Seit dem ersten Seminar in München sind weit über 100 weitere in verschiedenen Städten Deutschlands, Österreich und der Schweiz gefolgt. Wir können mit Stolz sagen, dass unser Börsen- und Anlegerseminar das älteste in Deutschland, wenn nicht in Europa ist. Dabei haben wir unermüdlich die große Bedeutung der Börse und besonders der Aktie einerseits für die deutsche Volkswirtschaft und andererseits für die Vermögensbildung und Altersvorsorge der Privatanleger hervorgehoben. Natürlich haben wir auch betont, dass es einem an der Börse nicht immer gelingt, Erfolg zu haben. Man kann auch kräftig Lehrgeld bezahlen.

Auch ich habe dies mehr als einmal erlebt. Ich kann dazu folgendes Beispiel anführen: Noch früh in meiner Karriere in der Vermögensverwaltung schlug mir ein freundlicher Investmentbanker vor, in amerikanische Zinsterminkontrakte zu investieren. Damals steckte die Welt in einer Hochzinsphase und diese Spekulation setzte auf fallende Zinsen. Mit diesen Kontrakten konnte man mit geringem Kapitaleinsatz viel gewinnen, wenn die Spekulation aufging. Wenn nicht, konnte man aber viel verlieren.

Letzteres geschah dann: Ich verlor Geld, denn zunächst stiegen die Zinsen noch weiter. Die Spekulation ging zwar auf, aber erst später, als ich schon mit Verlust ausgestiegen war. Im Rückblick jedoch war dies meine beste Investition, weil sie mein Risikobewusstsein bis zum heutigen Tag geprägt und mich gelehrt hat, bei jeder Anlage nicht zuerst an Gewinne zu denken, sondern daran, wie ich Verluste vermeide. Es war eine wertvolle Erfahrung für meine Tätigkeit als Vermögensverwalter.

Der chinesische Philosoph Konfuzius hat es in einer Weisheit treffend formuliert: »Der Mensch hat dreierlei Wege, klug zu handeln: durch Nachdenken ist der edelste, durch Nachahmen der einfachste, durch Erfahrung der bitterste.« Ich habe in meinem Leben schon alle drei Wege beschritten.

EIN KURZER BLICK ZURÜCK AUF DIE ALTE BÖRSENWELT

Meine Karriere als Vermögensverwalter begann in der alten Börsenwelt. Das war, verglichen mit heute, besonders im rückständigen Deutschland, wie im Mittelalter. Die Informationen flossen langsam und spärlich. Zu den Privatanlegern kamen sie zuletzt und zudem waren sie auch noch teuer.

Die Banken besaßen das »Königswissen«. Erst handelten sie die Aktien für ihren eigenen Aktienbestand, dann gaben sie Infos an ihre bevorzugten Kunden, an Großanleger und an reiche Privatanleger weiter und erst am Ende der Informationsnahrungskette kamen die restlichen Privatanleger. Es war nicht unüblich, dass der Börsenhändler einer Bank, der den Kaufauftrag einer großen Stückzahl einer bestimmten Aktie in seinem Orderbuch hatte, gleich bei Börseneröffnung für sich selbst vorkaufte in dem Wissen, dass der Kurs steigen würde, sobald er die Großorder in den Handel geben würde. Danach verkaufte er seine eigenen Stücke mit Gewinn. Da war das Mittagessen schon gesichert. Es war ein Spiel mit gezinkten Karten.

Wirtschaftsnachrichten waren in Presse, Funk und Fernsehen kaum vertreten, und Börsennachrichten gab es, mit Ausnahmen wie das *Handelsblatt* und die *Frankfurter Allgemeine Zeitung*, erst recht nicht. Anleger konnten sich über ihre Aktienkurse größtenteils nur im Bankenaushang oder abends über eine Bandansage per Telefon informieren. Die Kursinfos erschienen meist erst am Abend, obwohl die Börse schon um 13.30 Uhr geschlossen hatte.

Kleinanleger wurden auf vielerlei Art benachteiligt: Sie wurden nicht am laufenden Börsenhandel beteiligt. Für sie gab es in der Regel nur den Kassakurs gegen 12.30 Uhr. Das war sozusagen die Resterampe, über die alle Kleinaufträge abgewickelt wurden. Außerdem waren die Handelskosten, sowohl von den Börsen als auch von den Banken, sehr hoch. Dazu galten noch Mindestauftragsgrößen von 3.000 bis 5.000 DM, die sich viele Kleinanleger nicht leisten konnten. Bei Unterschreiten wurden dann meistens fixe Mindestgebühren erhoben. Auch der Kauf von Fonds war teuer. Es gab vorneweg den so genannten Ausgabeaufschlag von vier bis sechs Prozent der Anlagesumme und keine Rabatte wie heute.

Früher dominierte der Präsenzhandel, das heißt, der Börsenhandel fand in einem Börsensaal zwischen Menschen statt. Es ging zu wie auf dem Jahrmarkt, mit viel Geschrei, und es galt das gesprochene Wort.

Heute findet der Großteil des Handels lautlos zwischen Computern statt. Direktbanken und Discount-Broker kamen erst in den 1990er Jahren mit dem Internet auf.

Nie war ich als Börsenhändler tätig. In diesem Metier hätte ich von meinem Naturell her nicht arbeiten können. Ich stand auf Seiten der Privatanleger, meiner Kunden. Die umfangreiche Produktpalette, die von Banken angeboten wurde – angefangen von den Börsengängen am Neuen Markt, überkomplexen, intransparenten Investmentzertifikaten, illiquiden und steuerbegünstigten »geschlossenen Fonds«, die in Containerschiffen, Windparks, Gewerbeimmobilien und, man glaubt es kaum, in Hollywoodfilme investierten und dann häufig pleitegingen, um nur einige zu nennen –, habe ich stets strikt gemieden. Mir war vieles davon zu halbseiden.

DIE NEUE BÖRSENWELT

Heute kann sich jedermann, ob Groß- oder Kleinanleger, dank des Internets einfach und unmittelbar – in Echtzeit – über die Entwicklung der globalen Wirtschaft und der Finanzmärkte informieren. Allerdings besitzt diese neue Börsenwelt auch ihre Tücken: Heute ist es nicht mehr der Informationsmangel, unter dem die Privatanleger leiden, sondern die Informationsflut, aus der sie die relevanten Dateien herausfischen müssen.

Es heißt immer wieder, Privatanleger hätten am Aktienmarkt keine Chance gegen Großanleger. Aber das stimmt überhaupt nicht. Das Gegenteil ist der Fall. Kleinanleger haben es viel leichter als die Profis von Investmentfonds, Versicherungen oder Hedgefonds. Oder gar als die Trader. Denn Sparer unterliegen fast keinen Zwängen, wie sie der Staat, die Öffentlichkeit und die Kunden den Fondsmanagern und anderen Profis in Hülle und Fülle auferlegen. Deshalb können sie die langfristigen Vorzüge von Aktien weitaus besser nutzen als Großanleger.

Das fängt schon damit an, dass sie keinerlei Performancedruck unterliegen. Während die Fondspreise jederzeit zu verfolgen sind und eine Flut von monatlichen, vierteljährlichen und jährlichen Vergleichen in den Medien die Manager unter Druck setzen und zum Handeln zwingen, können sich Frau und Herr Anleger bequem zurücklehnen. Ihr Depotstand heute oder morgen ist ihre eigene Sache, der interessiert niemand.

Privatanleger müssen auch keine teuren Rechenschaftsberichte verfassen und drucken, *Windowdressing* (Schönfärberei) am Quartals- und Jahresende haben sie ebenso wenig nötig. Sie müssen nicht die Aufsichtsbehörden wie die *BaFin* oder die *EZB* mit detaillierten Informationen versorgen und sie müssen sich nicht laufend rechtfertigen, wie das bei Spezialfonds oder Pensionsfonds der Fall ist, wenn die Ergebnisse trotz des vielen Tradens und der hohen Kosten zu wünschen übrig lassen. Und dies tun sie bei den meisten Profis langfristig, schließlich gelingt es nachweislich nur einer kleinen Minderheit von Fondsmanagern, die jeweilige Benchmark zu schlagen, also besser abzuschneiden als die entsprechenden Vergleichsindizes.

Der Privatanleger, der langfristig in ein Depot einzahlt, das breit gestreut ist und solide Einzelaktien, Anleihen und/oder preiswerte Produkte wie Indexfonds (ETFs) umfasst, weiß von vornherein, dass er in etwa so abschneiden wird wie die Indizes – und damit insbesondere nach Kosten weitaus besser als die meisten der kurzatmigen Profis. Dazu brauchen viele nicht einmal Anlageberater und auch keine automatisierte Anlageberatung, also Robo-Advisor. Die Revolution der Geldanlage macht es möglich.

DIE LETZTEN 50 JAHRE: TROTZ KRISEN UND KRÄCHEN NEUE HÖCHSTSTÄNDE

Wenn ich heute die letzten 50 Jahre Revue passieren lasse, so kann ich feststellen, dass ich so ziemlich alle Höhen und Tiefen an den Finanzmärkten erlebt habe. Es waren wahrlich Jahre der Exzesse, sei es bei Aktien, Anleihen, Rohstoffen, Öl, Gold, Inflation, Währungen oder Zinsen. Nehmen wir beispielsweise die Zeit von 1980 bis 1985. Es war die erste Amtsperiode von US-Präsident Ronald Reagan. Während die Inflationsrate heute (Ende 2017) bei etwa 1,5 bis 2,0 Prozent steht, betrug sie damals in den USA das Zehnfache, nämlich 15 Prozent. Die Ökonomen haben dafür einen populären Ausdruck geprägt: galoppierende Inflation.

Wie bei einem galoppierenden Pferd muss man die Zügel stramm anziehen, um es zum Stehen zu bringen. Ähnliches erfolgte auch in der Wirtschaft: Der Diskontsatz in den Vereinigten Staaten wurde auf sage und schreibe 20 Prozent hochgeschraubt. Welch ein Unterschied zu den null Prozent der letzten Jahre! Die Rendite der zehnjährigen US-Staatsanleihen stand bei 16 Prozent, die höchste Rate in der US-Geschichte. Die Wirtschaft fiel in die Rezession. Die drakonischen Zinsen forderten ihren Tribut, auch bei den Aktien. Der *Dow Jones* brach um 22 Prozent ein. Jedoch die Zinsrosskur zeigte Wirkung: Im August 1982 startete weltweit für viele überraschend eine der längsten Aufschwungphasen der Geschichte. Sie hielt, mit Unterbrechungen, bis zum Jahr 2000 an und katapultierte den *Dow Jones* von 780 Punkte auf 11.700 Punkte, also um das 15-Fache. Das entspricht, inklusive Dividenden, einer Rendite von 13 Prozent pro Jahr und dies trotz aller Krisen, Kriege und Börsenkräche!

Diesen abrupten Trendwechsel im August 1982 hatte ich so nicht erwartet. Ich konnte mir nicht vorstellen, dass inmitten einer einschneidenden Rezession die Aktienkurse so kräftig steigen könnten. Deshalb hielt ich den plötzlichen Anstieg für ein kurzlebiges Intermezzo und wartete darauf, dass die Kurse bald wieder fallen würden. Denkste! Mit Staunen musste ich zusehen, wie die Aktienkurse stiegen und stiegen. Und ich war nicht in vollem Umfang investiert. Schließlich kapitulierte ich zähneknirschend und musste zu höheren Kursen einsteigen – ein Gräuel, besonders für mich als Schwabe. Erst später fand ich die Erklärung für den Höhenflug der Aktien: Die Rezession endete zwar erst im Januar 1983. Die Börse nahm jedoch den Konjunkturaufschwung schon sechs Monate vorweg.

Zwei Lehren konnte ich daraus ziehen. Zum einen: Die Börsen sind voreilig. Das heißt, die Wirtschaft ist nicht der Frühindikator der Börse, sondern umgekehrt, die Börse ist der Frühindikator der Wirtschaft. Zum anderen: *Timing* funktioniert auf Dauer nicht. Mal klappt es, aber meist klappt es nicht. *Timing* – die Kunst, den richtigen Zeitpunkt des Ein- und Ausstiegs zu treffen – ist vergebliche Liebesmüh. Ich werde später darauf zurückkommen, wie man ohne die meist fruchtlosen *Timing*-Versuche viel Zeit sparen und dabei viel erfolgreicher anlegen kann.

Der Schmerz, beim unerwarteten Börsenaufschwung nicht von Anfang an voll teilhaben zu können, wurde allerdings dadurch gemildert, dass wir für unsere Kundendepots massenhaft die zehnjährigen US-Staatsanleihen gekauft hatten. Man nannte sie nach dem Vornamen des damaligen US-Präsidenten Ronald Reagan salopp »Ronnie Bonds«. Anfänglich wollte sie niemand haben, obwohl sie eine Rendite von 16 Prozent boten. Für uns war es aber ein Geschenk des Himmels. Wir machten damit für unsere Kunden saftige Gewinne.

Der nächste Akt im Börsendrama passierte dann in den Jahren 1986 bis 1988: Die Inflationsrate, die zuvor dank der Zinskeule kräftig gefallen war, stieg von einem auf fünf Prozent, der US-Dollar fiel dramatisch zur Deutschen Mark von 3,45 auf 1,69 – eine glatte Halbierung. Besitzer amerikanischer Aktien erlitten schmerzhafte Währungsverluste, auch wir. Aber die Aktienbörse lief heiß. Plötzlich, wie ein Blitz aus heiterem Himmel, fiel der *Dow Jones* am 19. Oktober 1987 um 23 Prozent an einem einzigen Tag. André Kostolany wurde nach dem Crash von einem Journalisten gefragt: »Herr Kostolany, haben Sie bei dem Crash auch viel Geld verloren?« Seine trockene Antwort: »Wieso, ich habe ja nicht verkauft.«

Kostolany war ein erfahrener, »hartgesottener« Börsianer, der schon den Jahrhundertcrash von 1929 erlebt hatte. Er war 1987 bereits 81 Jahre alt und hatte fast 60 Jahre Börsenerfahrung gesammelt, zuerst als »Agent de Change« – zu Deutsch Börsenmakler – in Paris und während des Zweiten Weltkriegs sechs Jahre lang in New York.

Von den Grossen lernen

Besonders viel habe ich durch das Zusammentreffen mit erfolgreichen Investoren gelernt, zum Beispiel mit dem legendären Investmentfondsgründer John Templeton, den ich einige Male getroffen habe und mit dem ich öfter sprechen konnte. Bei einer dieser Gelegenheiten habe ich ihn gefragt, ob er nicht noch erfolgreicher sein könnte, wenn er seine Investmentmethode, nach billigen, unterbewerteten Aktien zu suchen, noch mit *Timing* ergänzte. Das heißt bei steigenden Kursen voll investiert zu sein und bei rückläufigen Kursen wenigstens teilweise den Aktienbestand vorher reduziert zu haben.

John Templeton antwortete mir: »Ich habe über 50 Jahre lang nach jemandem Ausschau gehalten, der mit mehr als 60 Prozent in seinen mittelfristigen Prognosen zum *Timing* richtigliegt, aber ich habe leider keinen gefunden.« Und er fügte hinzu: »Wenn es Ihnen gelingt, einen zu finden, zahle ich Ihnen eine hohe Prämie.« Die Prämie habe ich natürlich nicht bekommen, denn eine Person, die mit ihren Prognosen immer goldrichtig liegt, ist mir nie über den Weg gelaufen. Ich habe daraus den Schluss gezogen, dass die Kunst, den richtigen Zeitpunkt zum Ein- und Ausstieg aus Aktien zu erwischen, regelmäßig nur einer Gattung von Menschen gelingt: den Großmäulern und Schwindlern.

Mitte der 1980er Jahre wurde ich von einem Investmentseminarveranstalter – *The Money Show* – als Referent zu dessen Investmentkonferenzen eingeladen. In den USA bin ich in Fort Lauderdale, Orlando und San Francisco aufgetreten und in Europa in Lausanne, Zürich, Wien und London. Wiederholt traf ich dabei – unter vielen anderen Investmentexperten und Fondsmanagern – wiederum auch John Templeton. John ist eine beeindruckende Persönlichkeit gewesen, weil er ein untypischer und auch unkonventioneller Fondsmanager gewesen ist. Er ist tiefreligiös gewesen, mit festen Prinzipien und auf der anderen Seite doch sehr innovativ und geschäftstüchtig, hat er doch aus dem Nichts eine der renommiertesten Investmentgesellschaften der USA geschaffen.

Im Jahr 1986 bin ich auch in Hongkong aufgetreten. Anschließend habe ich mit einer amerikanischen Gruppe einen Abstecher nach Peking gemacht, zu einer Zeit, als China sich für ausländische Touristen noch nicht sehr aufgeschlossen zeigte. Zu den Reisehöhepunkten gehörte natürlich der Besuch der »Verbotenen Stadt«, jahrhundertelang – bis 1949 – die Paläste der chinesischen Kaiser. China hat mich auf der Stelle fasziniert. Und das gleich in doppelter Hinsicht: einerseits als Land mit seiner jahrtausendalten Geschichte und Kultur, andererseits als Schwellenland im Aufbruch zur modernen Industriewelt. Von da an habe ich mich als Investmentstratege und Fondsmanager für die *Emerging Markets* allgemein interessiert. Das gipfelte darin, dass ich schon 1993 einen globalen Schwellenländerfonds gründete. Damit befand ich mich in der noch kleinen Schar von Investoren, die beispielsweise in Aktien aus China, Korea, Thailand, Brasilien, Mexiko, Tschechien oder Ungarn investierte.

Andere bemerkenswerte Börsenexperten, von denen ich eine Menge gelernt habe, waren Warren Buffett sowie dessen Lehrmeister Ben Graham. Beide haben eine reichhaltige, lange Liste von Börsenweisheiten hervorgebracht, die ihre Aktualität bis heute nicht verloren haben. Auch Peter Lynch hat mich ungemein beeindruckt. Peter, den ich in München getroffen habe, hat den *Magellan Fund* bei *Fidelity* gemanagt, einen der größten und erfolgreichsten Fonds weltweit.

Natürlich habe ich besonders profitiert von dem großen Erfahrungsschatz meines väterlichen Freundes und Partners, des legendären Börsenaltmeisters André Kostolany, mit dem ich 30 Jahre zusammengearbeitet habe. Er hatte ja in seiner langen Börsenkarriere, auch durch schmerzliche Verluste, viele Erfahrungen gesammelt. *Kosto* hat einmal gesagt: »Was ich über Wirtschaft und Börse weiß, habe ich nicht an den Universitäten oder aus Fachbüchern, sondern in der Praxis an der Börse gelernt. Meine Erfahrung lässt sich nicht mit Gold aufwiegen.« In der Tat: Seine 70 Jahre als aktiver Investor an den Weltbörsen bildeten einen großen Erfahrungsschatz.

André Kostolany war ja rund 30 Jahre älter als ich. Er stütze sich, meinte er immer, ganz wesentlich auf seine Erfahrung und seine Fantasie und weniger auf fundamentale Faktoren. Ich hingegen, urteilte er, sei mehr der Typ des konservativen, vorsichtigen Anlegers, der über die Wertpapiere rund um die Welt mehr wisse als er. Aber diese unterschiedlichen Eigenschaften ergänzten sich vorteilhaft und halfen uns, gemeinsam erfolgreich zu werden.

Ich kann jedenfalls Kostolanys Worte nur bestätigen: Erlebte und erlittene Erfahrung ist ein Mehrfaches mehr wert als angelesenes Wissen. Deshalb kann ich heute Börsensituationen viel schneller einschätzen und einordnen: Wo ergeben sich Parallelen, wo finden sich Unterschiede zu früheren Situationen? Dabei bin ich heute auch bei allem Tohuwabohu an den Börsen viel gelassener, emotionsloser und entspannter als früher.

DIE SCHEINWELT DER »NEUEN ÖKONOMIE« UND EINE GIGANTISCHE BÖRSENBLASE

Die 1990er Jahre standen unter dem Eindruck des Falls der Berliner Mauer und der deutschen Wiedervereinigung, der politischen wie wirtschaftlichen Öffnung des Ostens und der Globalisierung. Und dann folgten die Verheißungen einer schönen neuen Welt, der so genannten *New Economy*, die an der Börse überschwänglich gefeiert wurde. Eine riesige Kursblase bildete sich, besonders in den Sektoren Technologie, Medien und Telekommunikation.

Der *DAX* und der *S&P 500* wurden mit dem 33-fachen Gewinn bewertet. Das ist doppelt so viel wie in normalen Börsenzeiten. Einzelne Aktien, wie die *Deutsche Telekom*, gar mit einem astronomischen Kurs-Gewinn-Verhältnis (KGV) von 100. In Deutschland wurde dann im Jahr 1997 nach dem Vorbild der amerikanischen *NASDAQ* der *Neue Markt* für junge Unternehmen aus der Taufe gehoben. Dort herrscht bald grenzenlose Euphorie. Börsenneulinge ohne jede Substanz verdoppeln ihren Ausgabekurs bereits am ersten Handelstag. Manche Neugründungen mit erbärmlichem Umsatz, hohen Verlusten und ohne tragfähiges Geschäftsmodell waren auf einmal teurer als die soliden Substanzwerte im *DAX*.

Ich hatte schon früh im Jahr 1998 und in den folgenden Jahren unablässig in meinen Kolumnen im Anlegermagazin *Börse Online* und in der Tageszeitung *Die Welt* das völlig irrationale, von blanker Gier getriebene Börsengeschehen scharf kritisiert und gewarnt, dass es ein böses Ende nehmen werde. Und so geschah es dann auch. Der Knall kam plötzlich und heftig. Ab März 2000 entwich die heiße Luft aus der dicken Blase. Der *Neue Markt* brach um über 90 Prozent ein und wurde bald darauf, nach nur sechs Jahren, wieder eingestellt. Selbst der *DAX* büßte über 70 Prozent ein.

Eine kleine Anekdote hierzu: Als Vermögensverwaltungsinstitut wurde die *FIDUKA*, ähnlich wie eine Bank, auch regelmäßig von der *BaFin*, der *Bundesanstalt für Finanzdienstleistungsaufsicht*, einer Prüfung unterzogen. Dabei wollte der Prüfer auch einige meiner veröffentlichten Kolumnen unter die Lupe nehmen. Er wollte prüfen, ob ich darin auch Tipps gegeben und spekulative, marktenge Titel empfohlen hatte. Wenn die Leser solche Tipps befolgen und die Titel kaufen, treiben sie automatisch die Kurse hoch. Der Tippgeber verkauft dann schnell, danach stürzen die Kurse ab und die naiven Käufer stehen mit Verlusten da. Der Prüfer fand natürlich nichts, denn wenn ich schon einzelne Aktien empfohlen hatte, was ich ungern tat, waren es immer marktbreite, hoch liquide Standardwerte, deren Kursentwicklung kaum durch ein paar Käufe beeinflussbar waren.

Ich präsentierte danach dem Prüfer über ein Dutzend Kolumnen, in denen ich vor dem wilden, teils sogar betrügerischen Treiben am *Neuen Markt* gewarnt hatte, und fragte ihn dann, was denn die *BaFin* getan habe, um die naiven Anleger zu warnen und dem Unwesen ein Ende zu bereiten. Er fand darauf keine Antwort. Ich sagte ihm: »Nun, Ihre Behörde hat geschlafen.« Bei späteren Prüfungen fragte man nicht mehr nach meinen Kolumnen.

Die Baisse hielt drei Jahre an, bis März 2003. In diese Zeit fielen auch die Terroranschläge in den USA sowie deren Folgen, die unglückseligen

Kriege in Afghanistan und dem Irak. Die Scheinwelt der »neuen« Ökonomie wurde zu Grabe getragen.

Schon wenige Jahre danach folgte ein neues Desaster in Übersee. In den USA hatte sich eine Immobilienblase von gigantischem Ausmaß gebildet. Angefeuert wurde diese Blase vor allem von einer überaus laxen Praxis bei der Kreditvergabe an Erwerber von Wohneigentum. Dabei erhielten auch Interessenten ohne festes Einkommen und ohne jegliches Eigenkapital Kredite. Aus diesen faulen Hypothekenkrediten entstanden dann die so genannten *Subprime*-Anleihen. Im Klartext: Schrottanleihen. Besonders gern wurden sie von deutschen Banken und Versicherungen gekauft. Als durch Bündelung vieler Darlehen diese Blase im Jahr 2008 platzte, wurden sogar einige Großbanken zahlungsunfähig und mussten in einer Nacht-und-Nebel-Aktion von anderen Banken übernommen oder vom Staat gerettet werden. Einige Marktteilnehmer, wie beispielsweise die Investmentbank *Lehmann Brothers*, gingen sogar pleite. Das gesamte Finanzsystem erlitt einen schlimmen Infarkt, der weltweite Geldkreislauf kam zum Stillstand, die Weltwirtschaft blickte – ähnlich wie 1929 – einen kurzen Augenblick in den Abgrund.

Die Katastrophe war in Ausmaß und Heftigkeit so groß wie 80 Jahre zuvor, aber die Reaktion der Staaten und Notenbanken unterschied sich wie Tag und Nacht: Die Feuerwehren waren sofort zur Stelle und löschten volles Rohr den Weltbrand, stützten oder fusionierten strauchelnde Finanzinstitute und überfluteten die Kapitalmärkte mit milliardenschweren Geldspritzen. Dank dieser massiven Interventionen in allen bedeutenden Volkswirtschaften wurde der Absturz verhindert. Es blieb bei einem drastischen Börseneinbruch. Auch die Wirtschaft brach weltweit ein, aber »nur« für ein Jahr. Eine Wirtschaftsdepression blieb aus, anders als in den Jahren 1929 bis 1931. Auch die Baisse an der Börse dauerte »nur« 14 Monate, *DAX* und *Dow* halbierten sich allerdings in dieser kurzen Zeit.

Ich hatte bei einer Reihe von Vorträgen im November und Dezember 2008 eindringlich geraten, jetzt Aktien zu kaufen. Viele Papiere waren so tief gestürzt, dass die Dividendenrendite von soliden Aktien zehn bis zwölf Prozent betrug. Ich war mir aber sicher, dass nur wenige meiner Zuhörer den Mut zum Kauf hatten. Allerdings war es ein guter Rat, denn ab März 2009 drehte die Börse steil nach oben. Mit Kursgewinnen und Dividenden konnte man allein im Jahr 2009 bei Standardwerten wie *BASF*, *Daimler* oder *Bayer* satte Gewinne erzielen.

Wer Anfang 2009 als Daueranleger, anstatt schnell den Gewinn »mitzunehmen«, wie es üblicherweise (und damals besonders) von Banken empfohlen wird, bis heute auf einer Chemieaktie wie *BASF* sitzen blieb, der hat per November 2017 eine Gesamtrendite, einschließlich Dividenden, von 375 Prozent in knapp 19 Jahren erzielt. Das entspricht einer durchschnittlichen Rendite von 19 Prozent pro Jahr. Ähnlich gut lief es für Langfristanleger in *Bayer* (13,8 Prozent pro Jahr), *Allianz* (16,7 Prozent pro Jahr), *Daimler* (15,4 Prozent pro Jahr) und *Deutsche Post* (19,4 Prozent pro Jahr). Ein Daueranleger konnte diese Renditen erzielen, ohne einen Finger zu krümmen.

WAS EINEN GUTEN VERMÖGENSVERWALTER AUSZEICHNET

Hektische und oft krisenhafte Zeiten stellen hohe Anforderungen an jeden Vermögensverwalter. Er muss vor allem fähig sein, seine Emotionen unter Kontrolle zu halten und daneben natürlich eine solide fachliche Grundlage besitzen, um vernünftige Entscheidungen treffen zu können. Das ist umso schwieriger, wenn es um die Verwaltung von fremdem Geld geht, das einem treuhänderisch anvertraut wird. Da muss man eingedenk der Ängste und Sorgen seiner Kunden besonders vorsichtig zu Werk gehen, um Verluste so weit wie möglich zu vermeiden und eine akzeptable Rendite zu erwirtschaften. Keine leichte Aufgabe.

Daher habe ich für mich und meine Firma Leitlinien aufgestellt, die dafür sorgen, dass riskante Geschäfte vermieden werden und Risiken so gut wie möglich überschaubar sind: Für Kunden habe ich nur Geldanlagen getätigt, in die ich auch selbst investiert hätte oder investiert habe. Ich investiere nur, nachdem ich die Anlage sorgfältig geprüft und auch verstanden habe. Komplizierte Angebote, wie schwer durchschaubare Zertifikate oder komplexe Derivate, habe ich nie angefasst. In so genannte *Subprime*-Obligationen (vulgo: Schrottanleihen) habe ich keinen Cent investiert. Im Gegensatz zu vielen Banken – darunter auch deutsche Bankhäuser –, die sich in verantwortungsloser oder gar krimineller Weise an der wilden Spekulation beteiligt haben und die dann vom Staat mit Steuergeldern vor dem Ruin bewahrt werden mussten.

Ich habe auch immer darauf geachtet, dass die von mir getätigten Anlagen kurzfristig verkäuflich, also liquide sind. Geschlossene Fonds aller Art (Immobilien, Medien, Schiffe oder Ähnliches) habe ich daher strikt gemieden. Ich habe darüber hinaus nie in Anlagen investiert, deren Nutzen vorrangig in einer Steuerersparnis bestand. Man nannte ja solche Anlagen landläufig »steuerbegünstigte Abschreibungsanlagen«. Sie wurden von Banken und Vermittlern verhökert, die sich dabei fette Provisionen verdienten. Ich habe mich davon nicht verlocken lassen, obwohl meine Firma gerade in den Anfangsjahren diese leicht verdienten Provisionen gut hätte gebrauchen können. Diese Investitionen wurden sehr oft ihrem Namen gerecht: Man musste sie am Ende abschreiben – als Totalverlust.

In Geldanlagen, die gerade groß in Mode waren, seien es exotische Aktien, spekulative Fonds oder kunstfertige Zertifikate, die es heute für jeden Schnickschnack gibt, habe ich auch nicht investiert. Dazu war ich immer zu bodenständig. Ich bin in einem Dorf bei Backnang in der Nähe von Stuttgart auf einem Bauernhof aufgewachsen. Unsere Familie ist sehr religiös gewesen; dass ich einmal bei der Vermögensverwaltung landen würde, war mir nicht in die Wiege gelegt. Jedoch wusste man in unserer Familie stets den Wert von hart erarbeitetem Geld zu schätzen.

Ich war mir immer meiner Verantwortung bewusst und habe immer im besten Interesse meiner Kunden gehandelt. Über eine Anerkennung, die mir vor einiger Zeit in der *Süddeutschen Zeitung* zuteilwurde, habe ich mich besonders gefreut: »Gottfried Heller muss einiges richtiggemacht haben in seinem Berufsleben. Das kann man daran ablesen, dass er selbst im hohen Alter noch ein gefragter Gesprächspartner ist. Und das bei einem Thema, bei dem einen der gute Ruf schnell verlässt: Geldanlage.«

Inzwischen habe ich alle Anteile an meiner Firma an meine Mitarbeiter abgegeben. Es freut mich, dass meine Nachfolger die *FIDUKA* ganz in meinem Sinne weiterführen. Besonders freut es mich, dass der Generationswechsel so gut und reibungslos geklappt hat.

Ich stehe natürlich noch immer in Verbindung mit den Mitarbeitern in der Firma, die mich mit Informationen und Research-Material versorgen, wenn ich es brauche. Außerdem bin ich noch beratend tätig. Auch nehme ich an Gesprächen teil, vor allem, wenn Kunden zu Besuch sind. Es ist ein schönes Gefühl, nicht mehr in der täglichen Verantwortung zu stehen, völlig frei und unabhängig zu sein.

Jetzt habe ich mehr Zeit für meine Familie, meine Freunde und meine Hobbys. Ich treibe Sport, gehe gern zum Wandern und sehe mir die Welt auf Kreuzfahrten an. Es geht mir inzwischen wie meinem früheren Partner André Kostolany, der einmal schrieb:

»Viele fragen mich, wie ich es schaffe, mit über 80 noch so aktiv zu sein. Das Wichtigste ist die geistige Gymnastik, dass ich noch ununterbrochen analysiere, denke, herumreise, debattiere und schreibe.«

2. Die Ängste und Sorgen der Deutschen

Es gibt tausend Möglichkeiten, Geld auszugeben, aber nur zwei, es zu erwerben: Entweder wir arbeiten für Geld – oder das Geld arbeitet für uns.

Bernard Baruch, US-amerikanischer Finanzier und Politikberater

»Die Germanen sind sehr mutige Leute, haben aber eine ungewöhnliche Zukunftsangst.« Das schrieb schon vor rund 2.000 Jahren der römische Historiker Publius Cornelius Tacitus über die Deutschen. Der Begriff *Angst* gehört schon lange zu den wenigen Worten, die aus dem Deutschen den Weg in viele andere Sprachen gefunden haben. Die *German Angst* ist so berühmt geworden, dass Psychologen, Philosophen, Historiker und andere Wissenschaftler aus aller Welt zu klären versuchen, warum ausgerechnet die Deutschen so zum Pessimismus neigen, Untergangsszenarien heraufbeschwören und liebend gern den Teufel an die Wand malen, wenn ihnen ein Problem auf den Nägeln brennt. Die beiden verlorenen Weltkriege, die grauenvolle Hitlerdiktatur, die Bombardierung deutscher Städte, mehrere Währungsreformen, in denen die Menschen den Großteil ihres Vermögens verloren haben – all dies wird als Erklärungsansatz herangezogen.

Mich, und vermutlich die meisten Menschen, die sich über die Gründe der *German Angst* Gedanken machen, hat jedoch noch keiner so richtig überzeugt. Am ehesten sehe ich die Währungsreformen und die Zeiten der Superinflation als wichtige Gründe, zumindest für die heutige Angst, bei der es um die privaten Finanzen der Menschen geht. Von dieser Angst her rührt vermutlich auch die Angst vor der Börse und die Verteufelung der Aktie, wie sie viele Menschen, aber vor allem die Meinungsmacher in den Medien und in der Politik hegen.

Deshalb lasse ich das Phänomen *German Angst* einfach so stehen, ohne Ihnen eine abschließende Erklärung für die Gründe zu liefern. Dafür möchte ich aber näher auf diejenigen Problembereiche eingehen, die bei vielen Deutschen besonders große Ängste auslösen – natürlich mit dem Schwerpunkt auf den Sorgen, die sich auf wirtschaftliche und finanzielle Belange beziehen. Und von denen, dies schon mal vorweg, einige berechtigt sind. Manchmal werden Probleme unterschätzt, bei denen mehr Angst durchaus wünschenswert wäre, weil Angst nun einmal ein Anlass zur Vorsicht oder auch eine Triebfeder für Veränderungen sein kann.

Ich möchte mich auf zwei Bereiche beschränken, die jetzt und vermutlich mehr noch in nächster Zeit Zukunftsängste bei vielen Menschen auslösen: Erstens die Befürchtung, dass die Digitalisierung unser Leben noch viel grundlegender verändern wird, als sie das jetzt schon tut. Eine entscheidende Rolle spielt dabei die so genannte Roboterisierung oder anders ausgedrückt der Siegeszug der künstlichen Intelligenz, der KI. Diese Entwicklung beeinflusst zunehmend unsere wirtschaftlichen und finanziellen Grundlagen.

Die Digitalisierungsangst leitet uns nahtlos über zu der zweiten Gruppe an Ängsten, die direkt unser Berufsleben, unser Einkommen, unser Vermögen und unseren Lebensstandard bedrohen – und das ist alles, was mit Zinsen, Währungen, Inflation, Anlagemöglichkeiten und finanzieller Sicherheit und Altersvorsorge zusammenhängt. Und da kommt eine Menge zusammen.

DIE ANGST VOR DIGITALISIERUNG UND ROBOTERISIERUNG

Wenn ein Tag vergeht, an dem Elon Musk nicht prominent in den Medien erscheint, dann muss man das im Kalender dick markieren. Denn der Gründer und Firmenlenker des kalifornischen Elektroauto-Pioniers *Tesla*, der Weltraumfirma *SpaceX* und des revolutionären Transportsystems *Hyperloop*, der zudem auch in der Batterie-, Akku- und Solarentwicklung ein großes Rad dreht, gehört zu den Menschen, denen viele zuhören. Und deren Visionen stets ein breites, zumeist hoffnungsvolles und staunendes Publikum finden.

Kein Wunder, dass sich auch Politiker in seinem Glanz sonnen möchten. Sie haben den gebürtigen Südafrikaner Musk Mitte 2017 zu einer Sitzung des Nationalen US-Gouverneursrats eingeladen – und diese Gelegenheit hat er genutzt, um über seine größte Angst vor der Zukunft zu sprechen. Es ist die künstliche Intelligenz, deren Gefahren er mit drastischen Worten beschrieb. Die Herrschaft der selbstlernenden Systeme werde die Existenz der menschlichen Zivilisation gefährden, falls die Politik nicht vorausschauend handle. Wenn die Regierungen nur reagierten, statt frühzeitig zu agieren, könne es schon zu spät sein. Dann, so Musk, könnten »selbständig handelnde Roboter die Straße runtergehen und töten«.

Da sich Elon Musk als einer der größten Kenner der KI bezeichnet – und seine Unternehmen hart daran arbeiten, in der Entwicklung immer besserer Algorithmen (mathematische Gesetzmäßigkeiten) eine Spitzenposition einzunehmen –, sollte man seine Ängste ernst nehmen. Auch wenn ein anderer Digital-Star, *Facebook*-Gründer Mark Zuckerberg, entgegengesetzter Meinung ist und glaubt, dass »die künstliche Intelligenz die Welt besser machen wird«.

Elon Musk ist jedoch nicht allein mit seinen Ängsten. Zusammen mit dem Astrophysiker Stephen Hawking und *Apple*-Mitgründer Steve Wozniak hatte er bereits 2015 in einem offenen Brief vor unkontrollierbaren Gefahren der KI gewarnt, vor allem vor einem Wettrüsten mit autonomen Waffen. Die könnten sich gegen die Interessen der Menschheit richten, wenn sich die KI verselbständige.

Die Angst vor einer Roboterisierung, die besonders auch in Deutschland wächst, zeigt bei den meisten Menschen allerdings in eine ganz andere, weniger martialische Richtung: dass künstliche Intelligenz Millionen von Arbeitsplätzen vernichten und die Ungleichheit in der Welt dramatisch verstärken werde. Diese Ängste werden von Wissenschaftlern immer wieder genährt. So haben Forscher der Universität Oxford bereits 2013 ausgerechnet, dass in 25 Jahren in den Industriestaaten infolge des Vormarsches von KI 47 Prozent aller Jobs verschwinden würden. Mir ist allerdings schleierhaft, wie man so vermessen sein kann, die Folgen einer noch im Anfangsstadium befindlichen Technologie für so einen langen Zeitraum voraussagen zu können. Erinnern wir uns: Das Internet gibt es seit ziemlich genau einem Vierteljahrhundert – und es hat sich ganz anders entwickelt, als damals die Experten geweissagt hatten. Wie wenig seriös Schätzungen wie jene der Universität Oxford sind, zeigt das Beispiel Deutschland: Auf der Basis dieser Oxford-Studie haben die Wirtschaftsforscher vom Mannheimer *ZEW* für Deutschland den Verlust von 42 Prozent der Stellen durch Automatisierung errechnet, die Bank *ING-DiBa* sogar 59 Prozent – die *OECD* dagegen nur zwölf Prozent. Seltsam.

Wir wollen uns nicht um Prozente streiten. Sicher dürfte aber sein, dass viele Berufe durch die künstliche Intelligenz verdrängt, dass aber auch neue entstehen werden. Wie jedoch der Saldo aussehen wird, liegt ziemlich im Dunkeln. Auf jeden Fall werden vor allem die jungen Berufstätigen noch mehr als in den letzten beiden Jahrzehnten mit Berufswechsel, Stellenwechsel, Teilzeitarbeit, prekärer Beschäftigung, lebenslangem Lernen und zeitweiliger Arbeitslosigkeit konfrontiert werden. Die Angst vor der künstlichen Intelligenz, vor Fabrikhallen, in denen nur noch wenige Menschen, aber viele Roboter arbeiten werden, vor Maschinen, die selbstlernend sind, keine Fehler machen und in der Massenproduktion viel billiger arbeiten als Menschen, ist deshalb nicht eingebildet, sondern real. Und sie betrifft selbst Berufe wie Ärzte, Juristen und Börsianer, die durch Systeme, die von Algorithmen gesteuert werden, zu einem erheblichen Teil wegfallen sollen.

Wer von der Automatisierung und autonomen Maschinen und Systemen profitieren wird, sind jedoch diejenigen Unternehmen, die es schaffen, die Effizienzsprünge, die durch die Digitalisierung möglich werden, rechtzeitig und gezielt umzusetzen und dadurch ihre Produktivität, ihre Ertragskraft steigern und ihr Überleben sichern. Der Kampf um die Vorherrschaft bei der künstlichen Intelligenz wird jedenfalls gnadenlos werden und auch, da sind sich die Experten einig, nahezu alle Branchen und Bereiche erfassen. Bisher haben die Amerikaner mit ihren Tech-Firmen aus dem Silicon Valley klar die Nase vorn, aber die Europäer und Japaner versuchen verzweifelt aufzuholen. Und China will bis 2030 rund 150 Milliarden Dollar in die KI investieren, um damit die weltweite Spitzenstellung in der autonomen Automatisierung zu erlangen.

Deutschland hinkt in der Digitalisierung hinter vielen anderen Ländern her. Eine Studie von *ZEW* und *Fraunhofer-Institut* hat Mitte 2017 ergeben, dass Deutschland hier weltweit nur auf Platz 17 rangiert, weit hinter den USA, Großbritannien oder Finnland und sogar einen Platz hinter Frankreich. Nur zwei Prozent der befragten Unternehmen nutzten künstliche Intelligenz. Da bin ich entsetzt, dass die deutsche Wirtschaft und die Regierung nichts gegen den Verkauf von *Kuka* unternommen hat, des größten deutschen Roboter-Unternehmens und Vorreiters des Konzepts Industrie 4.0. Erst als es zu spät war und die Augsburger *Kuka* fast vollständig der chinesischen *Midea* gehörte, kam der große Aufschrei. Dabei ist, jenseits aller Schreckensmeldungen über massive Arbeitsplatzverluste eines sicher: Künstliche Intelligenz wird zu einer, vielleicht sogar der Schlüsseltechnologie der nächsten Jahrzehnte werden, nicht isoliert, sondern im Verbund mit der Digitalisierung nahezu aller Geschäftsprozesse.

So gehen beispielsweise Stahlunternehmen davon aus, dass sich mit Hilfe von KI und besserer Vernetzung bis zu 30 Prozent aller Kosten einsparen lassen, vor allem in der Logistik, also beim Einkauf der Rohmaterialien und beim Vertrieb der fertigen Produkte. Dass hier Arbeitsplätze wegrationalisiert werden, dürfte jedem klar sein. Wenn schon eine der typischsten Branchen der *Old Economy* so massive Effizienzgewinne erwartet, wie sieht es dann erst in den technologisch höher stehenden Sektoren aus? Möglicherweise wiederholt sich ja jetzt bei der KI das, was wir schon mit der Einführung des Internets erlebt haben: Am meisten profitierten damals die Anwender und die Lieferanten von Hardware für die Internetnutzung. Und langfristig auch die Arbeitnehmer?

Dank steigender Produktivität könnte dann die Arbeitszeit verkürzt werden, wie dies ja auch die Technologieschübe der vergangenen Jahrzehnte ermöglicht haben. Jack Ma, der visionäre Gründer und Chef des chinesischen Internetriesen *Alibaba*, hat Mitte 2017 die Welt in einem Interview mit dem US-Fernsehsender *CNBC* mit seinem Optimismus überrascht: »Glauben Sie es oder nicht, ich denke, in den nächsten 30 Jahren werden Menschen vier Stunden am Tag arbeiten und vielleicht vier Tage die Woche.«

Was aber hat das alles mit der Geldanlage zu tun, werden Sie fragen? Sehr viel, wie ich schon angedeutet habe. Zum einen, weil die Umbrüche am Arbeitsmarkt, die in den kommenden Jahrzehnten bevorstehen, viele so genannte unterbrochene Lebensläufe hervorbringen werden, mit der Konsequenz, dass viele Beschäftigte nicht wie in der Vergangenheit 40 oder gar 50 Jahre lang regelmäßig in die gesetzliche Rentenversicherung einzahlen können, sondern deutlich weniger. Und dies bedeutet, dass die Rente im Vergleich zum letzten Arbeitseinkommen noch geringer ausfallen wird, als sie es aufgrund der in die Rentenformel eingebauten Kürzungsschritte, die von den Regierungen bereits beschlossen worden sind, ohnehin tut.

Sich im Alter allein auf Vater Staat zu verlassen ist deshalb extrem fahrlässig, weil er den Lebensstandard nie und nimmer sichern wird. Private und berufliche Vorsorge ist deshalb überlebenswichtig. Und hier gibt es in der jetzigen Nullzinsphase einfach keine Alternative zu Aktien

ktienbasierten Produkten wie Fonds und ETFs, um aus den Ersparnissen eine nennenswerte Zusatzversorgung zu bekommen. Denn langfristig werfen Aktien mit Abstand den höchsten Ertrag aller Geldanlagen
ab.

Zum anderen werden Unternehmen und deren Aktien die großen Gewinner der Roboter-Revolution sein, und zwar Unternehmen, die in diesem rasant wachsenden Bereich erfolgreich mitmischen, ebenso wie die
Firmen, die von den Effizienzsteigerungen besonders stark profitieren.
Ich bin mir sicher, dass wir nicht nur bei den Arbeitsplätzen einen ra-
schen Wandel erleben werden, sondern auch auf der Unternehmensebe-
ne. So manche Firma, die den technologischen Anschluss verliert, wird
pleitegehen oder geschluckt werden, sowohl bei den Herstellern der KI als
auch bei den Abnehmern. Wer jedoch überlebt, kann mit hohen Gewinnen rechnen, die natürlich auch den Aktionären zugutekommen werden.

Da aber niemand verlässlich vorhersagen kann, welche Unternehmen
in diesen Umbruchphasen erfolgreich sein werden und welche ihre Existenz aufgeben müssen, bieten sich Indexfonds auf breite Aktienindizes
als Königsweg an. Durch die breite Streuung bleiben Anleger von massiven Kursverlusten verschont, weil die Verluste der erfolglosen Aktiengesellschaften durch die Gewinne der erfolgreichen mehr als ausgeglichen
werden dürften – so wie das bisher noch bei jedem Technologiesprung
der Fall war. Der große österreichische Ökonom Joseph Schumpeter hatte solch einen Vorgang schon vor einem Jahrhundert als »schöpferische
Zerstörung« bezeichnet, die eine wichtige Triebfeder des wirtschaftlichen
Fortschritts sei.

Und der US-Wirtschaftsprofessor Jeremy Siegel bezeichnet es als entscheidend für die Aktienrendite, dass junge, erfolgreiche Unternehmen
die erfolglosen im Depot ersetzen, was bei ETFs quasi automatisch geschieht. Denn die Verlierer scheiden meistens rasch aus den Indizes aus,
während die Aufsteiger neu aufgenommen werden und eine höhere Gewichtung in den Indizes bekommen. Dadurch sind Anleger mit Indexfonds automatisch in einem Querschnitt ausgewählter, qualifizierter Unternehmen ertragreicher und sicherer investiert, als es *Stock Picker* sind,
die in mühevoller Arbeit mehr oder weniger erfolgreich versuchen, die
besten Aktien herauszufiltern.

DIE ANGST VOR DAUERHAFTEN NULLZINSEN BEIM BANKSPAREN

Die deutschen Sparer sind manchmal schon sonderbare Wesen: Seit nunmehr zehn Jahren erhalten sie für den Großteil ihrer Ersparnisse kaum noch Erträge, denn die Zinsen liegen seither nur unwesentlich über null Prozent. Dennoch sparen die Bundesbürger unverdrossen weiter wie die Weltmeister. Sie legen seit Jahr und Tag knapp zehn Prozent ihres verfügbaren Einkommens auf die hohe Kante – aber überwiegend in solche Anlagen, die extrem unter den Nullzinsen leiden.

Dieses Verhalten klingt zunächst nicht richtig nach Angst. Trotzdem steckt in Wirklichkeit viel Angst hinter diesem Sparverhalten, nämlich der Angst vor Kursverlusten bei Aktien und Aktienfonds. Warum die Angst vor der nachweislich langfristig renditestärksten Anlageform irrational ist, werde ich in späteren Kapiteln ausführlich schildern. Die meisten Sparer indes glauben, dass es sicher ist, in Bankeinlagen, Sparbriefen, Anleihen oder Lebensversicherungen zu investieren. Denn damit könne man, so die landläufige Meinung, wenigstens kein Geld einbüßen.

Die Deutschen fühlen sich sehr wohl, auf viel Bargeld zu sitzen. Das sollten sie aber nicht! Sie haben sich für eine schreckliche Anlageform entschieden, die ihnen sogar Verluste beschert: Denn die Guthaben-Zinsen sind weit niedriger als die Inflation. Die Zinsen abzüglich der Inflationsrate nennt man Realzins. Seit fast zehn Jahren ist der Realzins die meiste Zeit über negativ. Das bedeutet: Die Bargeldbesitzer machen Jahr für Jahr kräftige Verluste.

Außer Sachwerten wie Aktien gibt es zurzeit kaum eine Anlageform, die Sparer vor der schleichenden Enteignung schützt. Denn die Zinserträge sind so niedrig, dass sie bei weitem nicht die Teuerungsrate ausgleichen. Mit anderen Worten: Die Ersparnisse der meisten Deutschen verlieren seit Jahren an Kaufkraft, die Vermögen werden schleichend und für die meisten unmerklich entwertet. Im Juli 2017 lag die Inflationsrate bei 1,7 Prozent, der Durchschnittszins aller Bankeinlagen der privaten Haushalte von rund 2,2 Billionen Euro nach meinen Berechnungen (auf Basis der Zinsstatistiken der *Deutschen Bundesbank*) dagegen bei lediglich 0,11 Prozent. Man muss kein Mathematiker sein, um ausrechnen zu können, dass das einen Kaufkraftverlust von 1,59 Prozent pro Jahr bedeutet. Bei 2,2 Billionen Euro sind dies jährlich 35 Milliarden Euro, um die deutsche Zinssparer kalt enteignet werden.

Und trotzdem bleibt der öffentliche Aufschrei aus. Aber immerhin nimmt, das zeigen Umfragen der *Bundesbank* und von Meinungsforschern, die Angst zu, die Nullzinsphase könnte noch lange anhalten. Immer mehr Anleger glauben, so die *Bundesbank*, dass es deshalb keinen Sinn mehr macht zu sparen – und legen gar kein Geld mehr auf die Seite. Und dies ist, wenn wir uns die zunehmend geringer werdende staatliche Altersvorsorge in Deutschland vor Augen führen, eine fatale Entwicklung.

Die Kehrseite der Medaille ist, dass die *Europäische Zentralbank* (*EZB*) den Staatsschuldnern in der Währungsunion laut *Bundesbank* eine Zinsersparnis von einer Billion Euro in den letzten neun Jahren beschert hat. Für Deutschland beziffert die *Bundesbank* die Einsparungen auf 240 Milliarden Euro. Allein im Jahr 2016 seien Bund, Länder und Kommunen um rund 47 Milliarden Euro entlastet worden. Wenn der ehemalige Bundesfinanzminister Wolfgang Schäuble so stolz auf seinen ausgeglichenen Haushalt verwies, so verdankte er dies nicht etwa einer sparsamen Politik der Bundesregierung, sondern allein der Nullzinspolitik der *EZB*.

Sobald die Zinsen steigen, wird es ohne echte Sparbemühungen und Reformen von Seiten der Bundesregierung wieder rote Zahlen im Bundeshaushalt geben. Dafür wird schon der angeschwollene deutsche Sozialstaat sorgen, dessen Sozialausgaben unter der Großen Koalition in der konjunkturell günstigen vierjährigen Wahlperiode sich auf 962 Milliarden erhöht haben. Das Sozialbudget ist stärker gewachsen als das Bruttoinlandsprodukt, die größte Dynamik liegt nicht im Erwirtschaften, sondern im Verteilen. So ein Sozialstaat schafft das Gegenteil von Sicherheit. In anderen Worten: Mit Hilfe der Zinspolitik der *EZB* bekommen die Staaten ein Billionen-Euro-Geschenk auf Kosten von Millionen von Bürgern, die ausgeplündert und um ihre Altersvorsorge betrogen werden.

Die *DZ Bank*, das Spitzeninstitut der Volks- und Raiffeisenbanken, hat im Mai 2017 in einer umfangreichen Studie ausgerechnet, wie hoch die Zinsverluste der Deutschen infolge der Niedrig- und zuletzt Nullzinspolitik der *Europäischen Zentralbank* sind. Sie kommt für den Zeitraum 2010 bis 2016 auf die gewaltige Summe von 344 Milliarden Euro. Wohlgemerkt, das sind nominale Beträge, der Kaufkraftverlust kommt also noch hinzu. Die Bank hat in ihrer Ausarbeitung die Zinseinnahmen der privaten Haushalte in diesen sieben Jahren mit dem Durchschnittszins der Jahre 1998 bis 2008 verglichen, also den letzten »normalen« Zinsjahren. Und die *DZ Bank* hat auch eine Schätzung für 2017 gemacht, danach kommen weitere 92 Milliarden Euro hinzu, in den acht Jahren bis Ende 2017 wären es also insgesamt 436 Milliarden Euro. Das macht im Durchschnitt für jeden Bundesbürger über 5.000 Euro aus. Da muss man sich nicht wundern, wenn Deutschland im Ranking der Vermögen pro Einwohner weit hinter den meisten anderen europäischen Staaten herhinkt. Dazu später mehr.

Im Jahr 2008, also vor der Finanz- und Eurokrise, hatten die Deutschen rund 120 Milliarden Euro an jährlichen Zinseinkünften, im Jahr 2016 waren es mit gut 60 Milliarden Euro nur noch halb so viel – obwohl die in Zinsanlagen steckenden Geldvermögen in dieser Zeit laut *DZ Bank* um über 36 Prozent zugenommen haben – dank des großen Sparfleißes der Bundesbürger. Da fehlen einem die Worte: Das Sparverhalten der Deutschen grenzt schon an Masochismus.

Die *DZ Bank* hat zusätzlich zu den Zinseinbußen auch den Kaufkraftverlust der Ersparnisse berechnet und kommt allein für das Jahr 2017 auf 37 Milliarden Euro – eine negative Realverzinsung von durchschnittlich 0,8 Prozent unterstellt. Im Gegensatz zu meiner obigen Rechnung sind dabei nicht nur Bankeinlagen erfasst, sondern auch Anleihen sowie Versicherungen mit ihrem Anteil an verzinsten deutschen Anlagen. Da Lebensversicherungen, die zu Zeiten von normalen Zinsen abgeschlossen wurden, vertragsgemäß noch Garantiezinsen von bis zu vier Prozent bringen müssen (bei Neuabschlüssen liegen sie bei 0,9 Prozent), ist der durchschnittliche negative Realzins, den die *DZ Bank* unterstellt, niedriger als derjenige, der von mir nur für Bankeinlagen angesetzt worden ist.

Aber rechnen wir doch einmal zusammen: 2017 erleiden die Sparer laut *DZ Bank* 92 Milliarden Euro Zinseinbußen und dazu noch 37 Milliarden Euro Kaufkraftverlust. Macht also sage und schreibe 129 Milliarden Euro Gesamtverlust. Wenn das kein Grund zur Sorge ist! Davon muss man zwar die Zinsgewinne abziehen, die bei Krediten der privaten Haushalte anfallen, insbesondere bei Immobiliendarlehen – aber dennoch bleibt eine Riesensumme übrig, mit der die Bundesbürger durch die Nullzinspolitik der *EZB* belastet wird.

Viele Sparer sehen als ihr größtes Problem an, dass es praktisch keine so genannten sicheren Anlagen mehr gibt, die noch einen einigermaßen akzeptablen Ertrag abwerfen. Sie würden ja gern die Anlageform wechseln, wenn sie eine Alternative sehen würden. Denn mit ihren bisherigen Investments sind sie häufig sehr unzufrieden, und die Angst wächst, dass sie damit ihre Sparziele nicht erreichen können. Welche Ängste plagen sie dabei konkret?

Vor allem die Angst, dass die Nullzinspolitik noch lange anhält und sie immer weniger für ihr Erspartes bekommen. Bei einer repräsentativen Umfrage der *Deutschen Bundesbank* bei 5.000 Haushalten haben im Sommer 2016 knapp 58 Prozent der Befragten angegeben, sie erwarteten, dass die Zinsen noch länger als drei Jahre so niedrig bleiben werden. Knapp 39 Prozent gingen von einer Zinswende in zwei bis drei Jahren aus. Die Hoffnungen auf mehr Ertrag ihrer Zinsersparnisse sind also bei der Mehrzahl der Bürger sehr gering.

Diese Einschätzung führt dazu, dass die Sparer immer stärker auf die kurzfristigste aller Anlageformen setzen: Tagesgeld bei Banken, für das es im Durchschnitt Mitte 2017 läppische 0,05 Prozent Zinsen gab. Dort sind die Einlagen im Zwölfmonatszeitraum Mai 2016 bis Mai 2017 um sage und schreibe 116 Milliarden Euro oder zehn Prozent auf 1,26 Billionen Euro geklettert. Dagegen sind sie bei längerer Festlegung (Festgeld, Sparbuch) um 14 Milliarden Euro gefallen. Die Sparer handeln also nach der Devise: wenn schon keine Zinsen, dann wenigstens flexibel bleiben. Festgeld und Sparbriefe, die früher gern als Anlageinstrumente für kurz- und mittelfristige Sparziele gewählt worden waren, sind angesichts von Renditen im Zehntel-Prozent-Bereich einfach keine Alternative mehr. Tagesgeld, das praktisch zinslos ist, kann aber auf Dauer keine Antwort auf die Minizinsen sein.

Deshalb würden viele ja gerne anders, also rentabler anlegen – aber sie wissen nicht, wo und wie. Weil sie auch bei den anderen zinsabhängigen Anlageformen jenseits der Bankeinlagen zähneknirschend beobachten, wie ihre Ersparnisse stagnieren oder gar abnehmen. Immerhin greift bei Bankeinlagen die gesetzliche Einlagensicherung, die pro Sparer bis zu 100.000 Euro an Guthaben voll absichert, also im Insolvenzfall des Geldinstituts vor einem Verlust schützt.

Aber wenn wir schon beim Thema »Sicherheit« sind. Wie sieht es mit der Lebensversicherung aus, die ja das »sicher« im Namen trägt und lange Zeit in Deutschland als Inbegriff der Sicherheit galt?

DIE ANGST VOR VERLUSTEN MIT
LEBENSVERSICHERUNGEN

Wie steht es nun mit der bei Deutschen so beliebten Anlageform der Lebensversicherung? Mit einem Wort: schlecht. Viele Kunden von Kapitalle-
bens- und privaten Rentenversicherungen fühlen sich bei den jährlichen
Mitteilungen der Versicherer, in denen die erwarteten Beträge beim Ab-
lauf des Vertrags ausgewiesen sind, immer mehr verunsichert. Denn die
so genannten Ablaufleistungen schmelzen und schmelzen und führen
bei den Versicherten oft zu heftigem Ärger.

Dabei geht es in der Regel um Zigtausende Euro. Für viele steht mit
den sinkenden Renditen zudem der Lebensstandard im Alter auf dem
Spiel. Die Angst vor Altersarmut geht um. In Beispielrechnungen für den
Finanzausschuss des Bundestags kam der *Bund der Versicherten (BdV)* auf
Minderungen von bis zu 43 Prozent im Vergleich zu den bei Vertragsab-
schluss in Aussicht gestellten Ablaufleistungen. Bei einer im Jahr 1997
abgeschlossenen und 2029 zur Auszahlung vorgesehenen Police – einem
Musterbeispiel – würden laut *BdV*-Hochrechnung statt mehr als 63.000
Euro nur knapp 36.000 Euro fällig werden – also über 27.000 Euro we-
niger.

Das Seltsame dabei: Beim Abschluss dieses Mustervertrags 1998 lag
der Garantiezins, den die Versicherer bis zum Vertragsende in der Regel
mindestens bezahlen müssen, noch bei 4,0 Prozent und damit so hoch
wie sonst nie. Jetzt sind es, wie die Grafik zeigt, nur noch erbärmliche 0,9
Prozent. Die Versicherungsgesellschaften haben jedoch stets ihre Schätzungen der Ablaufleistungen nicht mit dem Garantiezins kalkuliert, sondern mit weit höheren Sätzen. Damals betrug die Gesamtrendite – plus
der so genannten Überschussbeteiligung – noch über sieben Prozent.

Übrigens, die 0,9 Prozent, die Lebensversicherer jetzt garantieren, erhalten die Kunden im Endeffekt bei weitem nicht. Denn abzüglich Kosten und Risikoschutz – und nur darauf bezieht sich der Garantiezins –
kommen im Durchschnitt gerade einmal 0,1 bis 0,2 Prozent bezogen auf
die Beitragszahlungen heraus. Aber um mein »Seltsam« aus dem vorigen
Absatz aufzulösen: Damals, im Jahr 1997, waren zwar die Renditen und
Garantiezinsen der Versicherungspolicen deutlich höher als jetzt, aber
auch die Kosten. Denn Verwaltungsaufwendungen und Bestandsprovisi-
onen für die Vermittler, die den Kunden aufgebrummt werden, fressen

einen erheblichen Teil der Gewinne auf. Jetzt haben die meisten Versicherer – auch auf politischen Druck hin – die Kosten zwar besser im Griff, aber dafür erzielen sie mit ihren Geldanlagen nur noch magere Erträge.

Mindestverzinsung der Kapital-Lebensversicherungen ab 1985

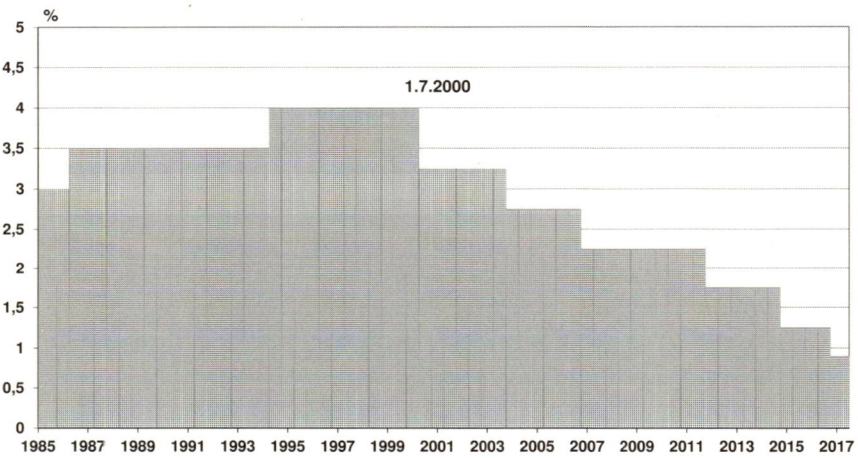

Quellen: Deutsche Aktuarvereinigung, Höchstrechnungszins in %.

Der Grund dafür liegt in der meiner Meinung nach völlig verfehlten Anlagepolitik der Lebensversicherer – die nur zum Teil durch staatliche Regularien begründet ist. Ende 2016 war das Geld der Kunden laut Branchenverband *GDV* im Durchschnitt zu fast 86 Prozent in verzinslichen Anlagen investiert, jedoch nur zu 4,4 Prozent in Aktien. Im angelsächsischen Raum sind bis zu 50 Prozent als Aktienquote üblich. Klar, dass dann in der Nullzinszeit die Erträge der deutschen Versicherer auf der Strecke bleiben.

Dieser Minibetrag von lediglich 4,4 Prozent Aktienanteil ist deshalb ein Unsinn ohnegleichen, weil Lebensversicherer aufgrund der langen Laufzeit der Verträge eigentlich prädestiniert dafür sind, die Vorteile der langfristig renditestärksten Geldanlage voll auszuschöpfen, also der Aktie. Wie ich später noch ausführlich beleuchten werde, sinkt das Aktienrisiko nach den wissenschaftlichen Erkenntnissen und den historischen Erfahrungen umso stärker, je länger die Laufzeit bemessen ist. Und die

Wahrscheinlichkeit einer überdurchschnittlichen jährlichen Rendite von acht bis zehn Prozent steigt bei langer Fristigkeit ebenfalls deutlich.

Diese so genannte Aktienprämie könnte so ein langfristiger Sparvertrag, wie es die Lebens- und Rentenversicherung ist, relativ risikolos für ihre Kunden vereinnahmen. Aber die Assekuranz in Deutschland legt das Geld lieber in Anleihen und anderen Zinsinstrumenten an, also so wie es nur jemand tun sollte, der sein Geld nach kurzer Zeit wieder benötigt und nicht erst in Jahrzehnten. Um hier wenigstens noch ein bisschen Rendite zu erzielen, gehen die Versicherer auf der anderen Seite hohe Risiken ein, zum Beispiel mit dem Kauf von Anleihen relativ schlecht benoteter Unternehmen oder Staaten. Und diese Risiken sind in meinen Augen keineswegs geringer, sondern sogar höher als die von Aktien, wie man während der Finanz- und der Eurokrise beobachten konnte. Damals mussten viele Versicherungsunternehmen massive Verluste mit Griechenland-Anleihen hinnehmen, die natürlich die Rendite der Kunden ruinieren.

Ganz abgesehen davon: Lebensversicherer streuen das Geld ihrer Kunden viel zu einseitig. 86 Prozent in einer einzigen Anlageklasse – Zinspapiere – bilden ein gefährliches Klumpenrisiko. Das wird dann zum Riesenproblem anwachsen, sobald der Zinstrend deutlich nach oben dreht. Und das muss er früher oder später. Dann drohen bei Anleihen kräftige Kursverluste – pro Renditeanstieg um einen Prozentpunkt sind das rund acht Prozent Kurseinbußen. Aber selbst bei einem Zinsanstieg um einen Prozentpunkt läge die Rendite der zehnjährigen Bundesanleihe erst bei 1,5 Prozent (Stand Mitte 2017) und damit weit entfernt von den Renditen, die vor der Finanzkrise üblich waren – vier bis acht Prozent. Nicht auszudenken, welche Kursverluste es mit sich bringen würde, wenn die Renditen vier Prozent und mehr erklimmen würden.

Ich kann nur abraten, eine klassische Kapitallebensversicherung – mit Mindestverzinsung – abzuschließen. Für den Kunden lohnt es sich nicht, zumal bei vielen Versicherungen auch der Fiskus und die Krankenkasse in der Auszahlphase ihre Hand aufhalten. Man kann es drehen und wenden, die Rentabilität der Lebensversicherungen ist erbärmlich. Nicht ohne Grund haben einige Versicherer dieses Geschäft inzwischen eingestellt und vertreiben vorwiegend fondsgebundene Lebensversicherungen und solche ohne enges Garantiekorsett. Denn die Neukunden sind besonders schlecht dran. Aus den gesamten Erträgen der Versicherer müssen nämlich die Altkunden bevorzugt bedient werden, bei denen noch hohe Mindestzinsen von drei bis vier Prozent vertraglich festgeschrieben sind. Die neuen Kunden bekommen quasi nur die Brosamen aus den Erträgen, die übrig bleiben.

Ich kann nicht verstehen, dass trotz dieser schlechten Voraussetzungen 2016 über fünf Millionen neue Lebens- und Rentenversicherungspolicen abgeschlossen worden sind, worunter auch Riester-, Rürup- und Betriebsrentenverträge fallen. Warum fast alle diese Arten von Versicherungslösungen meiner Meinung nach ungeeignet für die Altersvorsorge sind, beschreibe ich genauer im entsprechenden Kapitel. Dort schlage ich auch vor, wie Sie am besten Ihre Vorsorge gestalten, um allzu starke Abstriche am Lebensstandard zu vermeiden.

DIE ANGST VOR DER ALTERSARMUT

Vermutlich gibt es nicht viele Themen, über die in Deutschland so viele Studien und Umfragen erstellt werden wie über die Altersarmut. Allein in der Zeit, in der ich an diesem Buch gearbeitet habe, waren es mehr als ein halbes Dutzend. Und alle kommen zu ähnlichen Ergebnissen: Die Angst vieler Deutscher vor Altersarmut oder vor großen Abstrichen am gewohnten Lebensstandard ist groß. Und das nicht ohne Grund. Ich will hier nur zwei Untersuchungen als Beispiele herausgreifen:

Ende März 2017 hat das *Sinus-Institut* eine Meinungsumfrage bei 40- bis 55-Jährigen veröffentlicht. Danach haben 37 Prozent von ihnen sehr viel Angst vor Altersarmut und weitere 39 Prozent etwas Angst. Drei Viertel aller Deutschen in dieser Altersgruppe beschleicht also eine mehr oder minder große Furcht. Ähnlich sieht es mit der Angst aus, den Lebensstandard als Rentner nicht halten zu können. Immerhin 24 Prozent haben eine sehr große Angst davor, weitere 46 Prozent etwas Angst. Zusammen also 70 Prozent, die von Ängsten geplagt werden. Für ein Land mit einer solchen Wirtschaftskraft ist das fürwahr ein Armutszeugnis.

Aber ist diese Angst wirklich berechtigt? Diese Frage haben mehrere wissenschaftliche Studien beantwortet, so eine Untersuchung der *Bertelsmann Stiftung* von Ende Juni 2017. Sie kommt zu dem Ergebnis, dass die Armutsrisikoquote, also der Anteil der Rentner unterhalb der Armutsschwelle im Vergleich zu allen Ruheständlern, von 16 Prozent in den Jahren 2015 bis 2020 auf über 20 Prozent in der ersten Hälfte der

2030er Jahre zunehmen wird. Davon wäre also jeder fünfte Rentner betroffen.

Untersucht wurden allerdings nur Geburtsjahrgänge bis 1969. Für später Geborene wird die Quote noch stärker steigen, weil ab dem Jahr 2030 die geburtenstarken Jahrgänge geballt in den Ruhestand wechseln und die Rentenkürzungen und die Nullzinsphase ihre volle Wucht entfalten werden. Für die Bundesbürger, die 2018 48 Jahre und jünger sind, sehen die Aussichten also noch viel schlechter aus als für die von der *Bertelsmann Stiftung* erfassten Altersstufen. Das bestätigen auch Studien aus dem Jahr 2016, die den Zeitraum bis 2040 oder gar 2050 auswerten und damit die Menschen betreffen, die jetzt 35 bis 45 Jahre alt sind. Den noch Jüngeren dürfte es noch schlimmer ergehen.

Mich erstaunt immer wieder, dass trotz dieser Ängste und trotz dieser wissenschaftlich verbrieften Verschlechterung der finanziellen Situation im Alter die Politik keine einigermaßen tragfähigen und langfristigen Lösungsvorschläge für dieses Riesenproblem anbietet. Vor allem von Kanzlerin Merkel in ihrer langen Amtszeit hätte man doch eigentlich erwarten können, dass sie die Rentenproblematik anspricht und Pläne für deren Entschärfung vorlegt. Aber weit gefehlt. Sie hat sich lieber vor dem unangenehmen Thema weggeduckt und sich sogar echauffiert, als der Deutsche Gewerkschaftsbund DGB im Herbst 2016 eine Kampagne gegen Altersarmut gestartet hat. Das nutze, so die Begründung für ihre Ablehnung des Themas, ja nur der AfD.

So ein Blödsinn, kann ich da nur sagen. Das ungelöste Problem der auskömmlichen Altersrente einfach mit einem billigen parteipolitischen Argument vom Tisch zu wischen, grenzt schon an Verantwortungslosigkeit. Die Kanzlerin will einfach die Lösung eines Problems, das so vielen Deutschen unter den Nägeln brennt, lieber in die Zeit nach 2030 verschieben. Bis dahin seien die Weichen ja schon gestellt, meint Frau Merkel. Mitnichten: Eine tickende Zeitbombe wie die Altersarmut kann man nicht in der üblichen Weise einfach bis 2030 aussitzen.

Aber im Jahr 2030 ist die Kanzlerin vermutlich selbst in Rente und braucht ganz sicher keine Angst vor ihrer persönlichen Altersarmut zu haben. Politiker sind bekanntlich fürstlich abgesichert. Vielleicht interessiert die meisten von ihnen deshalb das Thema nicht wirklich, zumal Beamte auch noch die größte »Fraktion« im Bundestag bilden. Und Beamte sind die einzigen Arbeitnehmer, die auch in Zukunft vollkommen sorgenlos ihren Ruhestand genießen können und keine Angst vor Altersarmut haben müssen. Mit 2.780 Euro war ihr durchschnittliches Ruhegeld im Jahr 2016 mehr als das Dreifache dessen, was Rentner (in Westdeutschland) mit 819 Euro bekamen.

Durchschnittliche Altersrenten in Deutschland Ende 2016

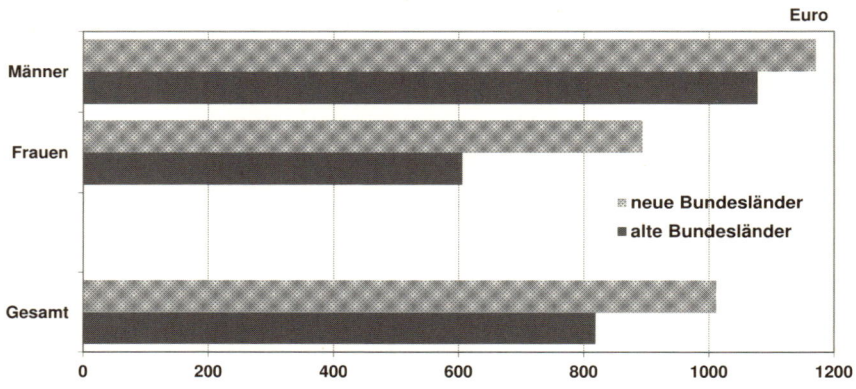

Quelle: Deutsche Rentenversicherung

Die tatsächlichen Rentenzahlungen der nicht verbeamteten Arbeitnehmer liegen damit weit unter den Summen, die Politiker in der Regel nennen, wenn es um das Rententhema geht. Die Politik bezieht sich auf die so genannte Standardrente, auch Eckrente genannt, die ein Arbeitnehmer erhält, der 45 Jahre lang ununterbrochen in die gesetzliche Rentenversicherung eingezahlt und genauso viel verdient hat wie der Durchschnitt aller Arbeitnehmer. Die Standardrente lag im Jahr 2016 in den alten Bundesländern bei 1.370 Euro. Da die allermeisten Rentner nicht auf 45 Einzahlungsjahre kommen, beschönigt die Statistik mit dem Eckrentner die Realität. Während die Männer in der rauen Wirklichkeit mit durchschnittlich 1.078 Euro tatsächlicher Rente »nur« knapp 300 Euro darunterlagen, erhielten Frauen mit 606 Euro im Durchschnitt nicht einmal die Hälfte der Eckrente.

Mit dem theoretischen Gebilde der Standardrente hantieren Politiker immer dann, wenn es um das Rentenniveau geht. Das ist der Prozentsatz, den ein Standardrentner im Vergleich zum durchschnittlichen Arbeitnehmereinkommen erhält. Das Rentenniveau lag zur Jahrtausendwende noch bei über 53 Prozent, bis 2016 war es auf 48 Prozent gefallen, weil diverse Rentenreformen die Leistungen immer weiter gekappt haben. Das geschah zum Teil mit Hilfe von so komplizierten Regelungen, dass oft nicht einmal Experten auf Anhieb das wahre Ausmaß der Kürzungen des Rentenniveaus mitbekommen haben. Laut Gesetz, und darauf bezieht sich Frau Merkel, darf das Rentenniveau bis 2030 nicht unter 43 Prozent absinken. Die Rente als Spielball der Politik. Egal, wer regiert, eine vernünftige Rentenpolitik wird nicht angepackt, vielmehr gilt das Motto: Nach mir die Sintflut!

Vor allem Frauen sind die Verlierer

An den tatsächlichen Rentenhöhen sieht man klar, dass Frauen besonders stark von Altersarmut betroffen sind und künftig noch viel mehr sein werden. Da sie als Mütter und Hausfrauen oft die viel zitierte unterbrochene Erwerbsbiografie aufweisen (sie zahlen im Durchschnitt nur knapp 32 Jahre in die Rentenversicherung ein, Männer fast 41 Jahre) und zudem deutlich weniger verdienen als Männer, reicht die gesetzliche Rente bei sehr vielen Frauen bei weitem nicht aus, um sorgenfrei leben zu können. Das gilt vor allem für Alleinstehende, die nach der *Bertelsmann*-Studie mit Abstand am stärksten von Altersarmut bedroht sind. Frauen müssen, um den freien Fall ins Bodenlose zu vermeiden, privat also viel ertragreicher anlegen als Männer – wie das geht, zeige ich im Kapitel über die Altersvorsorge auf.

Die Ängste vieler Frauen vor zu wenig Einkommen nach ihrer Berufstätigkeit sind also mehr als berechtigt. Aber auch über die Geschlechtergrenze hinweg gibt es Gruppen, die im Alter vor einem finanziellen Abgrund stehen. Die *Bertelsmann*-Studie nennt unter den Arbeitnehmern vor allem Langzeitarbeitslose, Niedrigqualifizierte und Menschen mit Migrationshintergrund. Aber auch Solo-Selbständige, also Einmann- oder Einefrau-Unternehmen, zu denen viele Freiberufler und Handwerker gehören, sind zum Teil stark gefährdet. Das liegt daran, dass sie während ihrer Selbständigkeit nicht verpflichtet sind, in die gesetzliche Rentenversicherung einzutreten. Entsprechend erhalten sie auch keine Rentenzahlungen für die Zeit ihrer Selbständigkeit. Sie können zwar freiwillig in die Rentenkasse einzahlen, aber das machen nicht viele, und wenn, dann erst kurz vor dem Rentenalter.

Diese Gruppen sind deshalb überwiegend auf ihre private Altersvorsorge angewiesen – die sie aber häufig arg vernachlässigen. Zudem bevorzugen die meisten die falschen Vorsorgeformen, also solche mit einem Übermaß an Sicherheit wie Lebensversicherungen oder Riester oder Rürup. Diese Fehlentscheidungen bezahlen sie generell mit niedrigen Erträgen, aktuell in der Nullzinsphase gleichen sie nicht einmal die Geldentwertung aus.

Die Senkung des Rentenniveaus geht übrigens einher mit einer Ausweitung der Steuerpflicht von Rentnern. Arbeitnehmer, die 2017 erstmals gesetzliche Renten bezogen haben, müssen 74 Prozent der Rentenbezüge versteuern (bei 1.000 Euro Rente also 740 Euro), 2020 werden es schon 80 Prozent sein, und dann geht es in Ein-Prozent-Schritten jährlich weiter. Bei Menschen, die ab 2040 in Ruhestand gehen, unterliegen die Neurenten dann zu 100 Prozent der Besteuerung. Während jetzt noch vergleichsweise wenige Rentner Steuern zahlen, weil ihre Bezüge unterhalb des Grundfreibetrags von 9.000 Euro (2018) für Alleinstehende und 18.000 Euro für Paare liegen, wachsen in den nächsten Jahrzehnten immer mehr in die Steuerpflicht hinein. Netto, also abzüglich Steuern und Sozialabgaben, sinkt deswegen das Rentenniveau, gemessen am letzten Arbeitseinkommen, für viele deutlich stärker als brutto. Das Armutsrisiko wird dadurch noch größer, als es die meistens auf die Bruttorenten bezogenen Berechnungen ergeben.

Diese Ausweitung der Steuerpflicht wurde damit begründet, dass die Beitragszahler im Gegenzug steuerliche Begünstigungen erhalten, um privat und betrieblich vorsorgen zu können – allerdings nur für ausgewählte Produkte. Berühmt-berüchtigt sind vor allem die Riester-Rente und die Rürup-Rente. Mit ihnen hat die rotgrüne Regierung Gerhard Schröder zwei Modelle ins Leben gerufen, die das Problem leider nicht einmal im Ansatz lösen können. Mit typisch deutscher Regulierungswut, Risikoscheu, Aktienfeindlichkeit und kostspieligem Sicherheitswahn sind bürokratische Ungetüme herausgekommen, die oberflächlich betrachtet ziemlich viel Sicherheit vorgaukeln, aber leider in der rauen Wirklichkeit viel zu wenig Ertrag abwerfen. Vor allem real, also nach Abzug der Inflation, sind sie oft genug ein Verlustgeschäft. Das war schon vor der Nullzinsphase so und ist es jetzt umso mehr.

Kein Wunder, dass die Zahl der Riester-Verträge seit 2011 praktisch stagniert und mit rund 16 Millionen nicht einmal die Hälfte der über 37 Millionen Beitragszahler der Rentenversicherung umfasst. Das ist weit weniger, als die Planungen bei der Einführung der Riester-Rente vorgesehen hatten. Ich gehe im Kapitel über die Altersvorsorge näher auf die Riester-Rente ein – und zeige Lösungen auf, wie man es besser machen kann.

Insbesondere für die Menschen, die nach 1970 geboren wurden, ist die Entwicklung der Renten katastrophal. Ihr Rentenniveau wird weit unter dem jetzigen Niveau liegen. Hinzu kommt die volle Besteuerung und diese Jahrgänge werden im Berufsleben überdies höhere Beitragssätze verkraften müssen. Da die staatlichen Ersatzlösungen für die immer größer werdende gesetzliche Rentenlücke so konstruiert sind, dass sie trotz hoher Zulagen und Steuervergünstigungen wenig Sinn machen, sehen sich viele junge Arbeitnehmer einer höchst ungewissen Rentenzukunft gegenüber.

Wegen der niedrigen Geburtenrate der letzten Jahrzehnte stehen immer weniger Beitragszahler immer mehr Rentenempfängern gegenüber. Im Jahr 2015 waren nach den Berechnungen des *Statistischen Bundesamts* 21 Prozent der Bevölkerung älter als 65 Jahre, 2030 werden es der offiziellen Prognose zufolge bereits 28 Prozent sein, 2040 dann 31 Prozent und 2050 schon 32 Prozent. Das wäre dann ein doppelt so hoher Rentneranteil wie im Jahr 1990, als 15 Prozent der Bevölkerung über 65 Jahre alt war. Und diese Entwicklung bedeutet schlicht und einfach, dass immer weniger Beitragszahler immer mehr Rentenempfänger finanzieren müssen. Denn die Rentenversicherung ist zur Gänze nach dem Umlageverfahren konstruiert.

Mit anderen Worten: Nur was von den Beschäftigten eingenommen wird, kann für die Rentner auch wieder ausgegeben werden. Plus dem Geld, das der Staat beisteuert. Ich nenne dies von der Hand in den Mund leben, weil die Rentenversicherung keinen Kapitalstock aufgebaut hat, aus dessen Erträgen – Zinsen, Dividenden, Mieterlösen – die Renten teilweise bezahlt werden könnten. So aber sind Rentenhöhe, Renteneintrittsalter und Höhe der Sozialbeiträge von zwei Voraussetzungen abhängig: der demografischen und der wirtschaftlichen Entwicklung.

Die Staatsrente – ein Schönwettermodell

Die demografische Entwicklung ist nicht nur deshalb fatal für das Rentensystem, weil geburtenschwache Jahrgänge zunehmend die geburtenstarken finanzieren müssen, sondern auch, weil die Menschen – glücklicherweise – durch gesunde Lebensweise und den Fortschritt der Medizin immer älter werden. Im Jahr 1970 hatten Männer eine durchschnittliche Lebenserwartung von 79 Jahren, 2016 waren es bereits knapp 83 Jahre, bei Frauen sieht das Verhältnis von 81 Jahren zu fast 86 Jahren noch besser aus. Das bedeutet, wenn ein Mann im Jahr 1970 in Rente ging, konnte er sie im Durchschnitt 14 Jahre lang genießen, im Jahr 2016 bereits 18 Jahre – also um mehr als ein Viertel länger. Dieser segensreiche Fortschritt ist jedoch nicht kostenlos zu haben.

Und die zweite Voraussetzung ist, dass die Wirtschaft auf Hochtouren läuft und dass nahezu Vollbeschäftigung herrscht. Bei einer längeren Rezession mit hoher Arbeitslosigkeit würde das Rentensystem kollabieren. Kurz: Die *Deutsche Rentenversicherung* ist ein Schönwettermodell, das einem Sturm nicht lange standhält. Einem einfachen Handwerker, dessen Betrieb nur bei Hochkonjunktur existenzfähig wäre, würde keine Bank einen Kredit geben. Aber das deutsche Sozialsystem basiert immer stärker auf der Prämisse von Idealbedingungen. Franz Müntefering, ehemaliger sozialdemokratischer Minister für Arbeit und Soziales, hat das Dilemma des staatlichen Rentensystems knapp und treffend ausgedrückt: »Weniger Kinder, später in den Beruf, früher raus, länger leben, länger Rente beziehen: Wenn man das nebeneinanderlegt, muss man kein Mathematiker sein, da reicht Volksschule Sauerland, um zu wissen: Das kann nicht gehen.«

Ich habe bereits angedeutet, dass der Staat einen Teil der Rentenausgaben trägt. Guter Vater Staat, ist man da versucht zu loben. Aber gemach. Er ist für die gesetzlich Versicherten eher ein Rabenvater. Im Jahr 2017 betrug der Bundeszuschuss zur Rentenversicherung (laut Haushaltsplan) zwar 91 Milliarden Euro – aber damit finanzierte er bei weitem nicht alle so genannten versicherungsfremden Leistungen. Das sind Renten und andere Zahlungen aus der Rentenkasse, denen keine entsprechenden Beitragszahlungen gegenübergestanden haben. Und die waren vermutlich wesentlich höher als der Bundeszuschuss. Genaue Zahlen werden nicht regelmäßig errechnet, aber 2011 hat der Sozialwissenschaftler Professor Bernd Raffelhüschen mit zwei Kollegen in einem Gutachten für 2009 versicherungsfremde Leistungen in Höhe von knapp 93 Milliarden festgestellt, denen damals 81 Milliarden Euro Bundeszuschuss entgegenstanden. Das heißt, dass die Beitragszahler und Rentner mit zwölf Milliarden Euro für Leistungen aufgekommen sind, die eigentlich der Staat hätte übernehmen müssen.

Dazu gehören auch immer noch die Folgen der Wiedervereinigung. Die Regierung Kohl hat damals einen großen Teil der Kosten auf die Sozialversicherungen überwälzt. Die Rentner der neuen Länder hatten ja vor der Einheit keine Beiträge in die westdeutsche Sozialversicherung eingezahlt, bekamen aus ihr aber trotzdem beachtliche Leistungen ausbezahlt. Die Arbeitnehmer – die überwiegende Zahl der Erwerbstätigen mit mittleren Einkommen – haben damit die Einheitslasten in einem viel stärkeren Maß getragen als Beamte, Selbständige, Unternehmer und natürlich Politiker. Man sprach damals von der Rentenversicherung als der Melkkuh der Politik. Der Wirtschaftsweise Professor Peter Bofinger hat damals gerügt, dass Kanzler Kohl »die Sozialkassen schamlos für die Finanzierung der deutschen Einheit missbrauchte«.

Inzwischen werden diese Kosten nicht mehr berechnet, aber Kritiker kommen seit der Wiedervereinigung auf bis zu 700 Milliarden Euro, die den Sozialsystemen dadurch fehlen. Diese politischen Fehlentscheidungen sind auch ein Grund für die riesigen Zukunftsprobleme der Rentenversicherung – und damit auch ein Grund für die Angst vor der Altersarmut. Sie sehen also an diesem Beispiel, dass der Staat fast nach Gutdünken die Rentenversicherung zur Finanzierung von Staatsaufgaben heranziehen kann, wie vor wenigen Jahren auch wieder bei der kostspieligen Mütterrente geschehen.

Sich nur auf die gesetzliche Rente zu verlassen, wie das leider zu viele Menschen in Deutschland tun, ist deshalb brandgefährlich. Das Vertrauen der Bürger in die Sicherheit der Altersrente und der Sozialsysteme hat Schaden genommen. Zu Recht. Unser ehemaliger Bundeskanzler und »Vater des Wirtschaftswunders« Ludwig Erhard hat schon 1957, in den Anfangsjahren der Bundesrepublik, gewarnt: »Die Sicherheit des einzelnen Menschen hat mit der Überantwortung seines Schicksals an den Staat (...) nicht zugenommen, sondern abgenommen«.

Ein Blick über die Landesgrenze zeigt, wie andere Staaten ihre Rentensysteme viel tragfähiger und zukunftsfester aufgebaut haben: In den USA, Großbritannien oder den Niederlanden werden große Teile der Renten über Erträge aus der Kapitalanlage finanziert. Der Kapitalstock der niederländischen gesetzlichen Altersvorsorge beträgt 184 Prozent des Bruttoinlandsprodukts (BIP), in den USA, in Australien, der Schweiz oder Großbritannien sind es rund 120 Prozent, in Kanada 100 Prozent und im Durchschnitt der 24 OECD-Länder sind es 84 Prozent. Deutschland zählt mit 26 Prozent zu den Schlusslichtern. Das kleine Land Norwegen mit etwa fünf Millionen Einwohnern hat aus seinen Öl- und Gasverkäufen einen der größten Staatsfonds der Welt mit einem Volumen von über einer Billion US-Dollar angelegt. Der Auftrag des Fonds besteht darin, langfristig einen Beitrag zur Altersvorsorge der Bevölkerung zu leisten. Und langfristig bildet in den Augen der Norweger eine hohe Aktienquote von rund 70 Prozent die beste Grundlage für eine ertragsstarke Kapitalanlage. Da kann ich nur sagen: Bravo, eine kluge Vorsorge für das norwegische Volk und eine gescheite, weitsichtige Anlagepolitik.

Die deutsche Altersvorsorge ist altbacken

Im Vergleich dazu ist die seit 50 Jahren betriebene Altersvorsorge in Deutschland – die meiste Zeit unter der Regentschaft von CDU/CSU – altbacken und rückständig, auf dem Niveau eines Entwicklungslandes. Die vom Staat geförderte private Vermögensbildung beschränkte sich weitgehend auf Konten- und Bausparen sowie auf Versicherungen. Das Aktiensparen wurde kaum gefördert, weil man es für zu riskant erachtete. Eine dumme, einfältige Ansicht, denn langfristig – in Zeitspannen von zehn bis 20 Jahren – sind Aktien nicht riskant. Nachweislich übertreffen die Renditen von Aktien – einschließlich der Dividenden – mit Abstand die aller anderen Anlageformen. Während private Pensionsfonds in den USA und Australien rund 50 Prozent Aktien halten und in Kanada, den Niederlanden und in der Schweiz 30 bis 40 Prozent, sind es in Deutschland nur mickrige vier Prozent. Viele Betriebsrentenmodelle und Riester-Verträge lassen Aktien vollkommen links liegen.

Wenn wir den kommenden Rentnergenerationen auskömmliche Altersbezüge zuteilwerden lassen wollen, dann müssen wir das staatliche Rentensystem auf eine völlig neue Basis stellen, ähnlich wie in der Schweiz, in Großbritannien und in den USA. Es muss ein Kapitalstock aufgebaut werden, dessen Zins- und Dividendenerträge die Einzahlungen der Erwerbstätigen ergänzen, so dass das Rentensystem sich teilweise selbst alimentiert. Daneben sind steuerlich begünstigte, private und betriebliche Pensionsfonds mit großzügigen Freibeträgen zu dotieren, die ähnlich wie in anderen Ländern jährliche Größenordnungen von 5.000 bis 10.000 Euro Sparleistung zulassen. Nicht kleckern, sondern klotzen ist das Gebot der Stunde.

Um das zu ermöglichen und Spielraum für die private Vorsorge zu schaffen, müssen vor allem die Steuern für den Mittelstand deutlich gesenkt werden. Deutschland zählt zur Weltspitze bei den Arbeitskosten, bei den Steuern, den Sozialabgaben und den Urlaubstagen. Dagegen belegen wir bei Privatvermögen und Altersvorsorge die hinteren Plätze und im Vergleich der internationalen Wettbewerbsfähigkeit rutschen wir in vielen Rankings nach unten. Auf den Punkt gebracht: In vielen Bereichen, in denen wir vorn sein sollten, liegen wir hinten, und dort, wo wir hinten sein sollten, liegen wir vorn.

Unter der Kanzlerschaft der Christdemokratin Angela Merkel hat Deutschland von den politisch unpopulären, aber für Deutschland bahnbrechenden Reformen der *Agenda 2010* des sozialdemokratischen Kanzlers Gerhard Schröder profitiert. Seitdem wurden keine weiteren Reformen durchgeführt, sondern der Status quo verwaltet. Doch wer nur den Status quo verwaltet, wird ihn über kurz oder lang verlieren. Unser Staatswesen befindet sich unter dem bisherigen politischen Management auf einem prekären Weg.

Gerade diejenigen, die eine doppelte Last zu tragen haben, die Jungen, haben keinen guten Anwalt in der Politik! Sie müssen einerseits die wachsende Zahl der Rentner finanzieren, wohl wissend, dass ihre eigene spätere Rente nicht für einen sorgenfreien Ruhestand reichen wird, und gleichzeitig müssen sie mehr private Vorsorge betreiben. Angela Merkel hat zwar bei ihrer Regierungserklärung am Beginn ihrer dritten Kanzlerschaft Anfang 2014 gesagt, sie wolle dafür sorgen, dass es in vier Jahren den Menschen in Deutschland besser gehe. Was sie aber danach tat, war, dass sie Teile der mutigen Reformen, die Kanzler Schröder durchgesetzt hatte, mit der »Rente mit 63« und der »Mütterrente« rückgängig machte. Diese Rückschritte werden bis 2030 insgesamt 200 Milliarden Euro kosten. Diese Vergünstigungen sind zu Gunsten der eh schon privilegierten Älteren und gehen zu Lasten der jungen Generation. Kanzlerin Merkel hat ungerührt die Wählergruppe »Ü 60« belohnt, denn diese hat ihr überwiegend die Stimmen bei der Wahl gebracht.

Obwohl die Jugend, gemäß einer Studie unter Mitwirkung des Allensbach-Instituts für Demoskopie, heute optimistisch in die Zukunft blickt, beurteilt sie die Bereitschaft der Politik, dass diese ihre Interessen genügend berücksichtigt, überaus skeptisch: 49 Prozent äußerten in dieser

Hinsicht wenig Vertrauen in die Politik, nur 28 Prozent zeigten Zuversicht. Gut, dass die Jungen endlich aufwachen.

Es ist erfreulich, dass der neuen Regierung ein verjüngtes Parlament gegenübersteht, das die Rechte der Jungen einfordert. Denn die Jungen müssen, zusätzlich zu ihrer Zwangszahlung in die staatliche Rente, privat für einen sorgenfreien Ruhestand sparen, und sie sollten es klüger und ertragreicher tun als ihre Altvordern. Mein Rat lautet deshalb: Je früher die Jungen beginnen und je gescheiter sie anlegen, desto geringer der Betrag, den sie dafür einsetzen müssen. Bei Festgeld mit einem Zins von einem Prozent müssen sie beispielsweise 238 Euro monatlich aufwenden, um in 30 Jahren rund 100.000 Euro Endvermögen zu erzielen, bei sechs Prozent sind es nur 100 Euro, also deutlich weniger als die Hälfte. Eine solch gute Rentabilität von sechs Prozent erreichen Sie nachweislich nur mit Aktien.

Bleiben wir bei den 100 Euro monatlicher Ersparnis. Die Tabelle zeigt, zu welchen Endvermögen eine derartige Sparleistung bei verschiedenen Renditen und Anlagedauern anwächst. Bei einem Prozent Rendite, wie sie sich seit Jahren mit Zinsanlagen bestenfalls erzielen lässt, und 10 Jahren Spardauer kommen gerade einmal 12.623 Euro zusammen. Bei sechs Prozent sind es mit 16.331 Euro immerhin knapp 30 Prozent mehr. Bei 30 Jahren werden aus monatlich 100 Euro bei einem Prozent 41.968 Euro, bei sechs Prozent 97.953 Euro, also schon 130 Prozent mehr und auch mehr als das Durchschnittsvermögen der deutschen Haushalte. Und bei 40 Jahren macht die Differenz stolze 225 Prozent aus – 58.981 Euro zu 191.750 Euro. Das sind über 132.700 Euro mehr, die für die Altersvorsorge zur Verfügung stehen. Die segensreiche Wirkung des Zinseszinseffekts wirkt umso dynamischer, je höher die Rendite und je länger die Anlagedauer ist.

Endvermögen bei 100 Euro monatlicher Sparleistung

Anlagedauer in Jahren	Jährliche Durchschnittsrendite in Prozent							
	1	2	3	4	5	6	7	8
10	12 623	13 282	13 980	14 719	15 502	16 331	17 208	18 137
20	26 566	29 473	32 768	36 508	40 754	45 577	51 060	57 294
30	41 968	49 209	58 018	68 760	81 886	97 953	117 651	141 831
40	58 981	73 268	91 952	116 501	148 886	191 750	248 646	324 339

Beträge jeweils auf volle Euro gerundet

Zu keiner Zeit war es für Sparer leichter und kostengünstiger mö
von der Entwicklung der Aktienmärkte und ihren attraktiven Durchschnittsrenditen und damit auch von einem ausgeprägten Zinseszinseffekt zu profitieren. Die wunderbaren, modernen Anlagevehikel ETFs (börsengehandelte Indexfonds) erleichtern es, dass jedermann heute schon
mit kleinen monatlichen Beträgen von 50 oder 100 Euro ein breit international diversifiziertes, risikominimiertes Aktiendepot aufbauen kann. In
der Altersvorsorge zahlt sich das gerade jetzt in der Minizinsphase enorm
aus, wie die Tabelle belegt.

Und wenn der Ruhestand erreicht ist, sorgen Renditen, wie sie mit
Aktien erzielbar sind, für deutlich höhere monatliche Zahlungen als mit
Minizinsen. 100.000 Euro Vermögen bringen bei zwei Prozent Rendite
nur knapp 165 Euro monatlich »Rentenzuschuss«, bei sechs Prozent Rendite sind es immerhin gut 484 Euro – und dabei bleiben die 100.000 Euro
Vermögen voll erhalten. Wer das angesparte Kapital im Ruhestand dagegen nach und nach aufbrauchen will, kann monatlich natürlich mehr aus
seiner privaten Altersvorsorge von 100.000 Euro zum Lebensunterhalt
beisteuern – bei zwei Prozent und 20 Jahren Zahlungen sind es monatlich 504 Euro, bei sechs Prozent 704 Euro. Der Unterschied ist beim Ka-
pitalverzehr mit 200 Euro geringer als beim Kapitalerhalt, weil die Rest-
summe, die verzinst wird, ja durch die laufenden Entnahmen von Monat
zu Monat schrumpft.

DIE ANGST VOR DEM SCHULDENKOLLAPS

Als die europäische Staatsschuldenkrise ab dem Jahr 2010 immer bedroh-
lichere Ausmaße annahm, hatten viele gehofft, dass die Regierungen der
damals vor einem Schuldenkollaps stehenden Länder Italien, Spanien, Irland, Portugal und Frankreich das Ruder herumreißen und ihre Ausga-
ben endlich energisch an die Einnahmen anpassen würden. Von Griechenland hatte das schon damals vermutlich keiner erwartet, selbst dann
nicht, als die Schuldner auf rund 100 Milliarden Euro Rückzahlung verzichten mussten, um den sofortigen Bankrott zu vermeiden.

Der Schuldenschnitt bescherte auch vielen deutschen Sparern gewaltige Verluste – direkt, weil viele Kleinanleger hochverzinste Griechen-Bonds
gekauft hatten, und indirekt noch mehr, weil Lebensversicherer und Ren-

tenfonds den gleichen Fehler begangen und ebenfalls diese Ramschanleihen gekauft und dadurch das Vermögen ihrer Kunden geschmälert hatten. Mit Staatsanleihen kann ja nichts passieren – hatten sie alle gedacht. Aber sie hatten die Rechnung ohne die EU-Staaten gemacht, die den »freiwilligen« Schuldenverzicht erzwangen.

Aber auch jenseits von Griechenland haben die meisten Staaten der Eurozone seither herzlich wenig getan, um die Schuldenlast tragbar zu machen. Es ist nun einmal viel einfacher für Politiker, andere Auswege zu ersinnen, statt zu sparen. Eigentlich hatten ja Experten erwartet, dass sich die Regierungen ihrer Schulden mit der seit Jahrhunderten bewährten Methode der Inflation entledigen würden. Das hatte auch ich angenommen. Denn Inflation enteignet die Kreditgeber, also Sparer und Anleger, schleichend. Erstens, weil ihre Anleihen laufend an realem (inflationsbereinigten) Wert verlieren und die Rückzahlung dann mit stark entwertetem Geld passiert. Und zweitens, weil die Steuereinnahmen wegen der mit dem Einkommen steigenden Steuersätze (Progression) von der Inflation aufgebläht werden. Die Sparer werden doppelt geschädigt: Sie bekommen weniger für ihr Geld und sie müssen mehr Steuern zahlen. Überdies bleibt den Bürgern real deshalb weniger fürs Sparen übrig.

Aber diesmal ersannen die Staatsgewaltigen ja eine neue Methode: die Nullzinspolitik der *EZB*. Und das nicht nur im Bereich der kurzfristigen Leitzinsen, die in normalen Zeiten der Hebel sind, mit dem die Notenbanken die Zinsen steuert. Sondern sie steuerten sie quer über alle Laufzeiten, bis hinauf zu 30 Jahren. Durch das Anleihekaufprogramm im Volumen von 2,3 Billionen Euro allein bis Ende 2017 hat die *Europäische Zentralbank* die Renditen von Staatspapieren so stark nach unten manipuliert, dass Bundesanleihen mit zehn Jahren Laufzeit zeitweise knapp im Negativbereich rentierten und mit fünf Jahren noch immer (Oktober 2017) bei minus 0,4 Prozent liegen. Anleger zahlen also dem deutschen Finanzminister Zinsen dafür, dass sie ihm Geld für seine Schuldscheine leihen dürfen. Fürwahr eine verrückte und perverse Welt.

Die Enteignung der Sparer geschieht diesmal also zunächst über die Zinspolitik. Die zweite Stufe, jene über die Inflation, wird aber unweigerlich folgen, weil zu viel Geld und zu tiefe Zinsen bisher noch immer die Inflation geweckt haben. Mal früher, mal später. Diesmal passiert es erstaunlich spät – aber dafür vermutlich sehr heftig. Mehr dazu im Unterkapitel über die Angst vor der Inflation.

Ich habe ja schon kurz geschildert, wie diese Nullzinspolitik nach Berechnungen der *Bundesbank* die Euroländer begünstigt hat – mit Zinsersparnissen von fast einer Billion Euro von 2008 bis 2016. Allein Deutschlands Staatshaushalt profitierte mit 240 Milliarden Euro. Und dieser Betrag steigt jährlich um rund 50 Milliarden Euro, zumindest so lange, bis die *EZB* ihre Nullzinspolitik aufgibt und die Renditen auf breiter Front wieder steigen. Der Stolz auf die schwarze Null im Staatshaushalt – also einen Etat ohne neue Schulden – ist deshalb eine Luftnummer. Die schwarze Null ist nicht durch sparsames Haushalten verdient, sondern sie ist ein Geschenk von *EZB*-Präsident Mario Draghi aufgrund seiner fragwürdigen Geldpolitik.

Schuld an den niedrigeren deutschen Staatsschulden sind allein die fallenden Zinsausgaben. Das können Sie leicht nachrechnen, indem Sie zum ausgeglichenen Haushaltsplan für 2017 die rund 50 Milliarden Euro Zinsersparnis hinzuaddieren. Dann landen Sie bei einem Defizit von 50 Milliarden Euro, und das wäre sogar mehr als der Rekordfehlbetrag von 2010 mit 44 Milliarden Euro. Dabei gilt Deutschland ja noch als Musterknabe in der EU. Viele andere Euroländer mit höheren Schulden haben stärker von der Zinspolitik profitiert, insbesondere Italien, Frankreich und natürlich Griechenland. Aber sie haben dieses Geschenk Draghis kaum genutzt, um ihre Staatshaushalte wenigstens ansatzweise zu sanieren, weshalb die *Bundesbank* eine wachsende Gefahr sieht, »dass durch eine Zinswende das Vertrauen in die Tragfähigkeit der Staatsfinanzen einzelner Länder verloren geht« (im Monatsbericht Juli 2017).

Während Deutschland im Jahr 2016 mit einer Verschuldung von 68,3 Prozent des Bruttoinlandsprodukts (*BIP*) nur noch wenig über dem Wert von 2007 liegt (63,7 Prozent), also vor Ausbruch der Finanzkrise, ist in anderen Ländern der Abstand immer noch gewaltig und zum Teil sogar noch erheblich größer geworden. Frankreich hatte im Jahr 2007 in etwa eine so hohe Staatsverschuldung wie Deutschland, nun sind es mit 96,5 Prozent Schuldenquote sehr viel mehr. Und in Italien beträgt sie beängstigende 132,6 Prozent, gegenüber schon viel zu hohen 99,7 Prozent im Jahr 2007. Dieser Wert ist auf Dauer untragbar und muss einschneidende Folgen nach sich ziehen. Aber Draghi hat mit seiner Nullzinspolitik und vor allem seinem Anleihekaufprogramm seine Landsleute und die anderen Südeuropäer bisher vor der Pleite bewahrt.

Die Angst vieler Deutscher vor einem europäischen Schuldenkollaps, die in der Eurokrise geherrscht hatte, kann deshalb jederzeit wieder aufflammen. Wenn schon so gewaltige Zinsersparnisse nicht ausreichen, um die Staatsverschuldung zu verringern, dann kann ich diese Ängste verstehen. Was passiert erst, wenn die Anleihen an die *EZB* zurückgezahlt werden müssen und der Staat für seine Schuldverschreibungen wieder normale Zinsen von mindestens drei bis vier Prozent zahlen muss?

Die Champions League der Schuldenmacher: USA und Japan

Aber es gibt ja nicht nur die EU-Länder, die größtenteils über ihre Verhältnisse leben. Noch größere Ängste weckt die Schuldensituation der drei größten Volkswirtschaften der Welt: USA, China und Japan. Da stechen die USA schon wegen der schieren Größe der aufgehäuften Staatsschulden und ihrer Bedeutung für die Weltwirtschaft heraus. Am Ende des Haushaltsjahrs 2017 (das dort am 30.9. endet) erreichten die US-Staatsschulden fast 21 Billionen Dollar. Das sind 106 Prozent der Wirtschaftsleistung (*BIP*), ein höchst gefährlicher Verschuldungsbereich. Alles über 100 Prozent Schuldenquote ist langfristig kaum tragbar, manche Wissenschaftler sehen die Grenze sogar schon bei 80 Prozent. Die 21 Billionen Dollar muss man mit den neun Billionen Dollar Schuldenstand aus dem Jahr 2007 vergleichen. In den zehn Jahren seit dem Ausbruch der Finanzkrise haben die USA also zwölf Billionen Dollar neue Schulden gemacht. Dass sie dies problemlos tun konnten, lag an der Notenbank *Fed*. Sie hat die Leitzinsen viel früher als die *EZB* auf quasi null gesenkt und sie hat viel früher damit angefangen, massiv Staatsanleihen zu kaufen.

Im September 2017 war die Notenbank mit fast 2,5 Billionen Dollar der mit Abstand größte Gläubiger von US-Staatsbonds. China, über dessen großen Schatz an US-Staatsanleihen die Medien oft berichten, hält nicht einmal halb so viel, nämlich 1,1 Billionen. Das Schöne für die US-Regierung daran: Sie bekommt den Großteil der Zinsen, die der Staat für diese 2,5 Billionen zahlen muss, als Gewinnausschüttung der *Fed* zurück. Für 2016 waren das 92 Milliarden Dollar. Angesichts dieser Perversität lässt es sich leicht Schulden machen!

Was aber passiert, wenn die *Fed* die Staatsanleihen in ihrem Besitz schneller abbaut, als sie es Ende 2017 begonnen hat? Dann müssen die Billionen nach und nach von anderen Anlegern finanziert werden – zusätzlich zu der rund einen Billion Dollar, die jährlich nach jetzigem Stand an neuen Staatsschulden hinzukommt. Man muss kein Mathematikgenie sein, um zum Ergebnis zu kommen, dass dies nur zu sehr viel höheren Zinsen möglich sein wird. Und mit einer sehr viel höheren Inflation, als sie Experten erwarten.

Wie und wann Amerika für seine Schuldenorgie bezahlen muss, steht in den Sternen. Da auch die Schulden der Privatwirtschaft und der Privathaushalte gigantisch sind und sich zusammen mit den Staatsschulden auf die 50-Billionen-Dollar-Marke zubewegen, wird dieser ganze Prozess nicht ohne Turbulenzen an den Märkten ablaufen. Denn eine amerikanische Schuldenkrise wird auch den Dollar in Mitleidenschaft ziehen, und die Länder, die in großem Stil US-Staatsanleihen gekauft haben, massiv belasten: China und Japan sind mit Anlagen in US-Staatsanleihen von jeweils weit über einer Billion Dollar die internationalen Hauptschuldner der USA.

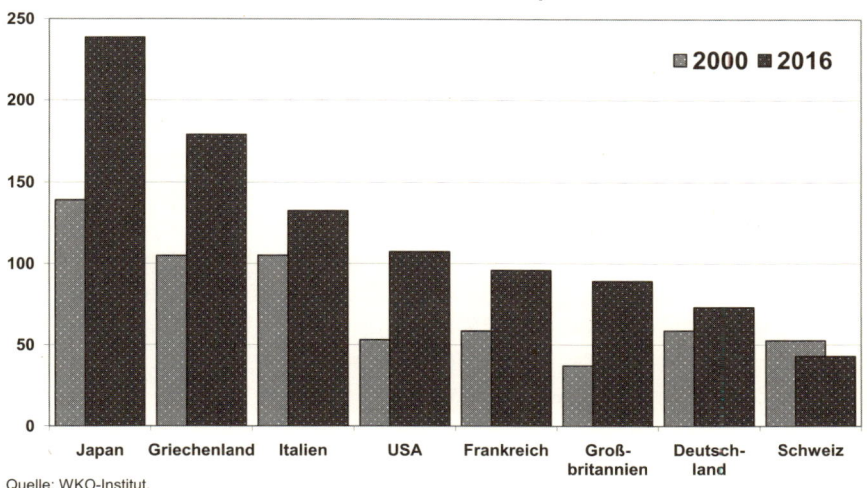

Staatsverschuldung verschiedener Länder 2000 und 2016
in Prozent des Bruttoinlandsprodukts

Quelle: WKO-Institut.

Damit wären wir bereits bei den beiden anderen Ländern, um die sich die Welt Sorgen macht. Japan ist mit fast 240 Prozent Schuldenquote einsamer Spitzenreiter der Staatsverschuldung. Da jedoch über 90 Prozent davon von Japanern finanziert werden und die Auslandsverschuldung –

; in den USA – damit keine große Rolle spielt, nehmen Fachleu-
s das Risiko überschaubar ist. Ich bin da zwar skeptischer, aber
tatsächlich ist die Situation in Japan auch wegen der Überalterung der
Bevölkerung nicht so einfach mit der in den USA vergleichbar. Außerdem hat Japan – im Gegensatz zu den Vereinigten Staaten – einen hohen
Leistungsbilanzüberschuss und damit viel Vermögen im Ausland dagegen stehen. Aber ein Risikoherd ist Japans Verschuldung auf jeden Fall.
Die Grafik zeigt, wie explosiv die Staatsverschuldung seit der Jahrtausendwende in den Industriestaaten gestiegen ist. Nur die Schweiz macht eine
rühmliche Ausnahme.

China in der privaten Schuldenfalle

Und wie sieht es mit China aus? Immerhin haben in den ersten Wochen
des Jahres 2016 die Ängste vor einem chinesischen Schuldenkollaps an
den Aktienmärkten weltweit wochenlang für hohe Verluste gesorgt und
die Angst vor einem Crash geweckt. Ich habe damals auf meiner Homepage (*gottfried-heller.de*) die Ängste als übertrieben bezeichnet und mich
überzeugt davon gezeigt, dass sich die Börsen bald fangen werden. Das
haben sie getan und die Aktienmärkte haben eine neue Stufe der kräftigs-
ten und längsten Hausse-Phasen der letzten Jahrzehnte gestartet.

Aber zurück zu China: Dort spielt die Staatsverschuldung keine große Rolle, liegt sie doch 2017 bei erwarteten 49 Prozent des *BIP*, ist also
im Vergleich zu Japan, den USA und einigen Euroländern sehr niedrig.
Was den Märkten Sorgen bereitet, sind die Schulden der chinesischen
Privatwirtschaft. Hier ragen die Unternehmen negativ heraus, die sich
ganz oder teilweise in Staatsbesitz befinden. Sie haben ihre Kredite in den
letzten zehn Jahren massiv erhöht, und da viele von ihnen Verluste schreiben, drohen immense Kreditausfälle.

Allerdings ist das Problem nicht ganz so groß, wie es häufig geschildert wird. Zum einen setzt die Regierung schon lange alles daran, um die
Schulden der Staatsfirmen zu reduzieren, zum anderen hat sich die Wirtschaft Chinas besser als erwartet entwickelt, und das hilft den Staatsun-
ternehmen ein wenig aus ihrer Schuldenfalle. Auch den zweiten Angst-
faktor, die chinesischen Immobilienkredite, sehe ich nicht so dramatisch.
Anders als in den USA, wo Gebäude vor der Kreditkrise ab 2007 oft bis
zu 100 Prozent fremdfinanziert waren, bringen chinesische Firmen und

Privathaushalte üblicherweise einen Eigenkapitalanteil von einer bis zur Hälfte in die Finanzierung ein. Das ist ein Sicherheitspo Peking zudem seit Jahren die Luft aus der Immobilienblase herauslässt, ist die Gefahr geringer geworden. Zumal China, wie Japan, einen hohen Leistungsbilanzsaldo aufweist und mit dem Geld gezielt Unternehmensbeteiligungen im Ausland kauft. Das Auslandsvermögen Chinas wächst und macht damit einen guten Teil der Verschuldung wett.

Mein Fazit: Wir werden in den nächsten Jahren immer wieder mit Schuldenkrisen konfrontiert werden. Die größten Gefahren gehen vom Euroraum und den USA aus, während China und Japan ihre Probleme vermutlich eher in den Griff bekommen werden. Die Ängste vieler Deutscher sind also mehr als berechtigt, vor allem, weil wir wegen des Euro-Verbunds voraussichtlich die Schulden der undisziplinierten Schuldenmacher Italien, Frankreich und Co. mitschultern »dürfen«. Ich rate deshalb und wegen des immensen US-Schuldenbergs dazu, langlaufende Staatsanleihen ganz zu meiden. Denn dort drohen massive Kursverluste, sobald die Zinsen steigen. Da auch der Euro Schaden nehmen könnte, empfehle ich, in internationale Aktien- und Anleihefonds – am besten Aktien-ETFs und Renten-ETFs – zu investieren oder ein breit internationales diversifiziertes Portfolio von Aktien und Anleihen anzulegen. Der Euro-Anteil sollte dabei auf etwa ein Drittel begrenzt werden. Damit hat man quasi eine internationale Währung.

DIE ANGST VOR DER INFLATION

Die Inflation scheint tot zu sein. Doch sie ist nur scheintot. Auf lange Sicht ist die Inflation so sicher wie das Amen in der Kirche. Dies ist eine Gefahr für den privaten Anleger und die Wirtschaft insgesamt, die Angst davor ist vollauf berechtigt. Die Inflation, die Entwertung von Geld und Vermögen also, ist ein Grundübel unseres Wirtschaftens, meist zurückzuführen auf politische Fehlentwicklungen. Die Inflation ist deshalb so gefährlich, weil sie alles zerstört: Das Gehaltssystem, die Renten, die Sparanstrengung – vor allem zerstört die Inflation jedoch Vertrauen. Die Inflation wird so für den Gehaltsempfänger und für den Geldsparer zum existentiellen Problem, gegen das ein Anleger mit Aktien jedoch bestens gegensteuern kann.

Schon seit mehreren Jahren dreht sich die Diskussion jedoch nicht um Inflation, sondern um die drohende Gefahr einer Deflation – das sind fallende Preise auf breiter Front. Deflation war bis zur Jahrtausendwende für die meisten ein Fremdwort. Es war ein ungewohntes, der Bevölkerung völlig fremdes Thema, ging es doch in der ganzen Nachkriegszeit, in fast sechs Jahrzehnten, um das genaue Gegenteil – um die Inflation –, also die Teuerungsrate mit mehr oder weniger stark steigenden Preisen. Die einzige Aufgabe der *Deutschen Bundesbank* hieß, die Geldentwertung im Zaum zu halten, also für Geldwertstabilität zu sorgen.

Und nun die Kehrseite, das Phänomen der Deflation. Schon 2003 hatte der *Internationale Währungsfonds* (*IWF*) Deutschland vor einer drohenden Deflation gewarnt, und auch in den Medien wurde das Thema anschließend hochgekocht, verschwand aber bald wieder. Erst das weltweite schwache Wachstum im Gefolge der schweren Finanzkrise nach 2008 spülte die Deflationsangst richtig hoch, weil das globale Finanzsystem vor dem Kollaps und zahlreiche Banken vor dem Konkurs standen.

Die nationalen Notenbanken, die »Geldgeber der letzten Instanz«, spielten aber sofort Feuerwehr, als sie die Gefahr erkannten und überfluteten die Finanzmärkte mit massiven Geldspritzen. Ein neues Instrument in ihrem Instrumentenkasten war das so genannte *Quantitative Easing* (auf Deutsch: *Quantitative Lockerung*). Hinter diesem harmlosen Begriff verbirgt sich, wie ich bereits geschildert habe, die raffinierte Methode, durch den Ankauf von Staatsanleihen die langfristigen Zinsen nach unten zu manipulieren und am Kapitalmarkt eine Geldschwemme zu kreieren. Auf diese Weise sollte das Wirtschaftswachstum in Gang gebracht und die Inflationsrate auf zwei Prozent angehoben werden, der Zielmarke der meisten Notenbanken in den Industrieländern.

Zumindest der erste Teil ist gelungen. In allen Erdteilen, in Nordamerika, in Asien, in Europa und in den Schwellenländern ist das Wachstum angesprungen und in den USA, wie auch in Deutschland, herrscht nahezu Vollbeschäftigung. Trotzdem ist, allen bisherigen Verlaufsmustern zum Trotz, die Inflationsrate nur zögerlich gestiegen und lag im Herbst 2017 sowohl in den USA als auch in der Eurozone noch unter dem Zielwert von zwei Prozent.

Die Inflation kommt über Schleichwege

Die Anfang 2018 von Jerome Powell abgelöste US-Notenbankchefin Janet Yellen sagte dazu, dass die niedrige Inflationsrate für sie ein »Mysterium« sei, und sie verstehe nicht ganz, warum die Preise trotz guter Beschäftigung und starker Konjunktur so langsam stiegen. Warum verhält sich die Inflationsentwicklung bisher nicht nach dem allgemeinen Lehrbuchwissen? Robustes Wachstum und nahezu Vollbeschäftigung hatten bisher immer steigende Inflationsraten im Gefolge.

Dafür gibt es eine Reihe von Gründen: Im Zuge der Finanzkrise hat sich der Schuldenberg der Staaten noch weiter erhöht. Manche stecken in Schulden bis zur Halskrause. Dazu zählen die USA, Japan und die meisten Staaten der Eurozone. Den Staaten sind daher – anders als früher – die Hände gebunden, mit weiteren Schulden die Konjunktur anzukurbeln. Des Weiteren wirkt der harte Wettbewerb in der Globalisierung eminent preisdrückend. US-Firmen konkurrieren heute nicht nur mit deutschen und japanischen, sondern auch mit koreanischen, chinesischen und mexikanischen Unternehmen.

Die Preise bestimmen zu weiten Teilen die Billiglohnländer. Mit Hilfe des Internets können Verbraucher viel leichter vergleichen und dort kaufen, wo die Ware am billigsten ist. Das wiederum zwingt den Einzelhandel zu Preissenkungen zu Lasten der Gewinnmarge. Der Einzelhandel wird nicht als Kaufladen, sondern häufig nur als Ausstellungsraum benutzt – gekauft wird bei *Amazon* und Konsorten. Das Internet ist für Käufer ein Geschenk des Himmels, für Produzenten und Verkäufer ein Margen-Killer und für viele ein existenzbedrohender Störenfried, und es wirkt preisdämpfend.

Schließlich ist noch die Digitalisierung zu nennen, die alle Wirtschaftsprozesse vernetzt, rationalisiert und verbilligt. Zu guter Letzt der zunehmende Einsatz von Robotern, vor allem in der Industrie, der immer mehr die menschliche Arbeit ersetzt und zum Teil deutlich verbilligt. Damit einher geht, dass die Gewerkschaften unter Mitgliederschwund leiden und ihrer Macht beraubt wurden, hohe Lohnzuwächse durchzusetzen. Weil aber die Inflation gering ist, besitzen die Beschäftigte keine Argumente für hohe Lohnforderungen. Und so schließt sich der Kreis: Weil die Löhne kaum steigen, müssen die Firmen auch ihre Preise nicht erhöhen und deshalb bleibt die Inflation zahmer als sonst üblich.

Aber die Inflation hat noch einen anderen Schleichweg, über den sie die Preise in die Höhe treiben kann: die Vermögenspreisinflation. Mit der riesigen Geldflut, die von den Notenbanken in den letzten Jahren geschaffen wurde, in Kombination mit Nullzinsen, ja, sogar Minuszinsen, zwingt sie die Banken und Anleger geradezu, das Geld in riskantere Anlagen zu stecken. Das sind an erster Stelle Rohstoffe, wie etwa Kupfer, ein Metall, für das die Nachfrage bei anziehender Konjunktur zunimmt, worauf die Preise steigen. Das Gleiche gilt auch für Öl. Und – nach dem vorhergehenden steilen Absturz – nun wieder steigende Ölpreise schlagen unmittelbar auf die Inflation durch.

In dem Pokerspiel um höhere Inflationsraten haben die Notenbanken noch einen heimlichen Komplizen, den Staat! Ja, die Staaten haben ein Interesse an der Geldentwertung, nicht allzu viel, versteht sich, aber zwei Prozent sollten es mindestens sein. Das Motiv ist die schleichende Entwertung der ungeheuren Staatsverschuldung der Industriestaaten. Wie können sich Regierungen dieser kaum tilgbaren Schulden elegant und schmerzlos entledigen? Zuerst über Nullzinsen und über Inflation.

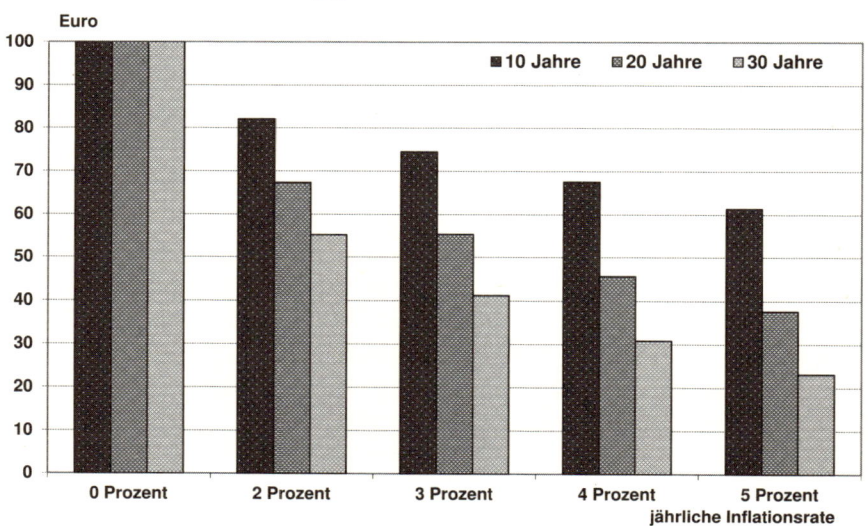

So schrumpft die Kaufkraft des Geldvermögens
- abhängig von Inflation und Zeitraum -

Ein Beispiel dazu: Eine Milliarde Euro Schulden von heute schmelzen real, also preisbereinigt, bei einer Inflationsrate von nur zwei Prozent binnen zehn Jahren auf 817 Millionen ab. Bei drei Prozent vermindern sie sich gar auf 737 Millionen. Die Grafik zeigt deutlich, wie schnell selbst bei moderater Inflation die Kaufkraft nach zehn Jahren, 20 Jahren und 30 Jahren schwindet, und genauso schnell nehmen die Schulden des Staates real ab.

Wenn der Staat nach zehn Jahren seine Schuldenlast nicht vollständig tilgen muss, sondern sie stattdessen real unmerklich und ohne eigenes Zutun teilweise loswird, dann ist das ein gutes Geschäft für ihn, aber ein schlechtes für seine Gläubiger. Das sind die braven Privatanleger und Versicherungen, denen der Staat seine Anleihen mit Euros zurückzahlt, die in zehn Jahren um über 25 Prozent entwertet wurden. In anderen Worten: Inflation ist das Paradies der Schuldner – des Staates – und die Hölle der Gläubiger (der Zinssparer).

Ein weiterer Grund dafür, dass es mittelfristig wieder mehr Inflation geben wird, liegt darin, dass der preisdämpfende, tendenziell deflatorische Effekt der Billigeinfuhren aus den Schwellenländern abnimmt. Schuld daran sind steigende Löhne dort und höhere Rohstoffkosten sowie Aufwertungen ihrer Währungen gegenüber Dollar, Euro und Yen, wodurch sich ihre Exporte verteuern werden.

Ein gravierender letzter Grund für die Wiederkehr der Inflation ist dem Euro geschuldet, denn die Währungsgemeinschaft ist eine so genannte »nicht optimale Währungszone«. Das ist der wirtschaftliche Zustand, wenn Wettbewerbsfähigkeit, Wachstum und Kosten zwischen den Süd- und Nordländern stark auseinanderklaffen. Dieser Zustand herrschte seit Beginn der Eurozone. Er trat offen zutage mit der Zahlungsunfähigkeit Griechenlands im Jahr 2010. Seit dieser Zeit haben die Staaten mit aller Macht versucht, die Griechen im Boot zu halten, mit Schuldenschnitten und Krediten quasi zum Nulltarif. Seit Jahren betreibt die *EZB* eine gemäß der Maastricht-Verträge verbotene Staatsfinanzierung. Zur Rettung des Euro scheut sie vor keinem Regelbruch zurück. Ein gewagtes Spiel, auf Gedeih und Verderb.

Obwohl das Wachstum weltweit anzieht, besonders in der Eurozone, und in Deutschland praktisch Vollbeschäftigung herrscht, hat der *EZB*-Chef Draghi im Herbst 2017 angekündigt, dass es Zinserhöhungen noch lange nicht geben werde und dass, falls nötig, die Anleihekäufe – sprich die Geldflut – von 30 Milliarden Euro monatlich ab Oktober 2018 sogar wieder erhöht werden könnten. Er sagt dies, weil für »seine« Italiener und für die anderen Südländer höhere Zinsen Gift wären. Dort lag die Inflationsrate im September 2017 erst leicht über einem Prozent, während sie sich in Deutschland schon der Zielmarke von zwei Prozent angenähert hat.

Falls Mario Draghi seine ultralockere Geldpolitik so lange beibehält, bis die durchschnittliche Inflationsrate in der Eurozone die Zwei-Prozent-Marke erreicht hat, was zu befürchten ist, könnte die Teuerungsrate in Deutschland wegen der besser laufenden Konjunktur schon bei 2,5 oder gar drei Prozent stehen. Wenn die Zinsen dann immer noch nahe null stünden, würden die Deutschen auf doppelte Weise geschröpft: Zum einen wird ihr Geldvermögen allein schon durch die Inflation entwertet, zum anderen sind die Realzinsen negativ, das heißt, Geldanlagen bringen weniger Zinsen, als die Inflation wegfrisst. Das geschah schon 2017 sehr deutlich und es wird noch schlimmer. Ich weiß nicht, wie lange die Deutschen sich das noch gefallen lassen oder wann es ihnen zu bunt wird. Und sie endlich die noch nie zuvor dagewesene Möglichkeit nutzen, Zinsanlagen mit negativen Realzinsen auf risikoarme, nervenschonende Weise in Aktien umzuschichten, wie ich es in diesem Buch beschreibe.

Es gibt noch einen anderen Gefahrenherd – und das sind die USA. Präsident Donald Trump hat unter dem Motto »Amerika wieder groß machen« ein weitreichendes Wirtschaftsprogramm geplant, das zwar massive Steuersenkungen und auch ein grandioses Infrastrukturprojekt vorsieht. Er hat allerdings damit ein Trugbild gezeichnet, denn die amerikanische Wirtschaft läuft schon seit Jahren auf hohen Touren und es herrscht nahezu Vollbeschäftigung. Ein solches Programm würde dazu führen, dass die Wirtschaft überhitzt und dabei auch die Inflation steigt.

Überdies ist festzustellen, dass die Notenbanken meist zu spät auf drohende Inflationsrisiken reagieren. Darüber hinaus sind sie heute mit einer Konstellation konfrontiert, für die es in der ganzen Finanzgeschichte keinerlei Erfahrung gibt: Sie müssen die astronomischen Bilanzsummen, die sie im Zuge ihrer Geldschöpfung mit ihrer quantitativen Lockerung aufgetürmt haben, wieder abtragen, ohne gewaltige Erschütterungen an den Kapitalmärkten auszulösen. Denn das Geld, das sie quasi aus dem

Nichts geschöpft haben, ist nicht geschenkt, sondern lediglich geborgt. Es sind gewissermaßen Kredite an den Staat.

Paradox: Die Notenbanken wollen mehr Inflation

Dieses geldpolitische Abenteuer ist vergleichbar mit dem alpinen Bergsteigen: Der Abstieg ist oft gefährlicher und halsbrecherischer als der Aufstieg. Beim Abstieg gibt es mehr Unglücksfälle als beim Aufstieg. Die Angst vor dem Abstieg könnten daher die Notenbanken – an erster Stelle die *EZB* – davon abhalten, rechtzeitig und angemessen zu handeln. Im Zweifelsfalle wird sie lieber mehr Inflation in Kauf nehmen als die Pleite einiger EU-Südstaaten. Wir sind Teil einer Währungsgemeinschaft, in der sich die Zinspolitik der *Europäischen Zentralbank* nach den Schwächsten richtet – zum Nachteil Deutschlands.

Die große Unbekannte bei der Inflation ist das Verhalten aller Wirtschaftssubjekte, Anleger, Konsumenten und Unternehmer. Im Finanzjargon nennt man es »die inflationären Erwartungen«. Wenn diese Erwartungen von stabilen Verhältnissen ausgehen wie bisher, werden sich die Anleger in Staatsanleihen mit einem geringen Risikoaufschlag auf die Kurzfristzinsen von ein bis zwei Prozentpunkten zufriedengeben. Kippen aber die Inflationserwartungen in Richtung steigende Inflation, werden die Anleger einen höheren Risikoaufschlag von zwei bis drei Prozentpunkten oder noch mehr verlangen.

Die inflationären Erwartungen – das, was in den Köpfen der Menschen vorgeht – sind die größte Sorge der Notenbanken. Wenn sie umschlagen, sind sie schwer in den Griff zu bekommen. Dann sind sie zu unpopulären Maßnahmen gezwungen, das heißt, die Zinsen kräftiger als vorgesehen anzuheben. Die Inflationsbekämpfung ist immer ein hartes, schmerzhaftes Geschäft, vor dem Politiker und Notenbanker zurückschrecken. Es mag sein, dass dank Globalisierung, Digitalisierung und Robotisierung die Inflationsgefahr in wirtschaftlichen Aufschwungphasen nicht so schnell einsetzt und weniger groß ist als früher. Die Inflation ist nicht tot, sie ist quicklebendig, gerade dank politischer Fehler.

Geld ist, neben dem Rad und dem Feuer, die genialste Erfindung der Menschheit. Aber die Geschichte des Geldes ist zugleich auch die Geschichte der Inflation. Schon die ersten Münzen, die in Lydien, einem Gebiet in der heutigen Türkei, um 600 vor Christus etwa in der Zeit des leären Königs Krösus auftauchen, wurden vom Staat manipuliert und entwertet. Das geschah üblicherweise, indem der Gold- oder Silbergehalt reduziert wurde. Auf das Münzgeld folgte die nächste geniale Erfindung, das Papiergeld, das wohl zuerst in China angewandt wurde und noch einfacher zu manipulieren war als Münzen. Von Marco Polo wissen wir, dass die Chinesen schon im 9. Jahrhundert eine Institution hatten, die sie als »Amt für bequemes Geld« bezeichneten.

Dieses Prädikat hat sich auch Draghis *EZB* verdient. Zu viel Geld heißt früher oder später Inflation. Der Staat wird immer mehr Geld brauchen, als er über Steuern oder Abgaben einnimmt, und die Notenbanken werden immer mehr Geld drucken, als man braucht. Die Politiker sind es, die mit ihrer Spendierfreudigkeit – sei es für soziale Zwecke oder für einflussreiche Interessengruppen – Wählerstimmen kaufen und so ihre Wiederwahl sichern. Die Inflation ist daher fester Bestandteil unseres Gesellschaftssystems, ist gewissermaßen der Preis der Demokratie.

Nachdem Zinsen und Inflationsraten 35 Jahre lang gefallen sind, befinden wir uns an einem Wendepunkt, an dem beide Trends nach oben weisen. Wer in Phasen steigender Inflation Zinsinvestments eingeht, sollte sich unbedingt auf kurze Laufzeiten beschränken. Länger laufende Anleihen sind ein Verliererspiel. Denn ihre Kurse fallen, wenn die Renditen steigen. Wenn bei einer zehnjährigen Bundesanleihe die Rendite von 0,5 auf 1,5 Prozent steigt, sackt der Kurs der Anleihe um bis zu zehn Prozent ab. Der Coupon (Nominalzins) bleibt dagegen bei mageren 0,5 Prozent – für die ganzen zehn Jahre.

Es wird oft behauptet, die Aktienkurse würden bei steigender Inflation und höheren Zinsen stark fallen. Diese Behauptung muss man relativieren: Aktien profitieren von der Inflation, solange die Notenbank eine relativ lockere Geldpolitik beibehält. Die Inflation geht ja immer mit der wirtschaftlichen Entwicklung einher. Bei guter Konjunktur steigen die Unternehmensgewinne und dieses nominale – auch inflationsbedingte – Wachstum spiegelt sich in höheren Aktienkursen. Gleichzeitig werden die Dividenden angehoben. Somit sind Aktien gewissermaßen inflationsindexiert.

Wenn dagegen die Inflation stärker anzieht und sich die Notenbank gezwungen sieht, sie mit massiven Zinssteigerungen zu bekämpfen, leiden die Aktien. Fazit: Nicht die Inflation schadet den Aktien, sie nutzt ihnen sogar. Nur der Kampf gegen die Inflation schadet den Aktien ab einem gewissen Punkt. Allgemein gilt, dass erst bei Anleihezinsen von sechs Prozent oder darüber – was meistens der Fall ist, wenn die Inflationsrate der Vier-Prozent-Marke zustrebt – Aktien deutlich verlieren.

Am besten für Aktien sind, das zeigen diverse Studien, Anleihen-Renditen zwischen drei und vier Prozent. Das ist leicht zu erklären: Sind die Zinsen und mit ihnen die Inflation extrem niedrig, deutet das auf eine schwache Konjunktur hin. Steigen sie wieder Richtung Normalmaß, bedeutet das, dass die Wirtschaft wieder Fahrt aufnimmt, die Unternehmensgewinne zulegen und die Krisenängste abnehmen. Dann strömen die Anleger in Aktien. Diese Konstellation haben wir in den letzten Jahren gehabt.

In einem späteren Kapitel bietet dieses Buch praktische Ratschläge, wie Sie in der heutigen Zeit Ihr Geld vor der kommenden Inflation schützen können. Und wie Sie trotz Niedrigzinsen Ihre Ersparnisse rentabel anlegen und Ihre Altersvorsorge mit einfachen Mitteln und geringem Aufwand bei überschaubarem Risiko klug gestalten können.

DIE ANGST VOR DEN POPULISTEN

Brexit, Separationsbestrebungen, Migrationsbewegungen oder islamistischer Terror, die Welt in unseren Tagen scheint unberechenbar zu sein und aus den Fugen geraten. Viele ehemals leidlich funktionierende Demokratien geraten in Turbulenzen, die Sorgen und Nöte der Menschen nehmen zu, der innere Zusammenhalt der Gesellschaften zerfranst und die Bindungskraft der althergebrachten Parteien nimmt rapide ab. Viele Menschen fühlen sich zu kurz gekommen oder von ihren gewählten Repräsentanten nicht mehr genügend ernst genommen.

Nutznießer dieses Vakuums sind selbstherrliche Autokraten wie Wladimir Wladimirowitsch Putin in Russland oder Recep Tayyip Erdogan in der Türkei. Oder wir erleben den Aufstieg von Populisten mit einfach gestrickten Denkmustern, einerlei ob diese Geert Wilders, Marine Le Pen oder Heinz-Christian Strache heißen. Der schlimmste Populist unserer Tage sitzt im Weißen Haus in Washington und bereitet nicht nur mir erhebliche Kopfschmerzen.

Wie stark haben sich die Vereinigten Staaten in den letzten Jahren verändert! An einem Hort der Stabilität und des Vorreitertums hat in den letzten Jahren die Unsicherheit zugenommen. In den ersten Monaten nach der Wahl des Immobilientycoons Donald Trump zum Präsidenten der Vereinigten Staaten von Amerika ist der *Dow Jones* Index um circa 15 Prozent gestiegen, genauso der *DAX*, und mehr oder weniger die Börsen weltweit. Warum haben die Börsen all die Negativmeldungen über Donald Trump ignoriert und stattdessen so positiv reagiert?

Nun, Donald Trump hat im Wahlkampf und bei seiner Antrittsrede immer wieder sein Sprüchlein *Make America Great Again* wiederholt. Sein einziges Programm ist gewesen: »Ich will Amerika wieder groß machen.« Das ist übrigens ein Wahlspruch, den Donald Trump von Ronald Reagan kopiert hat. Und er hat ein ehrgeiziges Wirtschaftsprogramm verkündet mit Steuersenkungen, der Lockerung oder gar Abschaffung von Regulierungen und mit einem massiven Infrastrukturprogramm. Das hat natürlich der Geschäftswelt gefallen. Sie bekam mit Donald Trump einen Geschäftsmann, einen der ihren, als Präsidenten. So ticken die USA, *it's the economy, stupid*, wichtig sind die Geschäfte. Viele, insbesondere im ländlichen Mittelwesten, stören sich deshalb auch nicht daran, dass Donald Trump ein ungebildeter und vulgärer Zeitgenosse ist.

Ich erinnere mich an ein Gespräch mit einem amerikanischen Unternehmer auf einer Kreuzfahrt im August 2016, also zwei Monate vor der Präsidentschaftswahl. Ich fragte ihn, wen er wählen würde, und er sagte fest: Trump. Ich hakte nach, wieso denn gerade den. Seine knappe Antwort: »Er wird die Steuern senken.« Und die Erwartungen auf all die von Donald Trump verheißenen Wohltaten haben die Börsen dann auch beflügelt.

Inzwischen sind es aber nicht allein Hoffnungen auf bessere Zeiten, sondern handfeste Tatsachen, die die Börsenkurse treiben. Die Börsen feiern den Idealzustand. Die Zinsen sind nahe null. Liquidität gibt es an den Kapitalmärkten in Hülle und Fülle, die Unternehmensgewinne steigen weltweit. Und steigende Unternehmensgewinne gepaart mit überreichlicher Liquidität sind schon immer die besten Treibsätze für steigende Aktienbörsen gewesen. Im Herbst 2017, als ich dieses Buch fertiggestellt habe, herrscht also an den Börsen eitel Sonnenschein.

Was könnte die Freude an den Börsen trüben? Wir befinden uns am Beginn einer Zinswende. Die US-Notenbank *Fed* wird wohl nach und nach den Leitzins weiter erhöhen. Und der Ölpreis dürfte seinen Anstieg fortsetzen, nachdem die *OPEC* und Russland mit einer Drosselung der Förderung die Ölflut eingedämmt haben. Eine weltweit anziehende Konjunktur, insbesondere in den Schwellenstaaten, wird zudem die Nachfrage erhöhen. Ein höherer Ölpreis wird unmittelbar die Inflation steigern. Die Inflationsrate in den USA ist 2017 zeitweilig schon über die magische Rate von zwei Prozent gestiegen. Deutschland ist nahe dran. Ich sehe in den nächsten Jahren eine stärkere Inflation, die dadurch provozierte Straffung der Geldpolitik könnte zu Turbulenzen an den Börsen führen.

Doch der größte Störfaktor für die Börsen ist der wilde Mann im Weißen Haus. Namhafte Psychiater sind zu der Diagnose gelangt, Donald Trump leide an einer narzisstischen Persönlichkeitsstörung. Er zeige sich als Narzisst und gerade Narzissten besitzen ein mangelndes Selbstwertgefühl. Dieser psychische Defekt äußert sich in übertriebener Selbstbewunderung, in Prahlerei und Selbstsucht. Ich darf Ihnen in Erinnerung bringen, wie die Geschichte um den hübschen *Narcissus* in der griechischen Mythologie endet. Der Jüngling sitzt an einem See und schaut sich ganz verliebt sein Spiegelbild auf der Wasseroberfläche an. Dabei nähert er sich so sehr dem Wasser, dass er durch göttliche Fügung in den See fällt und ertrinkt.

Von dieser narzisstischen Persönlichkeitsstörung abgesehen verfügt Donald Trump über die Fähigkeit, ohne Scham zu lügen. Er will gelobt und bewundert werden. Er denkt nur in Kategorien von Verlieren oder Siegen. Und er muss siegen. Typisch für einen New Yorker Immobilientycoon sucht er für sich immer den besten Deal. Dem *Dealmaker* scheint dafür jedes Mittel recht: drohen, beschimpfen, beleidigen, zur Seite schubsen oder, wenn es nützt, auch charmant sein. Kostproben liefert er auf seinen Weltreisen. Für den Fototermin mit dem Papst kann er charmant lächeln, mit arabischen Potentaten einen Säbeltanz hinlegen, wehe jedoch, er stößt auf Gegner oder Widerspruch. Dann wird er grimmig, beleidigend und angriffslustig. Er tritt so rüpelhaft auf, dass es den anderen den Atem verschlägt.

Donald Trumps Geheimwaffe ist seine Unberechenbarkeit. Manche mögen das anziehend finden, doch in der Weltpolitik erweist sich ein solcher Charakterzug als fatal: Denn in Politik und Wirtschaft zählen Berechenbarkeit, Verlässlichkeit und Vertrauen. Kein Wunder, dass die sonst sehr zurückhaltende Kanzlerin Angela Merkel nach nicht einmal einem halben Jahr Donald Trump in Richtung USA seufzte: »Die Zeiten, in denen wir uns auf andere völlig verlassen konnten, die sind ein Stück weit vorbei.«

Innenpolitisch steht Donald Trump gehörig unter Druck und wegen der internen Unstetigkeit wird auch die Wirtschaft mehr und mehr in Mitleidenschaft gezogen. Mehr Wachstum und vor allem mehr Jobs, das kann in solchen turbulenten Zeiten nicht funktionieren. Seine Wähler werden enttäuscht und auf Abstand gehen. Eine solche Entwicklung kann zur Folge haben, dass bei Zwischenwahlen die Demokraten im Senat oder im Repräsentantenhaus die Mehrheit gewinnen. Die könnten dann Trumps grandiose Pläne blockieren und der große Donald wäre für den Rest seiner Amtszeit eine *Lame Duck* – eine lahme Ente.

Man kann es drehen und wenden, das Drama mit einem Donald Trump im Weißen Haus wird zu Verunsicherungen in der Wirtschaft führen, nicht nur in den USA. Ich habe die Sorge, dass diese zu größeren Schwankungen an den Börsen führen werden.

3. DAS MÄRCHEN VON DEN
REICHEN DEUTSCHEN

Nicht die Kinder bloß speist man mit Märchen ab.

Gotthold Ephraim Lessing, deutscher Dichter

Immer wenn es darum geht, einem Problemland in der Eurozone aus der Patsche zu helfen, werden die Deutschen als Retter gerufen. Vielen Berliner Politikern von links bis rechts kommt dann die Behauptung locker über die Lippen, dass Deutschland ein wohlhabendes Land sei. Und auch die Bundesregierung beteuert unaufhörlich, wie gut die Deutschen doch dastehen. Daher müssten wir Solidarität mit den armen Südeuropäern üben. Wir könnten uns die Retterei doch locker leisten.

Zu schön wäre es, wenn dies alles stimmen würde. Doch die Erzählungen vom »reichen Deutschland« und dem »armen Südeuropa« sind leider nur ein Märchen. Und es wird auch nicht wahrer, wenn uns Medien und Politik immer und immer wieder dieses Ammenmärchen erzählen. In Wirklichkeit macht Deutschland viel zu wenig aus der Leistungsfähigkeit der Wirtschaft und dem Fleiß seiner Bevölkerung.

Die Realität ist, dass Deutschland zwar ein wirtschaftlich starkes, jedoch kein wohlhabendes Land ist. Die Menschen, die in den EU-Problemländern mit hoher Arbeitslosigkeit, mangelnder internationaler Konkurrenzfähigkeit und ausufernden Staatsschulden leben müssen, stehen finanziell vielfach besser da als die Deutschen, zum Teil sogar dramatisch besser. Ganz zu schweigen von den EU-Ländern, die wirtschaftlich einigermaßen gesund sind. Das Märchen von den reichen Deutschen sollten Sie also keinesfalls glauben. Aus guten Gründen, die ich Ihnen aufzeigen möchte.

Fangen wir mit dem *Allianz Global Wealth Report* an, der jedes Jahr die Vermögensentwicklung der Industrie- und Schwellenländer anhand statistischer Daten ausweist. Er führt die Bundesbürger beim Geldvermögen pro Kopf im *Wealth Report 2017* unter allen 53 untersuchten Staaten auf Rang 19. Allein in der EU sind in neun Staaten die Bürger reicher. Das durchschnittliche Bruttogeldvermögen (Vermögen ohne Immobilien, also vor allem Zinsanlagen, Versicherungs- und Altersvorsorgeprodukte sowie Aktien und Fonds) pro Kopf beträgt hierzulande gut 70.000 Euro.

Durchschnittliches Brutto-Geldvermögen pro Kopf Ende 2016

Land	Vermögen in US-$
Schweiz	268 840
USA	221 690
Dänemark	146 490
Niederlande	137 540
Schweden	136 270
Australien	133 010
Kanada	128 510
Japan	118 950
Großbritannien	116 570
Belgien	115 430
Norwegen	93 640
Frankreich	78 840
Österreich	73 160
Deutschland	70 350
Italien	70 130

Quelle: Allianz Global Wealth Report 2017.

Das ist weniger als ein Drittel dessen, was Schweizer (269.000 Euro) und US-Amerikaner (222.000 Euro) besitzen, und gerade einmal etwa halb so viel wie die Dänen, die Niederländer und die Schweden. Auch in Großbritannien, Belgien, Norwegen, Frankreich, Österreich und sogar in Irland (dem ehemaligen Armenhaus Westeuropas!) sind die Menschen im Durchschnitt reicher an Geldvermögen.

Diese kärglichen Vermögenswerte der Deutschen sind aber lange noch nicht das Ende der Geschichte. Es gibt ja auch noch Immobilienvermögen. Wenn man die Häuser und Wohnungen zum Geldvermögen hinzurechnet, wird die Mär von den reichen Deutschen vollends zerstört. Beim Gesamtvermögen zählt Deutschland in Europa nämlich zu den Schlusslichtern. Denn die Eigentumsquote, die den Anteil der Haushalte misst, die eine Immobilie besitzen, liegt mit 53 Prozent weit unter der Spaniens (83 Prozent), Griechenlands (77 Prozent), Italiens (72 Prozent) Großbritanniens (70 Prozent) und Frankreichs (62 Prozent), um nur einige der EU-Staaten zu nennen. In den osteuropäischen EU-Mitgliedsländern besitzen, wie die Tabelle zeigt, sogar durchschnittlich über 80 Prozent der Haushalte Wohneigentum.

Wohneigentumsquoten in Europa
Anteil der Haushalte, die in den eigenen vier Wänden leben

Land	Wohneigentumsquote
Rumänien	97 %
Slowakei	90 %
Ungarn	90 %
Bulgarien	87 %
Spanien	83 %
Polen	81 %
Tschechien	79 %
Griechenland	77 %
Portugal	75 %
Finnland	74 %
Belgien	72 %
Italien	72 %

EU-Durchschnitt	71 %
Schweden	71 %
Großbritannien	70 %
Dänemark	67 %
Niederlande	67 %
Frankreich	62 %
Österreich	57 %
Deutschland	53 %
Schweiz	44 %

Quelle: Eurostat, ifo

Beim Gesamtvermögen kommt man deshalb zu wahrlich erschreckenden Ergebnissen. Dazu zunächst ein Blick zurück: Erinnern Sie sich noch an den Aufschrei, der durch das Land ging, als im Jahr 2013 die *Europäische Zentralbank* (*EZB*) eine Studie zu Armut und Reichtum in den Mitgliedsländern des Euroraums veröffentlicht hat? Da lag, Geld- und Immobilienvermögen zusammengezählt, Luxemburg mit durchschnittlich 710.000 Euro Vermögen je Haushalt vorn. Für das Paradies von Banken, Steuerakrobaten – die in Wirklichkeit oft Steuerhinterzieher sind – und Europapolitiker war das wenig überraschend. Luxemburg ist innerhalb der *EU* die Made im Speck.

Aber dann folgte schon Zypern mit 671.000 Euro – genau das Zypern, das kurz zuvor von der EU mit Milliardensummen vor der Pleite bewahrt worden war. Das war schon sehr seltsam. Nach dem kleinen Malta kamen dann in der Vermögensrangliste mit Belgien, Spanien, Italien und Frankreich vier weitere Länder, die mehr oder weniger stark die Schuldenkrise verursacht hatten. Sie wiesen Gesamtvermögen zwischen 339.000 Euro und 233.000 Euro je Haushalt auf. Den Durchschnitt aller Eurostaaten berechneten die Notenbank-Statistiker mit 231.000 Euro. Und wo bleibt da Deutschland?, werden Sie fragen. Mit durchschnittlich lediglich 195.000

Euro pro Haushalt rangierte »unser reiches Land« deutlich darunter, weit im unteren Drittel.

Allerdings ist auch diese bittere Wahrheit nur die halbe Wahrheit. Zieht man das Medianvermögen statt des Durchschnittsvermögens heran, also das Vermögen, das die Zahl der Haushalte in genau zwei gleiche Hälften teilt, erscheint Deutschland sogar auf dem allerletzten Platz. Das Medianvermögen belief sich damals auf gut 51.000 Euro, weniger als halb so viel wie der Euroraumdurchschnitt von 109.000 Euro.

Mit anderen Worten: Die Hälfte der deutschen Haushalte verfügte über weniger als gut 51.000 Euro, die Hälfte über mehr. Ein Medianvermögen von unter 100.000 Euro verzeichneten sonst nur noch die Slowakei, Österreich, Finnland und Portugal. Luxemburg war auch hier einsame Spitze mit 398.000 Euro je Haushalt, vor Zypern mit 267.000 Euro. Belgien, Spanien, Italien und Frankreich folgten auf den Plätzen vier bis sieben. Und selbst Griechenland, das kurz zuvor seine vorwiegend ausländischen Anleihegläubiger durch einen Schuldenschnitt mit rund 100 Milliarden Euro zur Ader gelassen hatte, wies mit 102.000 Euro pro Haushalt ein haargenau doppelt so hohes Medianvermögen auf wie die deutschen Eurorettungszahlmeister.

Das Durchschnittsvermögen liegt in den Fällen deutlich über dem Medianvermögen, wenn es besonders viele Reiche mit Vermögen weit über dem Durchschnitt gibt. So wie das in Deutschland offenkundig der Fall ist, während die »Durchschnittsbürger« viel weniger besitzen als ihre europäischen Nachbarn.

Im Jahr 2015 hat die *EZB* dann eine neue Untersuchung erstellt, aber wohlweislich nur noch die Geldvermögen veröffentlicht und die Immobilienvermögen weggelassen. Vermutlich wollte sie damit den Unmut der deutschen Bundesregierung und der Medien nicht noch einmal hochkochen lassen. Denn die hatten nach den verheerenden Ergebnissen von 2013 an der Aussagekraft der Studie gezweifelt. Sogar Kanzlerin Angela Merkel fühlte sich damals herausgefordert und versicherte, die Vermögen der Deutschen sähen niedriger aus, als sie in Wirklichkeit seien. Typisch Merkel, statt politisch darauf zu reagieren, stellte die Kanzlerin ganz einfach die Studie in ein schlechtes Licht.

Im Jahr 2015 traten denn auch in der *EZB*-Untersuchung wunschgemäß bei den Geldvermögen weniger starke Unterschiede bei den Euroraummitgliedern zutage als zwei Jahre zuvor. Deutschland kletterte auf

Rang acht und übertraf mit rund 65.000 Euro pro Kopf den Durchschnitt aller 19 Staaten um etwa 800 Euro. Damit Deutschland einigermaßen gut dastehen konnte, haben die Statistiker gegenüber 2013 aber nicht nur das Immobilienvermögen aus der Berechnung herausgenommen, sondern auch noch die Daten pro Kopf statt wie 2013 pro Haushalt veröffentlicht.

Dieser Trick blieb übrigens weitgehend unbemerkt. Da in Deutschland die Haushaltsgröße wegen der niedrigen Geburtenrate im Durchschnitt um rund 15 Prozent geringer ist als in der EU insgesamt, musste das Vermögen durch weniger Köpfe geteilt werden, und damit kamen viel vorteilhaftere Ergebnisse als 2013 heraus. Da sage noch jemand, der frühere britische Premierminister Winston Churchill habe mit dem ihm zugeschriebenen berühmten Spruch nicht recht gehabt: »Ich traue keiner Statistik, die ich nicht selbst gefälscht habe.«

Übrigens: Im gleichen Jahr 2015 hat das *Deutsche Institut für Wirtschaftsforschung* (*DIW*) festgestellt, dass in den Jahren von 2003 bis 2013 die Bundesbürger real, also nach Abzug der Inflation, im Durchschnitt fast 15 Prozent ihres Gesamtvermögens (Geld- plus Immobilienvermögen) verloren haben. Zum Teil lag das daran, dass die Immobilienpreise in diesem Zeitraum zeitweise stagnierten oder sogar fielen (der Immobilienboom begann laut *Bundesbank* erst im Jahr 2010). Markus Grabka, einer der Studienautoren nannte als anderen Hauptgrund: »Viele Menschen investieren ihr Vermögen bevorzugt in risikoarme, dafür aber renditeschwache Anlagen wie Sparbücher, Girokonten, Bausparverträge oder Riester-Renten, die oftmals nicht einmal die Inflation ausgleichen.« Diese ungute Entwicklung ist seither noch schlimmer geworden.

Fassen wir die Fakten noch einmal kurz zusammen: Während die Deutschen bei den Nettolöhnen und Nettogehältern immerhin auf Platz sechs und damit im Vorderfeld aller 28 EU-Staaten liegen, fallen sie bei den Vermögen immer weiter zurück. Und das, obwohl wir so stolz auf den inoffiziellen Titel des Sparweltmeisters sind. Den führen wir übrigens zu Unrecht, da es eine Reihe von Staaten gibt, in denen der Sparfleiß ausgeprägter ist. Aber richtig bleibt: Die Sparquote, also der Anteil am verfügbaren Haushaltseinkommen, der auf die Seite gelegt wird, ist in Deutschland mit rund zehn Prozent im internationalen Vergleich hoch.

Die Deutschen sparen also viel, aber sie sparen falsch. Dadurch wächst ihr Vermögen wesentlich langsamer, als es eigentlich könnte – und als es uns viele Bürger im Ausland vormachen. Ich komme hier noch einmal auf den *Allianz Global Wealth Report 2017* zurück, weil er einige hochinteressante Daten dazu liefert: In Nordamerika haben demnach die Wertveränderungen – vor allem Aktienkursgewinne – drei Viertel zum Vermögenswachstum der letzten fünf Jahre bis 2016 beigetragen, im Euroraum waren es mit 56 Prozent deutlich weniger. Und in Deutschland waren es gerade einmal 27 Prozent, also nicht einmal halb so viel wie im Euroraumdurchschnitt und nur ein Drittel so viel wie in Nordamerika. Die *Allianz*-Experten ziehen daraus folgerichtig zwei Schlussfolgerungen: »Die Amerikaner lassen vor allem ihr Geld für sich arbeiten«, wohingegen: »Die Deutschen arbeiten für ihr Geld.« Denn die Sparer in unserem Land erzielen ihren Vermögenszuwachs überwiegend durch die Anlage frischer, vom laufenden Einkommen abgezweigter Ersparnisse.

In den Medien und in der Politik ist in letzter Zeit häufig die Rede von der größer werdenden Kluft zwischen Arm und Reich. Diese Analyse ist leider zutreffend. Im Wesentlichen beschränkt sich die Diskussion dabei auf das Erwerbseinkommen. Doch es gibt auch andere wichtige Gründe. Einer der Hauptgründe ist, wie produktiv die Deutschen ihre Ersparnisse anlegen. Und sie legen ihr Geld so unproduktiv an wie kein anderes Volk unter den Industrieländern. 80 Prozent des Geldvermögens von rund 5,7 Billionen Euro – das sind nahezu 4,6 Billionen – stecken in Zinsanlagen oder Versicherungen, die seit Jahren praktisch keine Zinsen abwerfen.

Die *Allianz*-Studie zeigt noch ein anderes, eng damit zusammenhängendes Phänomen auf: Die jährlichen Durchschnittsrenditen, die Anleger aus elf Euroraumländern von 2012 bis 2016 erzielt haben, sind extrem unterschiedlich und reichen von 2,6 Prozent in Österreich bis zu acht Prozent in Finnland. Deutschland ist Vorletzter mit etwa 3,4 Prozent, Griechenland mit rund sieben Prozent Zweiter und die Niederlande mit gut sechs Prozent Dritter. Dies ist kein Zufall: Die Finnen und die Niederländer weisen den höchsten Wertpapieranteil am Vermögen auf, die Griechen profitierten von den höchsten Zinsen im Euroraum und einer kräftigen Erholung der Aktienkurse nach dem Einbruch in der Schuldenkrise.

Die drei großen Südländer Frankreich, Italien und Spanien erzielten Renditen zwischen 4,5 Prozent und 5,5 Prozent und stehen damit ebenfalls viel besser da als Deutsche und Österreicher. Die Finnen haben in diesen fünf Jahren damit aus 10.000 Euro durchschnittlich 14.690 Euro gemacht, die Deutschen mit 11.820 Euro fast 3.000 Euro weniger. Wobei ich noch hinzufügen muss, dass die 3,4 Prozent Durchschnittsrendite laut *Wealth Report* vor allem durch Aktienkursgewinne entstanden sind, in deren Genuss nur eine Minderheit der Deutschen gekommen ist. In den fünf Jahren bis Ende 2016 hatte der *DAX* um knapp 95 Prozent zugelegt, der *MDAX* sogar um fast 150 Prozent. Ihr Vermögen mehren konnten damit nahezu ausschließlich Anleger, die einen Teil ihrer Ersparnisse in Aktien, ETFs und Fonds investiert hatten. Wer dagegen nur auf Zinsanlagen gesetzt hat, konnte sein vorhandenes Vermögen kaum mehren, unter dem Strich, also nach Abzug der Inflationsrate, blieb bei den meisten Sparern sogar ein kräftiges Minus.

Dieses übervorsichtige, sicherheitsbetonte und aktienscheue Anlageverhalten der Mehrheit der Deutschen verhindert nicht nur kurzfristig einen stärkeren Vermögensaufbau, sondern vor allem langfristig. Gerade in der Altersvorsorge wird das, in Verbindung mit dem rückläufigen Rentenniveau, in den kommenden Jahrzehnten zu erheblichen Problemen führen. Wachsende Altersarmut wird nur eines davon sein, das andere wird die Mehrzahl der Bundesbürger betreffen, die im Ruhestand zunehmend mehr Abstriche an ihrem Lebensstandard hinnehmen müssen – es sei denn, sie denken um und legen ihre aus Unwissenheit geborene Angst vor der Aktie ab.

Wer absolute Sicherheit will und Anleihen kauft oder in Festgeld anlegt und in Kapital-Lebensversicherungen oder Riester-Versicherungen jahrzehntelang einzahlt, wird mit mageren Renditen – mit den Brosamen – abgespeist. Wer etwas Risiko in Kauf nimmt und auch in Aktien – besser in Aktienfonds und ETFs – breit international anlegt, wird langfristig mit satten Renditen belohnt. Und genau um dieses »etwas Risiko« geht es in den weiteren Kapiteln dieses Buches für Sie: Wie Sie mit einfachen Methoden die Renditen steigern und die Risiken eingrenzen und minimieren können.

4. DER EURO – VOM WUNSCHTRAUM ZUM ALPTRAUM

Der Euro ist eine kränkelnde Frühgeburt.

Gerhard Schröder, ehemaliger Bundeskanzler

Die Deutschen sind – wie beschrieben – nicht wohlhabend, trotzdem sollen sie den Euro retten. Der Irrsinn hierbei: Die zu Rettenden sind reicher als der Retter. Und nicht nur das. Deutschland kann seine Rettungstaten nicht aus seinem Vermögen oder aus Erspartem zahlen, sondern muss dies aus dem laufenden Haushalt tun oder dafür neue Schulden aufnehmen.

Die Situation ist nicht nur für Deutschland dramatisch, sondern auch für ganz Europa. Denn der Euro steht trotz zahlreicher Rettungsaktionen immer noch am Abgrund. Er wird von der Politik mit Ach und Krach künstlich am Leben gehalten. Der Euro als Einheitswährung ungleichartiger Volkswirtschaften kann nicht funktionieren. Denn der Euro ist eigentlich als ein politisches Projekt angelegt – und nicht als wirtschaftliches. Schlimmer noch, alle wirtschaftlichen Daten wurden bewusst ignoriert. Man hat bei der Einheitswährung gänzlich unterschiedliche Kandidaten in ein Korsett gezwängt. Länder, die nicht zusammenpassen. Von der Lebensart, von der Mentalität, von der Leistungskraft.

Dabei hatte alles salbungsvoll begonnen. Am 2. Mai 1998 beschlossen die Staats- und Regierungschefs der Europäischen Union in Brüssel die Einführung des Euro. Zuvor begründete Kanzler Helmut Kohl diesen denkwürdigen Akt gegenüber dem Bundestag am 23. April 1998 mit folgenden Argumenten: »Der Euro stärkt die *Europäische Union* als Garanten für Frieden und Freiheit. ... Von der heutigen Entscheidung – ich meine das nicht pathetisch – hängt es wesentlich ab, ob künftige Generationen in Frieden und Freiheit, in sozialer Stabilität und auch in Wohlstand leben können.« Später fügte er noch hinzu, dass »der Friedensgedanke das Bewegungsgesetz der europäischen Integration« sei und der Euro den entscheidenden »Baustein für die politische Einigung« bilde.

Gerade die politische Einigung war für Helmut Kohl ein besonders kritischer Punkt. Um das zu verstehen, muss man die Uhr um etwa neun Jahre zurückdrehen, zum Fall der Berliner Mauer am 9. November 1989 und der darauffolgenden Wiedervereinigung Deutschlands. Dieses epochale Ereignis hatte eine ganz neue Lage in Europa geschaffen. Urplötzlich war Deutschland die größte Macht in Europa. So groß die Freude in Deutschland war, so gering war sie in England, am allerwenigsten in Frankreich. Der damalige französische Präsident François Mitterrand flog sogar in die Sowjetunion zu Staatspräsident Michail Gorbatschow, um die Wiedervereinigung zu verhindern. Die »eiserne Lady« in Downing Street Nummer 10, Margaret Thatcher, lenkte schließlich in das Unabänderliche ein mit den Worten: »Wir müssen uns an die Vorstellung gewöhnen, dass es in Europa künftig ein Land geben wird, das stärker ist als alle anderen.«

Die Reaktion in Frankreich war genau umgekehrt: Frankreich setzte voll und ganz auf Europa, jedoch mit der erklärten Absicht, das erstarkende Deutschland politisch und wirtschaftlich einzubinden und zu bändigen. Das Mittel dazu war, die D-Mark abzuschaffen und die dominante *Bundesbank* zu entmachten. An deren Stelle sollte eine Gemeinschaftswährung und eine *Europäische Zentralbank* gesetzt werden, die dem direkten Einfluss der Deutschen entzogen war. Welche Bedeutung Frankreich der mächtigen *Bundesbank* beimaß, zeigte sich daran, dass Mitterrand die D-Mark als »Force de Frappe« der Deutschen, also als »Atomwaffe« bezeichnet hatte.

Aber auch Kanzler Helmut Kohl lag daran, durch die Einbindung Deutschlands in Europa alte Ängste der Nachbarländer zu dämpfen und – unausgesprochen – die Abenteuerlust der deutschen Landsleute ein für alle Mal zu unterbinden. Sein Traum war die *Europäische Union* – ein Bundesstaat –, eine romantische Vision, die sonst niemand mit ihm teilte. Mit diesen Gedanken reiste er zum *EG*-Gipfeltreffen in Maastricht im Dezember 1991. Doch bei den Verhandlungen zog Kohl am Ende den Kürzeren. Er hatte wohl in letzter Minute einem Zeitplan zugestimmt, den der französische Staatspräsident François Mitterrand und der italienische Ministerpräsident Giulio Andreotti zu nächtlicher Stunde ausgeheckt hatten, nämlich der Bildung einer europäischen Wirtschafts- und Währungsunion.

Auf Kohls Anliegen, vertragliche Regelungen zu einer politischen Union festzulegen, gingen sie gar nicht ein. Die raffinierten romanischen Realpolitiker hatten bekommen, was sie wollten. Sie hatten den germanischen Visionär über den Tisch gezogen – zum Entsetzen der *Deutschen Bundesbank* und einer breiten deutschen Bevölkerungsmehrheit! Die *Deutsche Bundesbank* vertrat die so genannte »Krönungstheorie«, nach der Europa zuerst ein höheres Maß an staatlicher Integration brauchen würde, bevor man als »Krone« die gemeinsame Währung aufsetzen konnte. Noch vor dem Treffen in Maastricht hatte Helmut Kohl am 6. November 1991 im Bundestag gesagt: »Man kann dies nicht oft genug sagen: Die politische Union ist das unerlässliche Gegenstück zur Wirtschafts- und Währungsunion. Die jüngere Geschichte ... lehrt uns, dass die Vorstellung, man könne eine Wirtschafts- und Währungsunion ohne politische Union auf Dauer erhalten, abwegig ist.«

Gegen besseres Wissen stimmte er den in Maastricht getroffenen Vereinbarungen zu. Der Sieger hieß François Mitterrand. Er brüstete sich vor einer Gruppe von Kriegsveteranen mit den Worten, der Maastrichter Vertrag sei für Frankreich besser als der Vertrag von Versailles nach dem Ersten Weltkrieg. Dieser Vertrag war einer der wesentlichen Gründe für den Aufstieg Hitlers zur Macht und einer, der letztlich zum Zweiten Weltkrieg führte.

Über die politische Union gab es mit Frankreich keinen Konsens, damals nicht und heute auch nicht. Es hat sich seit dem Präsidenten Charles de Gaulle an der französischen Einstellung nichts geändert. Der sprach nie von einem Bundesstaat, sondern von einem »Europa der Vaterländer«, also einem Staatenverbund.

Sprengfalle Währungsunion

Über viele Jahrzehnte war die *Deutsche Bundesbank* für die meisten Bundesbürger immer ein Hort der Stabilität und der vernunftgesteuerten Wirtschaftspolitik. Egal welchen Unfug die verschiedenen Regierungen nach dem Zweiten Weltkrieg angestellt haben – auf die *Bundesbank* in Frankfurt war Verlass, sie ließ sich fast nie politisch einspannen oder instrumentalisieren. Mit einer großen Ausnahme nach der Wiedervereinigung, als sie zähneknirschend die Umstellungsrelation eins zu eins von Ost- in Westmark akzeptieren musste. Obwohl sie damals schlimme wirtschaftliche Folgen vorhersah, die dann auch eintraten und zum immer noch zu zahlenden Solidaritätszuschlag zur Einkommensteuer führte.

Die *Bundesbank* jedoch fügte sich in jenen Tagen wider besseres Wissen den politischen Entscheidungen.

Die *Bundesbank* gibt es heute immer noch. Aber sie ist mit der Einführung des Euro zum zahnlosen Tiger degradiert worden, der mehr oder weniger den Anweisungen der *Europäischen Zentralbank* folgen und einen Großteil der bürokratischen Umsetzung der Euro-Geldpolitik ausführen muss. Der Machtverlust der *Bundesbank* ist eng verbunden mit einem Identifikationsverlust, der für viele Deutsche mit dem Aus für die D-Mark und der Einführung des Euro verbunden ist, den viele lange Zeit als *Teuro* verhöhnten, weil er in einigen Bereichen deutlich höhere Preise bescherte.

Die Bundesregierung war, als der Euro beschlossen wurde, ganz stolz, weil die *EZB* angeblich genauso unabhängig sei wie die *Bundesbank*, vielleicht sogar noch unabhängiger. Dass dem nicht so war, zeigte sich spätestens 2001, als Griechenlands Aufnahme in den Euro beschlossen wurde – was nie und nimmer hätte passieren dürfen. Aber die *Europäische Zentralbank* als Prüferin der Aufnahmekriterien hatte angeblich nicht bemerkt, was damals schon viele Spatzen von den Dächern pfiffen: dass die Griechen bei den Wirtschaftsdaten kräftig geschummelt hatten. Mit Hilfe der US-Investmentbank *Goldman Sachs* manipulierten sie die Zahlen zur Staatsverschuldung so unverschämt, dass dies einem einigermaßen nüchternen Prüfer hätte auffallen müssen. Doch die Politik hat alle Augen vor der Wirklichkeit zugekniffen, weil die *EU-Kommission* die Griechen im Euro haben wollte. Wahre Daten wären da nur hinderlich gewesen. Ich wage zu behaupten: Mit der *Bundesbank* wäre dies nicht passiert.

Was uns die *Europäische Zentralbank* seit der Finanzkrise 2008 und vor allem seit der Eurokrise 2011 an Sündenfällen zugemutet hat, geht sogar noch weit über die Todsünde der Griechen-Aufnahme in die Eurozone hinaus. Seit fast zehn Jahren spielt die *EZB* verrückt. Mit ihrer Nullzinspolitik und vor allem mit ihren maßlosen Anleihekäufen zeigt sie sich als willfährige Dienerin der Politik, insbesondere der südeuropäischen und französischen. Und sie missachtet dabei nicht nur die Prinzipien, die der *Bundesbank* heilig waren, sondern auch die Abmachungen, die im Maastrichter Vertrag festgeschrieben sind.

Die Politik und ihr Ausführungsorgan *Europäische Zentralbank* haben Europa ziemlich in die Bredouille gebracht: Der Euro ist weder ein Baustein für die politische Einigung noch ein Friedensprojekt geworden. Im Gegenteil, der Euro, der als Klebstoff die europäischen Staaten enger zusammenbinden und letztlich zu einem Bundesstaat führen sollte, erweist sich stattdessen als Sprengstoff. Statt Harmonie und Freundschaft herrschen Hass und Zwietracht zwischen den Süd- und Nordländern. Und die Rechnung für eine gleiche Einheitswährung ungleicher Nationalökonomien kam alsbald. Die Wettbewerbsfähigkeit der überschuldeten Staaten im Süden ging verloren. Vor dem Euro wurde die Wettbewerbsfähigkeit durch Abwertung der nationalen Währung aufrechterhalten. Nun geht das nicht mehr. Und die nötigen Strukturreformen haben viele Staaten in der Konsumeuphorie zudem unterlassen.

Deutschland hat zum Glück seine Hausaufgaben in den Jahren unter Kanzler Gerhard Schröder gemacht, unter großem Protest seiner Partei und der Gewerkschaften. Dies muss man dem Sozialdemokraten Schröder hoch anrechnen. Er hat das Land über die Partei gestellt, während andere Staaten die Strukturreformen versäumt haben. Nehmen Sie Frankreich. Als die heutige IWF-Chefin Christine Lagarde noch Wirtschafts- und Finanzministerin in Paris war, kam von ihr der bemerkenswerte Vorschlag, die Deutschen sollten weniger arbeiten und mehr konsumieren. Für mich ist dies ein merkwürdiges Argument. Die Kritik an Deutschlands hohen Leistungsbilanzüberschüssen ist ja in den letzten Jahren allgemein immer lauter geworden. Welch verkehrte Welt! Das ist ja so, als würde man zu Bayern München sagen, ihr dürft nicht immer so gut spielen, ihr müsst auch mal den VfB Stuttgart gewinnen lassen.

Da Währungsabwertung nun nicht mehr möglich ist, können jetzt nur binnenwirtschaftliche Abwertungen die Wettbewerbsfähigkeit der Südstaaten verbessern. Dies ist ein schmerzhafter Prozess. Die Arbeitszeit muss erhöht werden, die Produktivität muss gesteigert werden. Es führt kein Weg daran vorbei, dass die Produktionskosten runtermüssen. Löhne und Gehälter, die Renten und die Sozialleistungen werden in den Südstaaten real sinken. Und die überfälligen Strukturreformen – Entbürokratisierung, Privatisierungen, Öffnung der Arbeitsmärkte, Deregulierung – müssen endlich angepackt werden.

Die Eurozone außer Rand und Band

In Europa haben sich viele an Sozialausgaben gewöhnt, die weit über die Hilfe im Notfall hinausgehen. Wenn die Eurokrise ein Gutes hat, dann dieses: Wir werden gezwungen, unseren riesigen Sozialhilfeapparat zu hinterfragen. Europa hat sieben Prozent der Weltbevölkerung, wendet aber 50 Prozent der Sozialausgaben der ganzen Welt auf.

Die Südländer haben sich dank der billigen Zinsen wie im Schlaraffenland gefühlt und sind einem Konsumrausch und einem Bauboom verfallen. Dabei haben die Länder sich immer mehr verschuldet. Aber plötzlich stoppte die Musik, die Party nahm ein jähes Ende. Griechenland erklärte 2010 seine Zahlungsunfähigkeit. Andere Länder folgten. Plötzlich wurde schlagartig sichtbar, dass diese Länder ihre Sozialsysteme übermäßig aufgebläht hatten, die Löhne und Gehälter zu stark erhöht hatten und nun plötzlich als Anbieter zu teuer und nicht mehr wettbewerbsfähig waren. Es folgten Rettungspakete und Rettungsschirme für Griechenland, Spanien, Portugal und Irland und insolvente Banken mussten vor dem Kollaps bewahrt werden.

Um die in Turbulenzen geratene Eurozone wieder in den Griff zu bekommen, wurde unter deutscher Federführung 2012 ein so genannter Fiskalpakt beschlossen. Er sah Sparmaßnahmen und Reformen vor mit dem Ziel, die Schuldnerländer wieder wettbewerbsfähig zu machen. Nun hieß es, den Konsumgürtel enger zu schnallen, Sozialleistungen zu reduzieren, den aufgeblähten Beamtenapparat zurückzustutzen und Austerität zu üben. Davon war Griechenland am meisten betroffen, denn das Land hatte sich immer mehr als Fass ohne Boden erwiesen. Doch das Wort *Austerität* – der Begriff steht für Disziplin und Sparsamkeit – wurde schnell zum Schimpfwort.

Hinzu kamen steigende Arbeitslosenzahlen, vor allem bei Jugendlichen. Die Quoten selbst im Sommer 2016 bei der Jugendarbeitslosigkeit waren noch erschreckend hoch. Sie erreichten in Spanien und Griechenland Werte von 46 Prozent und 47 Prozent. In Italien sind 37 Prozent der unter 25-jährigen Erwerbspersonen, die nicht zur Schule gehen, ohne Arbeit. Schrecklich! Hier wächst wegen politischer Fehlentwicklungen im reichen Europa eine verlorene Generation ohne Hoffnung auf.

Im heutigen Europa kommt eine seit Jahren schwelende Bankenkrise hinzu. Hauptsächlich italienische Banken, aber auch die in Spanien, Portugal und Griechenland leiden unter der Krise, weil viele ihrer Kunden angesichts der desolaten wirtschaftlichen Verhältnisse ihre Kredite nicht zurückzahlen können. Viele Kredithäuser sind eigentlich bankrott und werden nur mit Buchhaltungstricks und Staatshilfen über Wasser gehalten. Als Retter in der Not springt die *Europäische Zentralbank* unter Missachtung ihrer Statuten ein und betreibt indirekt Staatsfinanzierung, was ihr ausdrücklich verboten ist. Präsident Mario Draghi hatte im Juli 2012 am Höhepunkt der Eurokrise in einer Rede gesagt: »Die *EZB* ist bereit, im Rahmen ihres Mandats zu tun, was immer nötig ist, den Euro zu erhalten.« Und er schob noch die Drohung nach: »Und glauben Sie mir, es wird genug sein.« Mario Draghis Worte waren eine Bestandsgarantie für seine italienischen Landsleute und die übrigen *Club-Med*-Länder. Und wir wissen, was für einen früheren italienischen Notenbanker die Worte »im Rahmen unseres Mandats« und die Worte »Whatever it takes« bedeuten: Ihm ist jedes Mittel recht!

Als Beispiel: Bis Ende 2017 ließ Mario Draghi die *EZB* im Rahmen ihres *Quantitative-Easing*-Programms monatlich für 60 Milliarden Euro Staats- und Unternehmensanleihen aufkaufen. Von Januar 2018 an sind es immer noch 30 Milliarden Euro im Monat. Damit pumpt sie Billionen Euro frisches Geld in die Kapitalmärkte. Gleichzeitig übernimmt die *Europäische Zentralbank* von den Banken einen Teil der notleidenden Anleihen, weil diese deren Kreditvergabe und Geschäftstätigkeit einschränken. Die *EZB* kauft also Anleihen auch schlechter Bonität – so genannte Schrottanleihen – und ist dadurch zur Müllhalde der Eurozone geworden. Wenn sie abgeschrieben werden müssen, gehen sie auf Kosten der Steuerzahler, zum größten Teil der deutschen. Kurzum: Die Staatengemeinschaft der Eurozone hat vor allem auf dem Wege über die *EZB* zu Lasten der Steuerzahler der noch gesunden Euroländer eine in der Weltgeschichte bislang nicht bekannte gigantische Rettungsarchitektur mit Hilfskrediten, Bürgschaften und Haftungsversprechen errichtet.

Die Welt erlebt ein historisch einmaliges Experiment – noch nie ist in der Finanzgeschichte so viel Geld in die Adern des Weltwirtschaftssystems gepumpt worden. Die große Frage ist: Wie tief stecken wir schon im Schlamassel und wie kommen wir – wenn überhaupt – auf absehbare Zeit wieder heraus? Vor allem aber: Wie lange kann Deutschland, das bei weitem den größten Teil der Eurorettungslast schultert, diesen Weg noch weitergehen, ohne selbst seine Bestnote in puncto Kreditwürdigkeit zu verlieren oder gar selbst zum Krisenfall zu werden?

In diesem Zusammenhang ist es grotesk, dass in den Südländern bei Demonstrationen, beispielsweise in Griechenland, Angela Merkel in SS-Uniform gezeigt und Fahnen mit Hakenkreuz geschwenkt wurden. In allen Südländern gab es Massendemonstrationen gegen die verordneten Sparmaßnahmen, als Anstifter und Sündenbock wurde Deutschland ausgemacht. Ausgerechnet das Land, das die Hauptlast der finanziellen Rettungsmaßnahmen trägt. Deutschland wird als Unterdrücker und als Zuchtmeister gebrandmarkt, während Frankreich aus der Schusslinie ist und als Sympathisant der Schuldnerländer lächelnd an der Seitenlinie steht.

Die erschreckende Bilanz nach knapp zwei Jahrzehnten »Friedensund Wohlstandsprojekt Euro«: Das Gegenteil ist eingetreten. Statt Frieden erzeugte der Euro Hass und Zwietracht und aus dem Baustein für die politische Einigung wurden Stolpersteine. Der Euro, der die Staaten enger zusammenbinden sollte, hin zu einer politischen Union, hat stattdessen die Staaten Europas auseinandergetrieben.

Deutschland steht zwar Ende 2017 gut da, aber dies ist die Folge einer konjunkturellen Idealkonstellation, die nicht lange währen wird. Mit dem Austritt Großbritanniens aus der *Europäischen Union* ist ein wichtiger Verbündeter Deutschlands in Bezug auf die Wirtschaftspolitik und Wirtschaftsphilosophie verloren gegangen. Nun stehen wir zusammen mit einigen kleineren Nordländern einer erdrückenden Phalanx der Südländer und Frankreichs gegenüber, deren Arbeitseinstellung und Steuerehrlichkeit zu unserer grundverschieden sind.

Kanzler Helmut Kohl hatte die romantische Vorstellung von einem europäischen Bundesstaat. Und er unterdrückte rücksichtslos alle wohlbegründeten Einwände, sei es von der *Deutschen Bundesbank* oder einer großen Zahl von angesehenen Professoren und kompetenten Wirtschaftsexperten. Der Kanzler aus Oggersheim war sich durchaus bewusst, dass er damit gegen den Willen einer breiten Bevölkerungsmehrheit handelte. In einem Interview vom März 2002 sagte er: »In einem Fall [Einführung des Euro] war ich wie ein Diktator.« In Anbetracht der Misere, in der wir durch die Gemeinschaftswährung geraten sind, wird oft gesagt, der Euro sei eine *Fehlkonstruktion*. Das ist grundfalsch. Ein Ingenieur würde sich schämen, wenn er ein so missratenes Machwerk zu vertreten hätte. Die Einführung des Euro war eine politische *Fehlentscheidung*!

Die Geschichte lehrt uns doch: Ohne gemeinsamen Staat funktioniert eine gemeinsame Währung nicht. Der jetzige Zustand der Eurozone mit souveränen Einzelstaaten und gemeinsamer Währung ist etwa so, wie wenn man eine Gütergemeinschaft bereits vor der Ehe in der Hoffnung beschließen würde, die Ehe käme dann schneller zustande! Was im praktischen Leben undenkbar ist, ist es auch im politischen Bereich.

TRANSFERGESCHENKE FÜR DEN SÜDEN

Wie schon eingangs erwähnt, bekam Bundeskanzler Kohl bei dem entscheidenden *EU*-Gipfeltreffen in Maastricht 1991 nicht, was er wollte, nämlich zeitgleich mit der Einführung des Euro die Integration der *Europäischen Union* hin zu einer politischen Union, einem Bundesstaat. Er war sich bewusst, dass eine Gemeinschaftswährung nur in einem einheitlichen Staatsgebilde funktionieren könne. Als er diese Idee gegen François Mitterrand nicht durchsetzen konnte, hätte er wenigstens verlangen müssen, dass man die Konvergenzperiode – die Angleichung finanzieller und wirtschaftlicher Verhältnisse – viel länger – beispielsweise auf 15 Jahre – ausgedehnt hätte. Er hätte sich nicht darauf einlassen dürfen, dass die Beitrittskandidaten in nur wenigen Jahren gewisse finanzpolitische Kriterien erfüllen mussten. Voraussetzung für die Qualifikation hätten auch ernsthafte Strukturreformen sein müssen. Hätte Helmut Kohl diese qualitativen Zielmarken durchgesetzt, dann hätten sich die meisten Südländer nicht mit Lug und Trug in den Euro-Club hineintricksen können.

Doch Kanzler Kohl knickte ein. Um das Schlimmste zu verhindern, eine einigermaßen tragfähige Grundlage zu schaffen, errichteten die *Bundesbank* und das Finanzministerium eine Hilfskonstruktion:

• Kein Land haftet für die Schulden anderer Länder (*No-Bailout*-Klausel).
• Die *Europäische Zentralbank* ist politisch unabhängig und ihre Statuten entsprechen den strengen Regeln der *Deutschen Bundesbank*. Sie ist strikt der Preisstabilität verpflichtet und darf keine Staatsfinanzierung betreiben.
• Das Haushaltsdefizit eines Landes darf drei Prozent seiner Wirtschaftsleistung nicht übersteigen (eine Art Schuldenbremse).

Mit diesen Vorgaben glaubte man, das Risiko beseitigt zu haben, dass souveräne Einzelstaaten zu Lasten der anderen eine unzulässige finanzpolitische Selbstbedienung betreiben konnten. Pustekuchen! Die Franzosen und die Südländer konnten die Gemeinschaftswährung kaum erwarten. Der Lohn des Beitritts war, dass man ohne großes eigenes Zutun die Härte der D-Mark und damit verbunden deutlich niedrigere langfristige Zinsen erntete.

So mussten Anfang der 1990er Jahre für zehnjährige Staatsanleihen Italien und Spanien 14 Prozent bezahlen, Frankreich zehn Prozent, Deutschland dagegen nur 7,5 Prozent. Bei Beginn des Euro waren es für alle einheitlich nur noch vier Prozent. Zuvor hatte der Zinsabstand zwischen deutschen und italienischen zehnjährigen Staatsanleihen noch 6,5 Prozent betragen. Die erdrückende Zinslast der hoch verschuldeten Südländer hatte sich wie von Wunderhand glatt halbiert. Dies wirkte wie ein grandioses Konjunkturprogramm. Doch anstatt das gesparte Geld in Strukturreformen zu investieren, steckten sie es in den Konsum oder in die Bauwirtschaft. Es war daher kein Wunder, dass sich die Südländer mit aller Macht in den Euro drängten, während die Nordländer, wie Dänemark, Schweden und Großbritannien, fernblieben, bis zum heutigen Tag.

Doch schon bei der Frage, welche Länder der Währungsunion angehören sollten, bestand Frankreich auf einem Sondergipfel am 2. Mai 1998 in Brüssel darauf, dass auch Portugal und Spanien dabei sein müssten. Noch krasser war die Forderung des französischen Präsidenten Jacques Chirac, dass auch Italien mit einer Staatsschuldenquote von 120 Prozent, das die vorgegebene Höchstgrenze von 60 Prozent um das Doppelte übertraf, gleich von Anfang an aufgenommen werden müsste. Frankreich hatte ein starkes Interesse daran, weil es in den südlichen Nachbarländern natürliche Verbündete sah. Kanzler Kohl knickte erneut ein.

Für Chirac war der Euro nicht ein Schritt zum vereinten Europa, sondern ein Instrument französischer Machtpolitik, um die Dominanz der D-Mark zu beseitigen. Der Oberbefehlshaber der alliierten Streitkräfte im Zweiten Weltkrieg, Dwight D. Eisenhower, soll gesagt haben, französische Unterhändler zögen es vor, erst zu unterschreiben und dann zu diskutieren. Ganz in diesem Stil haben sich die Franzosen gleich zu Beginn bei der Einführung des Euro verhalten. Sie haben brav unterschrieben und dann Stück für Stück die Verträge ausgehöhlt. Mit der Aufnahme der hochverschuldeten romanischen Club-Mitglieder haben sie, unter eklatanter Missachtung der Eintrittskriterien, den Zentralbankrat der *EZB* majorisiert. Fazit: Im Rat der *Europäischen Zentralbank* haben die Franzosen mit ihren Verbündeten in Südeuropa die Mehrheit, denn jedes Mitglied besitzt eine Stimme, Zwergstaaten wie Malta oder Zypern genauso wie Deutschland.

Die Hilfskonstruktion der Währungsunion hatte teilweise schon zuvor versagt, aber am Wochenende vom 7. bis zum 9. Mai 2010, als Griechenland plötzlich seine Zahlungsunfähigkeit erklären musste, brach sie zusammen. In einer Krisensitzung hatten der damalige *EZB*-Präsident Jean-Claude Trichet und der Chef des *Internationalen Währungsfonds* Dominique Strauß-Kahn, beides Franzosen, nachdrücklich den *Bailout* gefordert. Sie erwiesen sich als gute Lobbyisten der französischen Finanz-branche, denn in Wirklichkeit galt die Rettungsaktion den französischen Banken, die mit 70 Milliarden Euro die größte Gläubigergruppe bildeten, während deutsche Banken und Versicherungen nur 30 Milliarden Euro im Feuer hatten, die sie durchaus hätten verkraften können.

Damals begruben die Staats- und Regierungschefs mit dem ersten Griechenland-Paket und dem ersten Rettungsschirm das *No-Bailout*-Prinzip und gleichzeitig verstieß die *Europäische Zentralbank* mit dem ersten Ankaufprogramm von Staatsanleihen der Krisenländer (also den Kauf von Ramschanleihen) gegen das Verbot der monetären Staatsfinanzierung. Auf Druck Frankreichs wurden somit mit einem Doppelschlag gleich zwei Vertragsbrüche begangen und zugleich die Steuerzahler der Eurozone zur Kasse gebeten. Kanzlerin Angela Merkel tat es ihrem Ziehvater Helmut Kohl gleich: Sie gab dem französischen Druck nach und knickte ein.

Absolut erschreckend dabei war, mit welcher Ungerührtheit der eklatante Gesetzes- und Vertragsbruch begangen wurde. Von deutscher Seite bezeichnete Bundeskanzlerin Angela Merkel ihre Zustimmung zu den Vertragsbrüchen als »alternativlos«. Es wundert mich, wie renommierte Professoren und kompetente Finanz- und Wirtschaftsexperten so naiv gewesen sein konnten, der Euro könne mit den eingebauten Sicherheiten funktionieren. Sie hatten nicht den menschlichen Faktor bedacht, nicht an die eingefleischten nationalen Eigenarten, an unterschiedliche Lebensweisen und Mentalitäten, nicht an die politische Ranküne. Kein Wunder, dass alle Verträge, die man so gründlich und akribisch ausgearbeitet hatte, ohne Zögern in den Papierkorb wanderten, als im Jahr 2010 Griechenland vor der Pleite stand.

Wenn wir uns den bisherigen Werdegang des Euro aus der historischen Perspektive betrachten, so kann uns die Ballung von Fehlern nicht verborgen bleiben. Die Gründung des Euro unter dem Druck der Franzosen war eine *Fehlentscheidung*. Die Gemeinschaftswährung leidet unter einer *Fehlbesetzung*, unter einem Verbund wirtschaftlich völlig heterogener Einzelstaaten. Und der vereinbarte institutionelle Rahmen wurde durch *Fehlverhalten*, Regelverstöße und Vertragsbrüche gesprengt.

In seinem jetzigen Zustand hat der Euro keine Zukunft.

Der Währungsgemeinschaft droht das gleiche Schicksal wie einst der *Lateinischen Münzunion*, einem Währungsverbund, zu dem sich 1865 Frankreich, Belgien, die Schweiz und Italien zusammengeschlossen hatten. Sie einigten sich auf einen gemeinsamen Silber- und Goldgehalt ihrer Münzen. Als Folge konnten nun diese Währungen in jedem der genannten Länder verwendet werden. Dem Zusammenschluss lag, wie beim Euro, eine politische Motivation zugrunde. Wirtschaftlich machte sie, wie der Euro, keinen Sinn. Und schon damals war Frankreich die treibende Kraft, das neben handelspolitischen Zielen damit auch machtpolitische Interessen verfolgte und durch die *Münzunion* währungspolitische Hegemonie erlangen wollte.

Doch während der 1880er und 1890er Jahre kam es in dem wirtschaftlich heterogenen Verbund zu Währungskrisen. Die italienische Regierung druckte zum Stopfen ihrer Haushaltslöcher in unkontrollierten Mengen Papiergeld. Das führte nicht nur in Italien, sondern auch in Frankreich und Belgien zu Inflation. Ein weiteres Land, das drei Jahre nach der Gründung der *Münzunion* dazukam, trieb es noch dreister als die Italiener: Es druckte ungedecktes, wertloses Papiergeld und tauschte es gegen Gold- und Silbermünzen aus den anderen Unionsländern ein. Wer das neue Mitglied war? Griechenland.

Doch auch mit solchen betrügerischen Tricks konnten sie einen Bankrott nicht verbergen und so schlossen 1908 die anderen Mitglieder Griechenland aus dem Währungsverbund aus. Nach langem Siechtum endete die *Münzunion* Mitte der 1920er Jahre. Dass sie trotz der permanenten handelspolitischen Konflikte so lange hielt, bevor sie 1926 endgültig zerbrach, lag daran, dass die Kosten einer Auflösung den Regierungen in Paris und Rom zu hoch erschienen, die sie hätten abschreiben müssen.

Der Ausgang der *Lateinischen Münzunion* belegt, wie schwierig es ist, aus einer Währungsgemeinschaft, die keine Ausstiegsklausel hat, wieder herauszukommen. Es zeigt sich, dass Währungsunionen aus souveränen Mitgliedsstaaten instabile Gebilde mit begrenzter Lebensdauer sind. Spontan kommt einem bei dieser Geschichte der Gedanke: Alles schon mal dagewesen: Die gleichen Mitspieler, das gleiche Verhalten! Blüht also der Eurozone ein ähnliches Schicksal – mit langem Siechtum? Da der Euro von den Franzosen angezettelt wurde und die Währungsunion ein politisches französisches Projekt ist, besteht die Gefahr, dass sie zusammen mit ihren südeuropäischen Verbündeten weitermachen könnten in Richtung einer Transferunion. Dieser harmlose technische Ausdruck umschreibt das Gleiche, was wir in Deutschland seit Jahrzehnten mit dem Länderfinanzausgleich praktizieren.

Wir wissen, dass selbst dieser Finanzausgleich unter deutschen Landsleuten ein ständiger Streitpunkt zwischen den wenigen Geberländern – Bayern, Baden-Württemberg und Hessen – und den vielen Nehmerländern ist. Wie viel mehr Zank und Streit würde es geben, wenn die Deutschen Zahlungen nicht an die eigenen Landsleute, sondern an europäische Nachbarn leisten müssten und dies in Summen, die ein Mehrfaches des jetzigen deutschen Finanzausgleichs ausmachten. Undenkbar! Es würde Deutschland überfordern und aus der Eurozone würde eine Armutszone.

DREI ZUKUNFTSSZENARIEN FÜR DEN EURO

Die *Europäische Zentralbank* hat mit ihren maßlosen Anleihekäufen die Finanzmärkte bereits per Ende 2017 mit über zwei Billionen (das sind über 2.000 Milliarden) Euro überflutet und unverfroren die verbotene Staatsfinanzierung betrieben. Damit hat sie jeglichen Reformeifer in den südeuropäischen Staaten, denen diese massiven Manipulationen hauptsächlich dienen, zum Erliegen gebracht. Das traurige Ergebnis ist, dass die Problemländer heute höher verschuldet sind als jemals. Für Deutschland und die Länder im Norden der Europäischen Union war die Politik der *EZB* völlig kontraproduktiv.

Unter Bundeskanzlerin Angela Merkel hat es in der Großen Koalition keine auch hier dringend notwendigen Reformen gegeben. Deutschland hat vor allem vom schwachen Euro profitiert, der eine enorme Exportnachfrage auslöste. An der Oberfläche sieht es derzeit in der Eurozone zwar besser aus, auch dank des weltweiten Konjunkturaufschwungs. Doch strukturell steht sie jedoch schlechter da als zuvor. Und Europa driftet stärker auseinander, als es zusammenwächst.

Für die Deutschen gibt es in puncto Zukunft des Euro nach meinem Dafürhalten nur drei Szenarien: Im ersten Szenario machen wir weiter wie bisher. Das hieße am Ende: Vergemeinschaftung der Schulden und der Spareinlagen der Banken, Eurobonds und Transferunion. Das ist das Szenario, das die Schuldnerländer, allen voran Italien, unverhohlen anstreben.

Wenn wir jedoch noch tiefer in den Schuldenstrudel hineingezogen würden, dürfte es die Leistungsfähigkeit Deutschlands überfordern und der Wirtschaft schaden. Dann wäre es vorbei mit dem Status des wirt-

schaftlichen Klassenbesten. Doch erst, wenn es wirtschaftlich abwärtsgeht, ist in Deutschland die Zeit reif für Reformen. Das wusste schon
Ludwig Erhard, wenn er sagte, dass die Deutschen ihre höchsten Tugen-
den in der Not entfalten würden.

Das zweite Szenario wäre ein Austritt von einem oder mehreren Ländern aus der Währungsunion. Vielleicht wird der Euro gar in zwei unterschiedliche Eurozonen aufgeteilt: In einen Nord-Euro und einen Süd-Eu-
ro. Das Dilemma einer solchen Entwicklung läge vor allem darin, wo
Frankreichs Platz wäre. Als einer der Gründungsväter der europäischen
Einigung wird die *Grande Nation* sich nie und nimmer in die Süd-Phalanx
drängen lassen, wo eigentlich ihr angemessener Platz wäre. Die Auf- bzw.
Abspaltung des Euro kann man heute – so oder so – schwer abschätzen.
Die Konsequenzen allerdings wären dramatisch: Die Währungen der
wirtschaftlich schwachen Staaten würden sofort drastisch abwerten. Auf
mittlere Sicht jedoch würden sie durch diesen Schnitt und nach anfänglichen Turbulenzen wieder wettbewerbsfähig.

Sollte auf der anderen Seite ein wirtschaftlich starkes Land, etwa
Deutschland, den Austritt erwägen (ich halte diese Entwicklung für sehr
unwahrscheinlich), so wäre dies zunächst ein Schreckensszenario. Diese
neue D-Mark würde um 30 bis 40 Prozent aufwerten, die Exporte würden
stark einbrechen, das Wirtschaftswachstum zurückgehen und die Arbeitslosigkeit ansteigen. Zwar würden die Einfuhren billiger und die Kaufkraft
der Verbraucher würde steigen. Doch müsste sich die deutsche Industrie einer Abspeckkur und einem Fitnessprogramm unterziehen. Denn
ähnlich wie ein Spitzensportler, der sich für Höchstleistungen ständig fit
halten muss, verhält es sich auch in der Wirtschaft, die wegen des für
Deutschland zu billigen Euro nicht gezwungen wurde, sich fit zu halten.
Der Export lief auch ohne besondere Anstrengungen. Die deutsche Wirtschaft hat zu D-Mark-Zeiten 18 Aufwertungen verkraftet und hat trotzdem
große Exporterfolge erzielt, weil sie eisern gezwungen wurde, sich fit zu
halten. Das ist heute leider nicht der Fall.

Doch eine Aufwertung bei floatenden Wechselkursen ist nicht in Stein
gemeißelt: Würden die Exporte stark zurückgehen, dann würde sich
auch die Handels- und Leistungsbilanz und als Folge die Aufwertung der
D-Mark verringern. Die Horrorszenarien, die uns von manchen Politikern und Ökonomen vorgegaukelt werden, sind entweder Zeichen von
Unwissenheit oder von Demagogie.

Kommen wir zum dritten Szenario: Die Währungsunion fliegt komplett auseinander. Dies würde ähnlich ablaufen wie Szenario zwei, nur um ein gutes Stück dramatischer und turbulenter. Und mit wesentlich höheren Anpassungskosten für Wirtschaft und Bevölkerung. Selbst wenn dieser äußerste Fall einträte, bleibt festzuhalten, dass die Welt nach Auflösung der *Lateinischen Münzunion* auch nicht unterging. Das Gleiche würde, wenn auch in erheblich größeren Ausmaß, gelten, wenn der Euro unterginge.

Die Gleichsetzung des Euro mit der *Europäischen Union*, der in dem dümmlichen Satz von Angela Merkel gipfelt – »Scheitert der Euro, dann scheitert Europa« –, ist irreführend und unzutreffend. Die *Europäische Union* und den gemeinsamen Binnenmarkt gab es schon vor dem Euro und es würde sie auch nach dem Euro noch geben. Das Gegenteil von Frau Merkels Diktum ist richtig: Der Euro hat in der EU eine Zweiklassengesellschaft geschaffen, die die *Europäische Union* in zwei Lager spaltet. Wie auch immer, der Euro bleibt ein Pflegefall. Denn so wie bisher, mit ein bisschen Herumkurieren an den Symptomen, ein paar weiteren Rettungspaketen und halbherzigen Reförmchen, kann es nicht weitergehen.

EUROPA MUSS SICH NEU ERFINDEN

Es führt kein Weg daran vorbei, dass Europa sich neu erfinden muss, dass es eine grundlegende Neuausrichtung geben muss. An erster Stelle steht für mich dabei die Reform des Eurosystems. Die Eurozone muss in eine flexible Währungsunion umgewandelt werden, die einen geregelten Austritt, aber auch Wiedereintritt erlaubt. Ein Land, wie etwa Griechenland, das im Euro nicht mehr wettbewerbsfähig ist, könnte austreten und eine stark abgewertete Drachme wieder einführen. Bei dem reduzierten Währungskurs könnte es erforderliche Reformen durchführen und wäre wieder wettbewerbsfähig. Nach der Reha könnte das Land zu einem angepassten Währungskurs wieder in den Euro zurückkehren. Beim Austritt müsste man den Anpassungsschock mit finanziellen Übergangshilfen abmildern. Dieser finanzielle Aufwand wäre billiger und produktiver, als die jetzigen Rettungsgelder in ein Fass ohne Boden zu werfen.

Zudem sollte eine Insolvenzordnung für Staaten den geordneten Konkurs eines Staates ermöglichen. Hierbei würde ein Schuldenschnitt vollzogen, das Land müsste temporär aus dem Euroraum austreten, um sich mittels sanierter Währung und Binnenwirtschaft mehr Wettbewerbsfähigkeit zu verschaffen. Wenn das Land wieder kreditwürdig wäre und auf eigenen Beinen stehen könnte, dürfte es sich für den Wiedereintritt in den Euro bewerben.

Die *Europäische Zentralbank* muss die ursprünglich in den Maastrichter Verträgen festgelegten Regeln wieder befolgen. Mit den jetzigen Mandatsüberschreitungen muss Schluss sein! Die Stimmrechte im *EZB*-Rat werden nach Größe der Haftung gewichtet. Die bisherige Praxis – ein Land, eine Stimme – ist hirnverbrannt. Wenn diese Neuordnung durchgeführt würde, wäre die Glaubwürdigkeit und das Vertrauen in die *Europäische Zentralbank* wiederhergestellt, die Zugehörigkeit zur Eurozone wäre ein erstrebenswertes Ziel, für das sich Leistung und Disziplin lohnen würde, und die Existenz des Euro wäre gesichert.

5. Kein Leben ohne Risiko: über Risiko und Belohnung

Das größte Risiko auf Erden laufen diejenigen Menschen, die nie das kleinste Risiko eingehen wollen.

Bertrand Russell, britischer Philosoph und Mathematiker

Milton Friedman, der im Jahr 1976 den Nobelpreis für Wirtschaftswissenschaften erhielt, war einer der einflussreichsten Volkswirte in der zweiten Hälfte des 20. Jahrhunderts. Der Professor der *University of Chicago* meinte treffend: »There is no such thing as a free lunch.« Frei übersetzt: »Ein Gratismittagsessen gibt es nicht.«

Professor Friedmans Worte auf die Finanzwelt übertragen beschreiben den Mechanismus an der Börse auf den Punkt genau: Investments, die einen höheren Ertrag als Festgeld oder kurzfristige Staatsanleihen erbringen, weisen auch ein höheres Risiko auf. Risiko bedeutet eben, dass erwartete Erträge manchmal ausbleiben oder sich gar in Verluste umkehren können. Wäre das nicht so, gäbe es die höheren Renditen nicht. Kein Gratismittagessen, keine Gratisrendite.

Jeder erfahrene Börsianer weiß: Von Anlagen, die ein geringeres Risiko aufweisen – also weniger stark schwanken –, ist langfristig auch keine hohe Rendite zu erwarten. Rendite ist die Belohnung für das Tragen von Risiko. Und die Höhe der Rendite hängt entscheidend davon ab, wie hoch die erwartete Unsicherheit ist. Risiko und Rendite sind nicht voneinander zu trennen, sie sind wie zwei Seiten einer Medaille.

Das finanzielle Risiko an der Börse kann man ganz allgemein betrachtet auch auf das menschliche Leben umlegen: Wer immer auf ›Nummer sicher‹ geht, wird vermutlich nie einen Gipfel erklimmen und folglich wird er auch nie abstürzen. Ein solcher Mensch muss sich dann aber auch mit einem durchschnittlichen Ertrag oder Einkommen begnügen. Wer jedoch als Unternehmer oder als Selbständiger sein Leben bestreitet und das Risiko eines Verlustes eingeht, muss auch eine höhere materielle Belohnung erhalten, denn er trägt das Risiko, auch schlechtere Zeiten oder Verluste zu erleiden.

Menschen scheuen sich vor dem Risiko, denn sie haben Angst vor Verlusten. Die Verhaltenswissenschaft hat herausgefunden, dass ein Verlust die Anleger doppelt so stark schmerzt, wie ein Gewinn sie erfreut. Das zeigt sich bei einem einfachen Wettspiel mit einem Münzwurf. Bei einem psychologischen Test wurde den Probanden angeboten: Bei Kopf gewinnen sie zehn Euro, bei Zahl verlieren sie zehn Euro. Die Wahrscheinlichkeit, dass die Münze auf Kopf oder Zahl fällt, ist gleich groß. Wenn man die Münze 1.000 Mal werfen würde, käme man dabei statistisch betrachtet auf 500 Mal Kopf und 500 Mal Zahl. In Wirklichkeit könnte man natürlich zufällig einige mehr bei Kopf oder bei Zahl herauskommen, aber wahrscheinlich würden sich die Werte sehr angleichen.

Die meisten Menschen lehnen diese 50/50-Wette entschieden ab. Sie gehen ein solches Wettspiel erst ein, wenn sie das Doppelte von dem gewinnen, was sie verlieren könnten: Bei Kopf bekommen sie 20 Euro, bei Zahl verlieren sie zehn Euro. Menschen mit einer ausgeprägten Verlustaversion sind bei der eigenen Geldanlage gut beraten, wenn sie eher konservativ und risikoarm disponieren. An erster Stelle kommt die Verlustvermeidung. Eine solche Herangehensweise ist vollkommen in Ordnung.

VERLUSTE TUN RICHTIG WEH

Das Prinzip der Risikominimierung finden wir auch beim Sport, nehmen wir den Fußball. Wenn Sie die Mannschaftsaufstellung der erfolgreichen deutschen Nationalmannschaft ansehen, so finden Sie, dass vier Spieler in der Verteidigung stehen und zwei im defensiven Mittelfeld, drei Spieler im offensiven Mittelfeld und einer im Sturm. In der Verteidigung – zur Vermeidung von Toren des Gegners – stehen damit, einschließlich des Torwarts, insgesamt sieben Spieler, während sich nur vier Spieler vorwiegend mit der Erzielung von Toren in der Offensive beschäftigen. Mit der Verlustvermeidung sind demnach etwa zwei Drittel der Mannschaft beschäftigt und nur ein Drittel dient der Gewinnerzielung.

In die gleiche Richtung zielt der schon zu Lebzeiten legendäre Starinvestor Warren Buffett aus Omaha im amerikanischen Nebraska mit seinen zwei Regeln erfolgreichen Investierens:

Rule No. 1: »Don't lose money.«
Rule No. 2: »Don't forget Rule No. 1.«
Zu Deutsch:
Regel Nr. 1: »Verlier kein Geld.«
Regel Nr. 2: »Vergiss nicht Regel Nr. 1.«

Auf den ersten Blick mag dies wie eine banale Aussage klingen. Doch der tiefere Sinn dahinter beruht auf der Mathematik: Wer im Jahr 1 einen Verlust von zehn Prozent produziert, muss im Jahr 2 einen Gewinn von 11,1 Prozent machen, um wieder auf Einstand zu stehen. Wer 20 Prozent verliert, muss 25 Prozent Gewinn machen, um seine Verluste wettzumachen. Wer gar 30 Prozent verliert, muss schon 43 Prozent Gewinn erzielen, um seinen Verlust zu egalisieren. Bei einer solch hohen Hürde werden die meisten Anleger jedoch entweder noch größere Risiken eingehen, um wieder auf Einstand zu kommen, und laufen dann Gefahr, noch mehr zu verlieren. Oder sie verzweifeln, verkaufen ihre Aktien und wenden sich enttäuscht dauerhaft von der Börse ab. Übrigens, wer einen Gewinn von 40 Prozent erreicht und danach einen Verlust von »nur« 28 Prozent macht, der steht wieder beim Einstand. Man sieht, verlieren ist nicht schön und Verluste tun richtig weh.

Entscheidend ist daher, das wahre Risiko richtig einzuschätzen. Ein kluger Anleger muss ein vorübergehendes Anlagerisiko von einem wirklichen Anlagerisiko unterscheiden können. Ein temporäres, scheinbares Risiko ist beispielsweise die tägliche Schwankung von Aktien. Was heute einen Verlust darstellt, kann sich schon morgen in einen Gewinn umkehren. Ein wirkliches Anlagerisiko dagegen ist, wenn das Anlageziel am Ende des Anlagehorizonts nicht erreicht wird, sprich, wenn kein Gewinn erzielt wird oder gar ein Verlust zu Buche schlägt.

Das kann beispielsweise geschehen, wenn ein Anleger seine Aktien in einem Börsencrash mit Verlust verkauft. Er hat dann einen realen Verlust erlitten – einen Verlust realisiert. Doch es gilt zwischen realisierten und unrealisierten Verlusten zu unterscheiden. Ein temporärer Verlust kann sich schon nach wenigen Monaten wieder in einen Gewinn umkehren. Oft habe ich es antizyklisch gehalten, also gegen den Markttrend gehandelt. Bei einer Korrektur habe ich nicht verkauft, sondern Aktien gekauft, bin also »billig« eingestiegen.

WIE KANN MAN RISIKO MESSEN?

Die entscheidende Frage in diesem Zusammenhang lautet: Wie lässt sich Risiko messen? Das im Finanzwesen am häufigsten verwendete Risikomaß ist die Standardabweichung, oder neudeutsch, die Volatilität. Die Volatilität ist eine statistische Messzahl für die Streuung der Kurse von Wertpapieren um ihren Mittelwert. Man könnte sie salopp auch als Abweichung – nach oben wie nach unten – vom Durchschnitt bezeichnen. Sie misst also nicht nur die »schlechten« täglichen Abschwünge, sondern auch die »guten« Aufschwünge. Der Indikator der Volatilität gibt damit kein völlig zutreffendes Bild, denn eigentlich interessiert den Anleger nur das Verlustrisiko.

Trotz all dieser Unzulänglichkeit ist der Volatilitätsindikator das am meisten verbreitete Risikomaß. Die Bezeichnungen »Risiko«, »Standardabweichung« und »Volatilität« werden fälschlicherweise oft synonym verwendet. Doch Volatilität ist nicht gleich Risiko. Volatilität misst die täglichen Schwankungen – temporäre Gewinne und temporäre Verluste –, Risiko hingegen bezeichnet bleibende reale Verluste.

Festverzinsliche Wertpapiere mit kurzer Laufzeit weisen natürlich nur eine sehr geringe Volatilität auf und bringen unter normalen Umständen wegen ihres geringen Risikos auch eine entsprechend geringe Rendite. Eine Gewinnmarge, die nach Abzug der Inflation im Normalfall nur etwa ein Drittel der Rendite von Aktien ausmacht. Wegen der Nullzinspolitik der *Europäischen Zentralbank* sind sie leider seit sieben Jahren praktisch renditelos, beziehungsweise belasten Anleger mit Negativzinsen.

Die deutschen Zinssparer sind zwar vor Kurseinbrüchen, wie es sie bei Aktien gibt, geschützt. Viele denken mit Schaudern an die drastischen Einbrüche im Aktienmarkt in den Jahren von März 2000 bis März 2003 oder von 2008 bis 2009. Solche Schockerlebnisse bleiben ihnen bei ihren scheinbar risikofreien Anlagen erspart. Was die vorsichtigen Anleger jedoch aus den Augen verlieren: Die jährliche Rendite des *DAX* ist trotz dieser beiden Einbrüche seit 20 Jahren (Dezember 1997 bis Dezember 2017) durchschnittlich um 5,7 Prozent pro Jahr gestiegen, beim *Dow Jones* betrug der Anstieg in Euro 7,8 Prozent p.a. inklusive Dividenden, und beim *MSCI*- Weltindex in Euro 6,1 Prozent p.a., inklusive Dividenden.

Risikoscheue Anleger erleiden in Wirklichkeit eine ganz andere Art von Risiko, das »schleichende Risiko«, dessen kumulative Wirkung man erst in der Rückschau erkennt. So müssen die deutschen Sparer mit ihren Zinsanlagen seit 2009 die meiste Zeit über einen negativen Realzins hinnehmen, sprich, ihre Zinsen sind nach Abzug der Inflation in der Verlustzone. Wer mit einer durchschnittlichen Verzinsung von 0,15 Prozent auskommen muss, dessen Erspartes verliert bei 1,8 Prozent Inflation im Saldo 1,65 Prozent an Wert – pro Jahr.

Obwohl die risikoarmen Anlagen keine Schockrisiken bergen, stellen sie in Wirklichkeit für die Vermögensbildung und die Altersvorsorge das höchste Risiko dar. Weil die entscheidende Dynamik des Vermögensaufbaus, der reale (inflationsbereinigte) stetige Wertzuwachs, nicht gewährleistet wird. Die braven deutschen Sparer wähnen sich sicher, aber in Wirklichkeit leben sie gefährlicher als Aktienanleger!

So minimieren Sie als Anleger Ihre Risiken

Für Aktienanleger – für solche, die es schon sind, und für andere, die es werden sollten – habe ich noch einige Ratschläge und gute Nachrichten zusammengefasst. Zuerst die Ratschläge:

Lernen Sie zu unterscheiden: Es gibt vermeintliche, also unrealisierte Verluste von Aktien. Das wirkliche Anlagerisiko entsteht durch realisierte, also unwiederbringliche Verluste. Weil Aktien wegen ihrer Schwankungen als risikoreicher eingestuft werden, müssen sie folglich einen Risikoaufschlag bieten. Dieser Aufschlag gegenüber Zinsanlagen wird aber noch zusätzlich gesteigert, weil das Risiko von Aktien wegen ihrer kurzfristigen Schwankungen als höher eingestuft wird, als es langfristig in Wirklichkeit ist.

Hinzu kommt, dass Anleger Verluste stärker gewichten als Gewinne und sie deshalb eine entsprechend hohe Risikoprämie verlangen. Das erklärt, warum Aktien langfristig gegenüber Staatsanleihen nach Abzug der Inflationsrate – also real – historisch eine um drei bis vier Prozentpunkte höhere Rendite pro Jahr abwerfen. Aktuell sind es sogar sage und schreibe sechs bis sieben Prozentpunkte!

Rendite und Risiko kann man nur in der Gesamtheit aller Vermögensteile beurteilen. Dazu gehören, neben Anlagen in Wertpapieren (Aktien, Anleihen oder Sparbriefen), Immobilien, Kapitallebensversicherungen, Bankguthaben (Tages- oder Festgeld), Bausparverträge, immer abzüglich

103

der Schulden (Kredite). Besonders bei der Aktienanlage sollte man immer das Gesamt-Portfolio im Auge haben.

Viele Anleger in Aktien oder Aktienfonds machen den Fehler, sich über Einzelinvestments, die im Verlust stehen, zu ärgern und sich in Details zu verheddern. Denen will ich sagen, dass in einem schon länger bestehenden Portfolio sich nicht alle Bestandteile gleich gut entwickeln, ja dass oft einige Werte auch im Verlustbereich stehen. Wenn dem nicht so wäre, wenn man in der Lage wäre, nur Gewinner ausgewählt zu haben, dann wäre es ja nicht nötig, die Investments zu streuen – zu diversifizieren. Wer so treffsicher ist, dass sich alle Investments gut entwickeln, kann sich bei mir melden. In meinem Leben ist mir bisher noch niemand begegnet, der das hinkriegt.

Mein Ratschlag: Betrachten Sie zunächst immer das Gesamt-Portfolio. Ob es im Rahmen der allgemeinen Marktentwicklung liegt. Erst danach erfolgt die sachliche Prüfung der Einzeltitel: ob verkaufen, nachkaufen oder auch gar nichts tun.

Risikominimierung durch weniger Emotionen

Das führt mich gleich zu einem anderen Fehlverhalten vieler Anleger: Sie strapazieren unnötig ihre Nerven, wenn sie den Stand ihres Portfolios tagtäglich betrachten. Das ist nicht nur zwecklos, sondern sogar schädlich. Was soll denn dabei herauskommen? Ist es ein Tag mit Börsenverlusten, wird es ihnen Schmerzen bereiten, ihnen vielleicht gar den Schlaf rauben. Und noch schlimmer: Es könnte sie zu Fehlentscheidungen verleiten.

Damit nicht genug: Die Verhaltenswissenschaft (Behavioral Science) hat herausgefunden, dass Anleger umso risikoscheuer werden, je häufiger sie ihr Portfolio betrachten. Sie laufen also Gefahr, einen doppelten Schaden zu erleiden: materiell und psychisch.

Der »Vater der Finanzanalyse« und Lehrmeister von Warren Buffett, Professor Benjamin Graham, hat über das Verhalten von Anlegern geurteilt: »Der Investor ist wahrscheinlich sein eigener schlimmster Feind.« In der Finanzbranche gilt als ausgemachte Tatsache, dass der »fühlende« Mensch das schwächste Glied in der Anlagekette ist. Im Gegensatz dazu steht der rationale Mensch, der *Homo oeconomicus*.

Ein Bauingenieur wird ganz rational planen und handeln, wenn er eine tragfähige, sichere Brücke bauen muss. Ein Kaufmann wird ebenso rational denken und handeln, wenn es darum geht, ein bestimmtes Gut zu kaufen oder zu verkaufen. Beide werden aber zu gefühlsgetriebenen Menschen, wenn sie sich als Anleger in die Börsenwelt begeben, denn dieses Umfeld lässt sich nicht rational planen oder berechnen. Jetzt kommen ihnen die Emotionen in die Quere und die verleiten zu Fehlurteilen und Kurzschlusshandlungen.

Das ist der Hintergrund, vor dem André Kostolany folgende Metapher geprägt hat: »Ein Anleger soll in ein solides, internationales Aktiendepot investieren, dann Schlaftabletten nehmen und schlafen, und wenn er nach fünf oder sechs Jahren aufwacht, wird er meist eine angenehme Überraschung erleben.« Diese Metapher wird von der Finanzpresse als eine so genannte *Buy-and-Hold*-Strategie aufgefasst. Dies ist jedoch völlig falsch: Sie ist sinngemäß eher als psychologischer Ratschlag gedacht, um die Anleger vor ihren eigenen Dummheiten und Fehlreaktionen zu bewahren. Insbesondere dann, wenn es an den Börsen blitzt und donnert.

Ganz in diesem Sinne lautet mein Ratschlag: Wenn Sie ein solides, gut diversifiziertes Portfolio besitzen (wie ein solches zu erstellen ist, lesen Sie in Kapitel 10), dann genügt es vollkommen, höchstens einmal im Monat hinzuschauen. Noch besser ist es, einmal im Quartal oder im Halbjahr einen Blick darauf zu werfen. Sonst haben Sie etwas falsch gemacht.

Risikominimierung durch Zeitdiversifikation

Doch nun zu den guten Botschaften in Sachen Risikobewertung: Die Zeit ist in Sachen Risikominimierung auf der Seite des Anlegers. Das Risiko nimmt bei einem längeren Zeithorizont von fünf Jahren oder mehr im Zeitablauf ab. Eine wirksame Methode zur indirekten Senkung des nicht »wegdiversifizierbaren« Risikos besteht daher in der Verlängerung des Anlagehorizonts.

Die Wahrscheinlichkeit, dass die zu erwartende Durchschnittsrendite des Portfolios durch die so genannte Zeitdiversifikation tatsächlich erreicht wird, ist umso höher, je länger der Anlagezeitraum ist. Kurz und treffend hat mein verstorbener Partner André Kostolany diesen Sachverhalt so beschrieben: »Mit dem Hintern verdient man an der Börse mehr als mit dem Hirn.«

Historisch betrachtet betrug die Wahrscheinlichkeit für einen Gewinn beim *DAX* nach 5 Jahren 86 Prozent. Wer zehn Jahre Geduld aufbrachte, erzielte in 97 Prozent der Fälle ein positives Ergebnis. Und ab einem Anlagezeitraum von 15 Jahren betrug die Wahrscheinlichkeit der Erzielung eines positiven Ergebnisses gar 100 Prozent. Man muss sich das vor Augen führen. Seit 1948 gab es keinen Zeitraum über 15 Jahren, in dem es unter dem Strich für die Geldanlage beim *DAX* einen Verlust zu verzeichnen gab.

Wertentwicklung verschiedener Anlageklassen seit 1926

- basierend auf Nominalrenditen in US-Dollar mit wiederangelegten Dividenden -

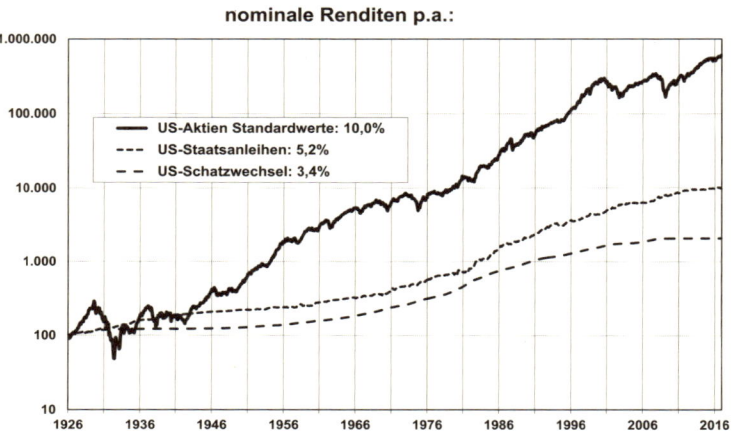

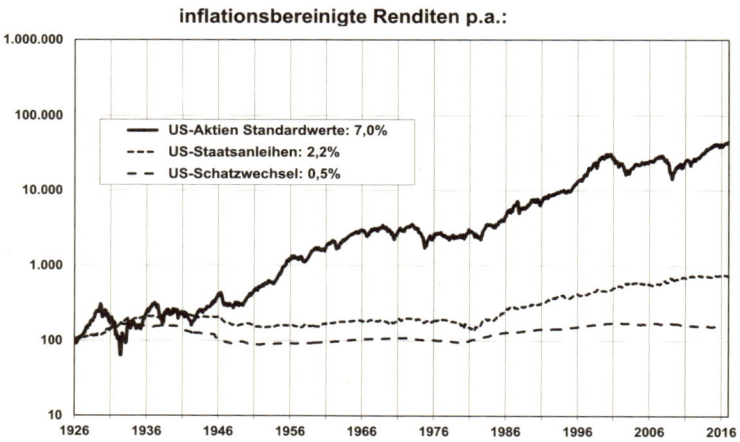

Quelle: Ibbotson 2016 Classic Yearbook.

Bei US-Aktien betrug die Wahrscheinlichkeit der Erzielung e_
sitiven Ergebnisses – basierend auf 91 Jahre US-Kapitalmarktgeschichte –
bei fünf Jahren 87 Prozent, bei zehn Jahren 94 Prozent und bei 15 Jahren oder mehr 100 Prozent. Wie sich die Bilder gleichen. Die Zahlen für
Deutschland und für die USA sind nahezu identisch!

Die obere Grafik auf der vorigen Seite zeigt, dass in den Jahren ab
1926 in den USA Aktien mit durchschnittlich 10,0 Prozent Rendite pro
Jahr fast doppelt so ertragreich waren wie Staatsanleihen mit 5,2 Prozent
und nahezu dreimal so rentabel wie Schatzwechsel (kurzfristige, sichere
Anlagen) mit 3,4 Prozent. Noch viel deutlicher wird die Überlegenheit der
Aktie in der unteren Grafik. Dort sind die Renditen inflationsbereinigt
ausgewiesen, also real. Aktien erzielten im Durchschnitt mit 7,0 Prozent
über dreimal so viel wie Staatsanleihen mit 2,2 Prozent und 14-mal (!) so
viel wie Schatzwechsel.

Über einen Zeitraum von über 45 Jahren betrug die Rendite (einschließlich der wieder angelegten Dividenden) bei internationalen Indizes auf Basis der statistischen Messungen von *Morgan Stanley Capital
International*, kurz *MSCI*-Indizes, zwischen neun und zehn Prozent pro
Jahr. Diese Zahlen ergeben sich für Deutschland, Frankreich, Spanien
und die USA. Die Renditen von Japan, der Schweiz und Großbritannien
liegen sogar bei über zehn Prozent.

Das ideale Ziel: ein disharmonisches Portfolio

Meine zweite gute Nachricht für Anleger: Durch eine ganz spezifische
Form der Diversifikation kann ein großer Teil des Risikos »wegdiversifiziert« werden, ohne dass dabei die Rendite geschmälert wird. »Man soll
nicht alle Eier in einen Korb legen« ist ein gängiger Spruch dafür, dass
man Aktien breit streuen soll. Im Fachjargon heißt dies »diversifizieren«,
als Substantiv »Diversifikation«.

Diversifikation ist wohl das wichtigste Instrument zur Senkung von
Kurs- und Renditeschwankungen bei Wertpapieranlagen. Empirische
Untersuchungen haben ergeben, dass die Depots der Deutschen – bei
den wenigen, die überhaupt ein Aktiendepot besitzen – dramatisch unter-
diversifiziert sind. Sie sind schwerpunktmäßig in deutsche und europäische Standardwerten oder Aktienfonds und hie und da in einen Neben-
wert investiert. Daneben halten sie in Mischdepots Bundesanleihen oder

Rentenfonds und glauben, damit ausreichend diversifiziert zu sein. Da ausgerechnet der *DAX* einer der schwankungsreichsten Aktienindizes ist, erleiden deutsche Aktienanleger starke Wertschwankungen, vor allem in Zeiten, wenn es an den Börsen längerfristig und stark abwärtsgeht. Dies könnte einer der Gründe sein für die im internationalen Vergleich übertriebene Aktienfeindlichkeit der Deutschen.

Der typische Anleger ignoriert zu seinem eigenen Schaden viele – vor allem internationale – Aktienklassen, die zwar für sich genommen relativ risikoreich sein können, jedoch im Ensemble eines Portfolios mit dem richtigen Mischungsverhältnis die langfristige Rendite erhöhen und dabei sogar das Gesamtrisiko reduzieren. Diversifizieren eines Depots heißt, es mit ungleichartigen Bestandteilen zu bestücken.

Ausgedrückt wird dies mit dem Begriff *Korrelation*, der Wechselbeziehung zweier Größen. Dies ist eine Kennzahl aus der Statistik, die den Grad der Parallelität der Entwicklung zweier Größen, zum Beispiel die Kursveränderungen zweier Aktien, widerspiegelt. Die Korrelation wird gemessen in Form des Korrelations-Koeffizienten, der zwischen +1 und -1 liegen kann. Dabei steht +1 für eine vollständige Korrelation, sprich Parallelität, 0 steht für eine vollständige Unabhängigkeit und -1 beschreibt die exakt gegenläufige Entwicklung. Ein Aktien-Portfolio, dessen Bestandteile durchweg im Bereich von +1 liegen, ist nicht diversifiziert. Je niedriger die Korrelation zwischen zwei Assetklassen, desto besser eignen sie sich für die Diversifikation als »Risikosenker«.

Zwei Beispiele: Der *MSCI Index* der *Emerging Markets* (Schwellenländer) korreliert mit dem *MSCI Index* der Industrieländer mit +0,79. Das ist gut für die Diversifikation. Noch besser ist die Korrelation mit einer »risikofreien« Anlage, das sind deutsche Bundesanleihen (*REXP*) und der deutsche Geldmarkt mit -0,82. Über die Bedeutung dieser Verhältniszahl später mehr im Zusammenhang mit Mischdepots oder Mischfonds.

Als Grundsatz bei der Zusammensetzung (Strukturierung) gilt, dass es sich lohnt, einen Vermögenswert dem Portfolio beizumischen, sobald er eine Korrelation von weniger als +0,9 aufweist – selbst dann, wenn er keinen erwartbaren positiven Beitrag zur Rendite leisten sollte. Das nachgewiesene Ergebnis zeigt: Das Gesamtrisiko eines stark diversifizierten Weltaktien-Portfolios, dessen Assetklassen schwach korrelieren, ist kleiner als der Durchschnitt der darin enthaltenen Einzelrisiken und der Ertrag ist größer.

Kurz gesagt: Für eine optimale Diversifikation eines Portfolios su‹ wir Assetklassen, deren Verhältnis in puncto Kursverhalten untereinander möglichst suboptimal – disharmonisch – ist. Dies ist schon eine seltsame Investmentwelt. Während wir im menschlichen Leben nach Harmonie streben, um Streit und Ärger zu vermeiden, suchen wir bei der Portfoliogestaltung größtmögliche Disharmonie, um am Ende, dank geringerem Risiko, weniger Ärger und mehr Ertrag zu ernten.

Leider lässt sich trotz aller Mühe das Risiko eines Portfolios auch durch noch so hohe Diversifikation nicht ganz beseitigen. Das hängt damit zusammen, dass die Ursachen für die Wertschwankungen von Aktien auf drei unterschiedlichen Ebenen zu suchen sind: Die Risikofaktoren auf der Ebene, die das jeweilige Unternehmen betreffen. Dazu die Risikofaktoren auf der Ebene, welche die jeweilige Aktienklasse betreffen und drittens die Risikofaktoren auf der Ebene, die alle Aktien weltweit betreffen.

Das Einzelwertrisiko ist vollständig »wegdiversifizierbar«. Es liegt ja auf der Ebene eines spezifischen Unternehmens und kann mittels eines Pakets von Aktien, wie etwa Indexfonds oder ETFs, eliminiert werden. Das Aktienklassenrisiko kann ebenfalls vollständig »wegdiversifiziert« werden, da es auf Ursachen beruht, die spezifisch jeweils nur eine oder wenige Aktienklassen betreffen, sei es innerhalb eines Marktes – zum Beispiel Auto-, Bank- oder Versorgungsaktien. Oder in einem internationalen Depot die diversen Öl- oder Rohstoffaktien.

Es ist das Gesamtmarktrisiko, das sich leider nicht »wegdiversifizieren« lässt. Wenn die Aktienmärkte weltweit einbrechen, wenn große Verschiebungen bei den internationalen Wechselkursen auftreten oder wenn die Konjunktur der großen Volkswirtschaften einbricht, dann bewirkt dies eine unvermeidliche Rückkopplung auf die Anlagegattung Aktien insgesamt.

Zwar lassen sich durch eine breite internationale Streuung die unternehmensspezifischen und auch die aktienklassenspezifischen Renditeschwankungen eines Aktien-Portfolios eliminieren. Denn gerade bei diesen beiden Risikotypen liegt die Korrelation zwischen einzelnen Aktien und einzelnen Aktienklassen häufig unter +1,0. Dieses »wegdiversifizierbare« Risiko liegt bei etwa 60 Prozent des Gesamtrisikos, als gesamtmarktbezogenes, nicht »wegdiversifizierbare« Risiko verbleiben 40 Prozent des Gesamtrisikos. Schon mit etwa 13 bis 14 weltweit im Portfolio vertretenen Aktienklassen (nicht Einzelaktien, wie viele glauben) ist das Portfolio optimal diversifiziert und damit sind die 60 Prozent des »wegdiversifizierbaren« Risikos eliminiert.

Risikoarme Anteile beimischen

Neben der beschriebenen Zeitdiversifikation lässt sich das Restrisiko noch weiter senken mit Hilfe einer anderen Methode: durch die Beimischung einer »risikofreien« Anlage. Das kann Festgeld sein oder auch eine Bundesanleihe mit kurzer Laufzeit von ein bis zwei Jahren oder ein Geldmarktfonds. Diese risikoarmen Anlagen senken zwar proportional die Rendite, aber gleichzeitig verringert sich auch die Volatilität des vormals zu 100 Prozent aus Aktien bestehenden Portfolios.

Hierbei handelt es sich um ein sogenanntes Mischdepot. Es ist leicht nachvollziehbar, dass ein Portfolio, das zu 80 Prozent aus Aktien und zu 20 Prozent aus einem risikofreien Anteil besteht, bei einem Börseneinbruch von 20 Prozent eben einen Wertverlust von »nur« 16 Prozent erleidet. Die 20 Prozent der risikofreien Anteile (Festgeld, Geldmarktfonds) fungieren als Puffer oder als Sicherheitsnetz und sind besonders für risikoscheue und ängstliche Anleger gut geeignet. Die prozentuale Portfolioaufteilung kann, je nach Risikotoleranz, Alter und Nervenstärke, 30 zu 70 oder 40 zu 60 oder 50 zu 50 betragen.

Ich fasse zusammen: Wie beschrieben lässt sich ohne große zusätzliche Kosten und mit ein wenig Arbeits- und Zeitaufwand durch eine wohlüberlegte Diversifizierung ein großer Teil des Rendite- und des Schwankungsrisikos eines Aktienportfolios »wegdiversifizieren«. Für den Anleger kann dies mitunter ein wenig mühselig sein. Mit den neuen Finanzinstrumenten, wie etwa den ETFs, die es zu Beginn meiner Börsenkarriere vor fast 50 Jahren noch nicht gab, lässt sich auf eine einfache Art und Weise ein großer Teil der Risiken einhegen. Das ist eine gute Nachricht für alle Aktienanleger und eine Ermunterung für die vielen, die es noch nicht sind.

6. Anlegen in Zeiten der Nullzinsen

Eine permanente Kapitalvernichtung durch Sparen hat es in den Ländern mit Geldwertstabilität in der Vergangenheit nicht gegeben. Doch es gibt sie jetzt.

Hans Peter Burghof, deutscher Wirtschaftsprofessor

Mein Freund und langjähriger Partner André Kostolany, der legendäre Börsenaltmeister, hat den Spruch geprägt: »Wer gut essen will, soll Aktien kaufen, wer gut schlafen will, soll Anleihen kaufen.« Mit Anleihen konnte man in der Tat sehr gut schlafen, als zehnjährige Bundesanleihen bis über zehn Prozent Zinsen, amerikanische Staatsanleihen gar 16 Prozent einbrachten. Das war in den 1980er Jahren. In dieser Zeit grassierte allerdings die Inflation. Als sie aber kontinuierlich zurückging, fielen auch die Zinsen, tiefer und tiefer, bis sie im Jahr 2016 bei null, ja sogar bei minus anlangten. Man muss sich diesen Wahnsinn einmal vor Augen führen: Deutsche Sparer zahlen derzeit dem Staat auch noch Geld dafür, dass sie seine Schuldenpapiere kaufen dürfen.

Ein Ende des Anlagenotstands ist nicht abzusehen. Es kann noch Jahre dauern, bis halbwegs normale Zustände in der Anlagewelt herrschen. Trotzdem halten die Deutschen an ihren nahezu renditelosen Zinsanlagen fest, bei den Bankern spricht man schon von dem »deutschen Spar-Paradoxon«. Rund 5,7 Billionen Euro Geldvermögen – das haben die deutschen Privatanleger bis Mitte 2017 angesammelt. Pro Kopf sind das in etwa 70.000 Euro. Ich habe in diesem Buch schon darauf hingewiesen, dass fast 80 Prozent dieser Ersparnisse auf Bankkonten sowie in Lebensversicherungen und anderen Instrumenten der Altersvorsorge schlummern.

Die nachstehende Grafik zeigt, dass die Anlageformen, die ganz oder schwerpunktmäßig auf Zinsanlagen bauen, klar den Schwerpunkt der Sparanstrengungen bilden. Bank- und Versicherungsprodukte bringen ja schon seit Jahren kaum noch laufende Erträge. Dabei gibt es Anlagen, mit denen Sparer auch in Zeiten der Nullzinsen reichlich Ertrag einfahren können. Wenn sie sich nur trauen würden.

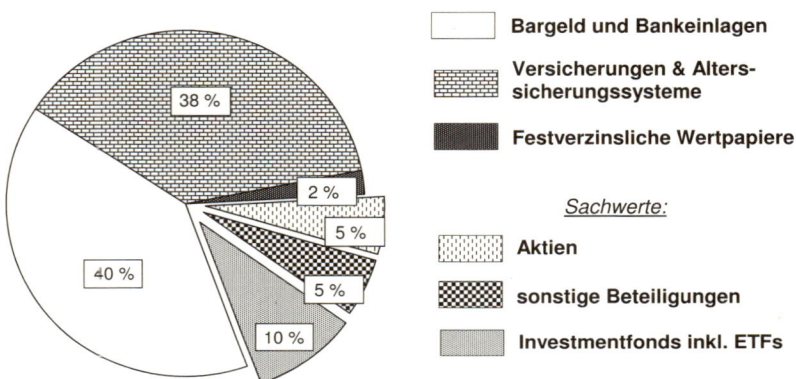

Geldvermögen der Deutschen Mitte 2017
Gesamtvermögen: 5,723 Billionen Euro

38 %

2 %

5 %

40 %

5 %

10 %

Bargeld und Bankeinlagen

Versicherungen & Alters-
sicherungssysteme

Festverzinsliche Wertpapiere

Sachwerte:

Aktien

sonstige Beteiligungen

Investmentfonds inkl. ETFs

Quelle: Deutsche Bundesbank.

Aber um sich zu trauen, muss man die nötigen Informationen über die Sparformen besitzen, die deutsche Anleger besonders häufig nutzen. Also Kenntnis über ihre generellen Vor- und Nachteile, und vor allem, ob sie im gegenwärtigen Anlageumfeld überhaupt Sinn machen. Nur dann können Sie, liebe Leser, aufgrund Ihrer persönlichen Situation, Ihrer Ziele und Ihrer Risikobereitschaft rational (und nicht emotional) entscheiden, mit welchen Anlagevehikeln Sie am besten fahren, welche besonders gut zu Ihren Bedürfnissen passen. Ich möchte Ihnen deshalb überblicksartig die wichtigsten Geldanlagen vorstellen. In einem Kurzcheck bewerte ich diese Anlageformen nach vier Kriterien. Zum einen nach dem so genannten *magischen Dreieck* der Geldanlage: Rendite, Sicherheit und Liquidität, also Verfügbarkeit. Und viertens den Kosten, die angesichts der Nullzinsen zu einem noch viel wichtigeren Faktor geworden sind, als sie das immer schon waren. Und als Fazit gebe ich Ihnen meine Bewertung, für welche Sparzwecke ich die einzelnen Anlageformen für geeignet halte.

Von den gut 5,7 Billionen Euro im Besitz der Privatanleger müssen wir die knapp 180 Milliarden abziehen, die als Bargeld gehalten werden. Übrigens: Dies ist ein neuer Rekordstand und rund 40 Prozent (gut 50 Milliarden Euro) mehr als noch 2014. Wer angesichts dieser Fakten von einer Bargeldabschaffung faselt, kann nicht ganz bei Trost sein. Die Deutschen wollen ihre »gedruckte Freiheit«, wie der russische Dichter Fjodor Dostojewski das Bargeld bezeichnet hat, keinesfalls aufgeben, die Bürger möchten nicht unter der vollen Kontrolle und Überwachung durch den Staat und die Finanzwirtschaft stehen.

Als Geld zum Anlegen bleiben also rund 5,5 Billionen Euro übrig. Davon sind 2,07 Billionen Euro (37 Prozent) bei Banken und 2,16 Billionen Euro (39 Prozent) bei Versicherungen und anderen Alterssicherungssystemen angelegt, zusammen demnach 76 Prozent. Danach folgen Investmentfonds mit 547 Milliarden Euro, also knapp zehn Prozent. Darunter fallen Aktien-, Renten-, Geldmarkt- und offene Immobilienfonds – und auch ETFs, diese bahnbrechende neue Möglichkeit der Kapitalanlage, werden hier erfasst.

Einzelaktien machen gerade einmal 314 Milliarden Euro aus. Das sind lediglich 5,6 Prozent des gesamten Geldvermögens. Noch weniger Vermögen lagert in Anleihen – 125 Milliarden Euro oder 2,3 Prozent. So weit der Überblick, wie die Bundesbürger Ende Juni 2017 ihre Ersparnisse angelegt hatten. Und nun meine Kurzeinschätzung zu den wichtigsten Anlageformen.

DIESE SPARFORMEN KÖNNEN SIE NUTZEN – EINE ÜBERSICHT MIT KURZCHECK

Alle Bankeinlagen haben generell den großen Vorteil, dass sie durch die gesetzliche Einlagensicherung vor einer Bankpleite geschützt sind, und zwar bis zu 100.000 Euro pro Person. Zusätzlich gibt es noch Sicherungssysteme der verschiedenen Bankengruppen wie der Sparkassen. Voraussetzung: Das Geldinstitut muss seinen Hauptsitz in der *Europäischen Union* halten.

Tagesgeld ist seit Jahren der große Renner beim Banksparen, also die kurzfristigste Zinsanlage. Die Sparer hatten hier laut *Bundesbank* Mitte 2017 fast 1,3 Billionen Euro gelagert. Das ist nahezu ein Viertel ihrer gesamten Geld- und Kapitalanlagen (ohne Bargeld) und rund 30 Prozent mehr als zweieinhalb Jahre zuvor, Ende 2014. Die Sparer handeln hier vergleichsweise rational, weil sie in Zeiten der Nullzinsen das Bankangebot bevorzugen, das am liquidesten und flexibelsten ist. Kontoinhaber können ihr Geld täglich abheben und einzahlen. Der Durchschnittszinssatz war zwar Ende des ersten Halbjahrs 2017 mit 0,04 Prozent verschwindend gering. Jedoch gab es Institute, die 0,5 Prozent und mehr gezahlt haben. Das waren in der Regel Direktbanken und nur selten Filialbanken.

Tagesgeld ist allerdings keine langfristige Anlageform, denn Ihr Vermögen mehren können Sie damit schon lange nicht mehr. Da die Zinsen weit unterhalb der Inflationsrate liegen, verlieren Sie sogar mit jedem Euro, den Sie auf Tagesgeldkonten überweisen, real an Vermögen. Und das, Mitte 2017, nicht zu knapp – mehr als 1,5 Prozent pro Jahr, also 15 Euro je 1.000 Euro Einlagen. Da der Zinsnachteil im Vergleich zu anderen Bankprodukten und zu Anleihen gering ist, lohnt es sich allerdings meistens nicht, in weniger flexible und liquide Zinsanlagen zu wechseln. Sparer, die größere Summen als Tagesgeld angelegt haben und das Geld nicht bald brauchen, sollten einen Teil davon aber in renditestärkere Anlagen wie Aktien umschichten.

Kurzcheck Tagesgeld

Sicherheit	sehr hoch dank der Einlagensicherung
Rendite	zurzeit extrem niedrig, in Hochzinsphasen oft attraktiv
Verfügbarkeit	jederzeit
Kosten	keine Gebühren
Eignung	als flexible Liquiditätsreserve, nicht zum Vermögensaufbau

Termin- und Spareinlagen können in normalen Zinszeiten brauchbare Instrumente zum Ansparen kleinerer Summen und zum Zielsparen für mittelfristige Anschaffungen wie ein Auto oder Möbel sein. Derzeit allerdings machen vor allem Termineinlagen (auch Festgeld genannt) wenig Sinn. Hier wird eine feste Laufzeit (beispielsweise ein Jahr) vereinbart, ab der das Geld wieder verfügbar ist. Bei Laufzeiten von weniger als zwei Jahren sind die Zinsen vernachlässigbar, sie lagen bei Neuabschlüssen Mitte 2017 bei rund einem Viertel Prozent. Dafür lohnt sich eine Festlegung nicht. Etwas mehr gibt es zwar für Termineinlagen mit über zwei Jahren Laufzeit – aber durchschnittlich 0,7 Prozent sind für so eine lange Bindung nur interessant, wenn man genau weiß, dass man anschließend das Geld umgehend für eine Anschaffung ausgibt und nicht längerfristig spart.

Bei den Spareinlagen, bei denen es im Gegensatz zu den Termineinlagen keine feste Laufzeit, sondern nur eine feste Kündigungsfrist gibt, ist immer noch diejenige mit drei Monaten Kündigungsfrist am beliebtesten. Das ist das, was früher Sparbuch hieß. Denn hier können monatlich bis zu 2.000 Euro ohne vorherige Kündigung abgehoben werden.

Diese Anlageform eignet sich für das Ansparen kleiner Summen und ist auch ein häufig benutztes Vehikel für die Anlage von Mietkautionen. Die Zinsen sind mit 0,2 Prozent vernachlässigbar, aber trotzdem liegen dort 538 Milliarden Euro an Spargeldern. Das ist fast genauso viel wie in allen Investmentfonds zusammen und sogar 75 Prozent mehr als in Einzelaktien. Zählt man noch Tagesgeld hinzu, sind es also immense Summen, die deutsche Sparer praktisch zinslos brachliegen lassen.

Kurzcheck Spar-und Termineinlagen

Sicherheit	sehr hoch dank der Einlagensicherung
Rendite	zurzeit extrem niedrig, nur in Hochzinsphasen interessant
Verfügbarkeit	eingeschränkt, je nach Laufzeit bzw. Kündigungsfrist
Kosten	keine Gebühren
Eignung	zum Ansparen für Anschaffungen, nicht zum Vermögensaufbau

Bausparen erfreut sich immer noch großer Beliebtheit bei den Deutschen. Ende 2016 lagerten 165 Milliarden Euro in Bausparverträgen. Das mag am Immobilienboom liegen, weil Sparer, die später bauen oder renovieren wollen, sich dadurch ein Darlehen zu schon jetzt festgelegten Zinsen sichern. Die Ansparzinsen sind mit üblicherweise 0,1 bis 0,3 Prozent vernachlässigbar, und die Darlehenszinsen von 1,25 bis drei Prozent (die Vertragsdetails sind höchst unterschiedlich) nur dann interessant, wenn die Zinsen bei der Inanspruchnahme des Darlehens tatsächlich deutlich höher liegen würden als jetzt. Ende Juli 2017 kosteten Hypotheken mit fünf Jahren Zinsbindung im Durchschnitt rund 0,75 Prozent Zinsen, mit zehn Jahren gut ein Prozent, und damit jeweils weniger als Bauspardarlehen. Nicht unter den Tisch fallen soll, dass beim

Abschluss des Vertrags Gebühren von in der Regel 1,0 bis 1,6 Prozent der Bausparsumme anfallen.

Kurzcheck Bausparen

Sicherheit	sehr hoch dank der Einlagensicherung
Rendite	niedrig, aber Anspruch auf Baudarlehen
Verfügbarkeit	stark eingeschränkt während der Sparphase
Kosten	Abschlussgebühren von 1,0 bis 1,6% der Bausparsumme
Eignung	Sicherheitspolster für künftige »Häuslebauer« und Renovierer

Lebens- und private Rentenversicherungen sind in meinen Augen eine sehr schlechte Wahl, wenn es um den langfristigen Vermögensaufbau geht. Ich verweise auf das entsprechende Kapitel in diesem Buch, in dem ich ausführlich die Probleme der Lebensversicherung erläutere. Deshalb beschränke ich mich an dieser Stelle auf den Kurzcheck.

Kurzcheck Lebens- und Rentenversicherung

Sicherheit	hoch
Rendite	für Laufzeiten von mehreren Jahrzehnten viel zu niedrig
Verfügbarkeit	während der Laufzeit schlecht, Kündigung nur mit erheblichen Abschlägen
Kosten	hohe Abschlussgebühren und Verwaltungskosten
Eignung	Finger davon lassen

Aktien sind Anteile an einem Unternehmen, Sie als Aktionär sind damit Teilhaber an einem Sachvermögen und nicht Gläubiger eines Schuldners, wie bei Anleihen und Bankeinlagen. Da ich Aktien ein eigenes Kapitel widme, gehe ich hier nicht näher auf die Vor- und Nachteile ein. Bitte lesen Sie, was ich in dem entsprechenden Kapitel über Aktien geschrieben habe.

Kurzcheck Aktien

Sicherheit	kurzfristig riskant, langfristig guter Schutz vor Inflation
Rendite	langfristig besser als bei anderen Geldanlagen
Verfügbarkeit	sehr gut, da laufend an der Börse gehandelt
Kosten	normale Wertpapierspesen im Null-Komma-Bereich, abhängig von der Bank
Eignung	als Basis eines langfristigen Vermögensaufbaus unverzichtbar

Anleihen sind Wertpapiere, die eine Forderung an einen Schuldner verbriefen. Schuldner können Staaten (zum Beispiel die Bundesrepublik Deutschland bei Bundesanleihen), Unternehmen, Banken (zum Beispiel Pfandbriefe) oder auch Organisationen wie die Weltbank sein.

Der Zinssatz ist üblicherweise für eine bei der Emission festlegte Zeit bis zur Rückzahlung fix. Je besser die Kreditwürdigkeit des Schuldners (die Bonität), desto geringer fällt die Rendite aus, und je länger die Laufzeit, desto höher ist sie.

Ich bin in diesem Buch schon mehrmals – und werde es auch auf den Folgeseiten immer wieder – auf die Probleme von Anleihen in der aktuellen Situation extrem niedriger Zinsen eingegangen. Deshalb fasse ich mich hier kurz und beschränke mich auf den Kurzcheck.

Kurzcheck Anleihen

Sicherheit	je nach Bonität des Schuldners von sehr hoch bis minimal
Rendite	zurzeit historisch niedrig, in Normalzeiten über der Inflationsrate
Verfügbarkeit	in der Regel gut, da börsengehandelt, Probleme bei marktengen Bonds
Kosten	nur normale Wertpapierspesen, abhängig von der Bank
Eignung	eine Basis fürs Depot, da Wertschwankungen geglättet werden

Zertifikate und Optionsscheine sind Schuldverschreibungen, die statt Zinsen den Anlegern das Ergebnis von Finanzwetten auszahlen. Sie sind weder durch eine Einlagensicherung noch durch Sondervermögen gesichert. Dieses Risiko mussten viele Anleger während der Finanzkrise bitter bezahlen, als die US-Investmentbank *Lehman Brothers* pleiteging und ihre deutsche Tochter, die ganz groß im Zertifikatemarkt mitgemischt hatte, mit sich riss. Viele Anleger mussten solche Fehlinvestitionen mit Totalverlust oder zumindest sehr hohen Einbußen bezahlen.

Seither haben Zertifikate Gott sei Dank sehr stark an Bedeutung verloren. Das Gesamtvolumen hat sich in Deutschland von 140 Milliarden Euro (Mitte 2007) auf 70 Milliarden Euro (August 2017) halbiert. Diese Summe hat sich auf mehr als 1,5 Millionen verschiedene Produkte verteilt, die Mehrzahl – fast eine Million – waren Hebelprodukte, insbesondere Optionsscheine und *Knock-out*-Produkte, mit denen Spekulanten mit kleinem Einsatz auf eine bestimmte Kursrichtung von Indizes oder einzelnen Wertpapieren wetten. Durch die Hebelwirkung partizipieren Anleger mit einem Vielfachen der zugrunde liegenden Kursbewegung. Bei einem Hebel von fünf beispielsweise bringt das Zertifikat den fünffachen Gewinn des Kursanstiegs des Basiswerts – aber eben auch den fünffachen Verlust, wenn es mit dem Kurs runtergeht.

Ein Trost bleibt: Mehr als 100 Prozent des Einsatzes kann man damit, anders als an den Terminmärkten, nicht verlieren. Aber derartige Totalverluste sind eher die Regel als die Ausnahme. Das ist so ähnlich wie bei den Sportwetten, nur dass bei Optionsscheinen und *Knock-out*-Zertifikaten viel höhere Beträge eingesetzt werden.

Die zweite Kategorie von Zertifikaten sind Anlageprodukte, dazu zählen Indexzertifikate, Aktienanleihen, Kapitalschutzzertifikate und Discountzertifikate. Diese Produkte sind zwar ebenfalls Schuldverschreibungen, aber, wie der Name schon suggeriert, nicht so hochspekulativ wie Hebelprodukte. Sie haben es aber teilweise auch in sich. Das heißt, man kann mit ihnen schnell Geld verlieren, wenn die Wette nicht aufgeht. Falls sie aufgeht, liegt der Ertrag dafür in der Regel über dem von reinen Zinsprodukten.

Zertifikate werden meist nicht über die Börse gehandelt, sondern via Hausbank oder Direktbank direkt über die Emittenten (Direkthandel). Die Kurse werden von Bankcomputern fortlaufend errechnet. Die Kosten sind nicht transparent und deshalb in der Regel sehr hoch. Zertifikate gelten nicht ohne Grund als Gewinnmaschinen der Banken.

Kurzcheck Zertifikate und Optionsscheine

Sicherheit	gering, da als Schuldverschreibungen wenig Schutz bei Bankpleiten
Rendite	zwischen Totalverlust und ordentlichen Erträgen
Verfügbarkeit	sehr gut, da die Emittenten jederzeit kaufen und verkaufen
Kosten	normale Wertpapierspesen plus hohe versteckte Belastungen
Eignung	für Spekulanten, denen Sportwetten zu langweilig sind

Investmentfonds gibt es schon seit dem 19. Jahrhundert, als die angeblich so geizigen Schotten eine Vermögensverwaltung erfanden, die nicht nur wohlhabende Anleger, sondern praktisch alle nutzen können. Viele Sparer schließen sich bei Fonds zusammen, zahlen ihre relativ kleinen Summen in einen gemeinsamen Topf ein und lassen die dadurch entstandenen großen Beträge von Profis in eine Vielzahl an Wertpapieren anlegen. Dadurch können sie die Vorteile der breiten Streuung genießen, und das auch noch flexibel, da Fondsanteile börsentäglich ge- und verkauft werden können. Und die Kosten bleiben, weil sie auf viele Schultern verteilt werden, in Schach.

Die Sicherheit der Gelder ist bei Investmentfonds sehr hoch, da der Gesetzgeber mit strengen Vorschriften dafür sorgt, dass das Ersparte nicht in falsche Kanäle fließen kann. Als Sondervermögen sind die Fondsanteile der Kunden vor Pleiten oder Verlusten der Investmentgesellschaft sicher, da das Geld bei einem anderen Institut gelagert werden muss. Fonds werden auch als Sparpläne angeboten – eine gute Möglichkeit des langfristigen Vermögensaufbaus und der Altersvorsorge.

Und das sind die wichtigsten Fondskategorien:

Geldmarktfonds legen in hochliquide, kurzfristige Anleihen und andere liquide Formen an. Sie bringen zurzeit aber wegen der Nullzinsen kaum noch Ertrag, können aber in normalen Zinszeiten flexible Geld-Parkplätze sein.

Rentenfonds legen das Geld der Sparer in festverzinslichen Wertpapieren, Bundesanleihen, Pfandbriefen und Unternehmensbonds an. Die meisten Produkte investieren nur in Anleihen, die auf Euro lauten, um ungsrisiken zu vermeiden. Aber es gibt auch welche in Fremdwährungen und auch Fonds, die gezielt in hochspekulativen Anleihen bonitätsmäßig schlechter Schuldner (Schrottanleihen oder *Junk Bonds*) investieren, um sich deren hohe Renditen zu sichern – allerdings verbunden mit höheren Risiken eines Zahlungsausfalls. Die Rentenfonds eignen sich besonders in Zeiten, in denen die Zinsen fallen, weil dann die Anleihen im Fondsvermögen Kursgewinne erzielen. Genau umgekehrt ist es bei steigenden Zinsen. Da die Nullzinsphase irgendwann zu Ende gehen wird, sind Rentenfonds, die mit einem Volumen von 209 Milliarden Euro (Ende August 2017) die drittgrößte Fondsart sind, deshalb in den nächsten Jahren keine empfehlenswerte Anlageform.

Aktienfonds investieren, wie der Name ausdrückt, in Aktien und sind mit 366 Milliarden Euro die größte Gattung. Es gibt eine sehr breite Palette mit unterschiedlichen Ausrichtungen: nur auf Deutschland oder Europa beschränkt, auf andere Regionen konzentriert oder global investierend. Darüber hinaus gibt es Aktienfonds für verschiedene Anlagestile (Value oder Growth zum Beispiel), für fast alle wichtigen Branchen und viele Themen wie Nachhaltigkeit oder künstliche Intelligenz. Langfristig sind Aktienfonds die renditestärkste Fondsart, kurzfristig kann der Wert aber, wie bei Aktien generell, stark schwanken und vorübergehend deutlich ins Minus rutschen.

Mischfonds legen in Aktien und in Anleihen an, sie kommen damit einer kompletten Vermögensverwaltung am nächsten. Im Idealfall gewichten Mischfonds in guten Börsenzeiten Aktien höher als Anleihen und umgekehrt. Das klappt zwar nicht immer, aber generell weisen Mischfonds ein gutes Rendite-Risikoprofil auf, da sie ertragreiche Anlagen mit relativ sicheren mischen und damit eine stabilere Entwicklung erzeugen, die Wertschwankungen sind also weniger ausgeprägt als bei Aktienfonds, und die Renditen sind besser als bei Rentenfonds. Mischfonds wachsen aufgrund dieser Pluspunkte seit Jahren am stärksten und haben mit 251 Milliarden Euro Anlagegeldern den zweiten Rang vor den Rentenfonds erobert.

Kurzcheck Investmentfonds

Sicherheit	hoch, da als Sondervermögen besonders geschützt
Rendite	hängt von der Fondsart ab, langfristig bei Aktienfonds am höchsten
Verfügbarkeit	sehr gut, da die Anteile an jedem Werktag ge- und verkauft werden können
Kosten	hoch durch Ausgabeaufschläge und Verwaltungskosten, aber verhandelbar
Eignung	die meisten Fondsarten sind Basisanlagen für Langfristanleger

Indexfonds (ETFs) zählen zwar rechtlich zu den Investmentfonds, aber sie unterscheiden sich doch deutlich von ihnen. Sie legen das Geld der Kunden passiv in Aktienindizes wie den *DAX* oder den *MSCI World* an oder in Rentenindizes wie den *REX*, der die Entwicklung der Bundesanleihen wiedergibt. Sie verzichten völlig auf eine aktive Aktienauswahl und auf das *Timing*, also die Suche nach günstigen Kauf- und Verkaufszeitpunkten – was ohnehin auf Dauer selbst Profis nur selten schaffen.

ETFs überzeugen deshalb langfristig mit einer besseren Wertentwicklung als der Durchschnitt der aktiven Fonds – und das zu sehr viel niedrigeren Kosten. Der Aufwand für Analysten, Marktstrategen oder Anlageausschüsse entfällt. Da sie laufend wie Aktien an der Börse gehandelt werden, sind sie äußerst liquide und flexibel. ETFs sind nach meiner Ansicht die größte Erfindung im Geldanlagebereich und für private Anleger das ideale Instrument für Langfristinvestments, insbesondere für die Altersvorsorge.

Ich gehe auf die Details hier nicht näher ein, da ich ETFs ausführlich in den entsprechenden Kapiteln beleuchte. Indexfonds erfreuen sich insbesondere in den USA wachsender Beliebtheit, in Deutschland sind sie leider noch zu wenig bekannt, deshalb hatten Mitte 2017 laut Statistik des Fondsverbands *BVI* Privatanleger nur 121 Milliarden Euro in ETFs investiert. Da Banken und Finanzberater mit ETFs nur wenig oder gar keine Provisionen kassieren, sind die Vermittler nicht daran interessiert, sie aktiv den Sparern anzubieten.

ck Indexfonds (ETFs)

it	hoch, da als Sondervermögen besonders geschützt
Rendite	hängt eins zu eins vom abgebildeten Index ab
Verfügbarkeit	sehr gut, da laufend an der Börse wie Einzelaktien gehandelt
Kosten	normale Wertpapierspesen im Null-Komma-Bereich, geringe Verwaltungskosten
Eignung	die beste Möglichkeit für einen langfristigen Vermögensaufbau

Immobilien sind ein Stiefkind hierzulande. Die Deutschen zeigen sich seit jeher als Immobilienmuffel, gerade einmal die Hälfte der deutschen Bevölkerung wohnt in der eigenen Immobilie. Die Deutschen mieten lieber. Eigentlich schade, denn Immobilienbesitz bildet meiner Meinung nach das Fundament jeder Vermögensplanung. In einer Vermögensstruktur kann der Immobilienbesitz nicht nur im Wohnwert, sondern auch als solider Unterbau das Auf und Ab an den Börsen abfedern.

Nach einer Studie der *Deutschen Bundesbank* konnten Haushalte, die im Eigenheim oder einer Eigentumswohnung leben, ihr Vermögen zwischen 2010 und 2014 im Schnitt um 33.500 Euro gesteigert. Demgegenüber liegt der Zuwachs bei Mieterhaushalten unter 1.000 Euro. Logisch, denn wer im Durchschnitt über ein Drittel seines Einkommens für Miete ausgibt, kann auf lange Sicht verständlicherweise weniger Vermögen bilden als ein Eigentümer.

Eine Immobilie ist mehr als nur Stein und Mörtel, das eigene Haus oder die eigene Wohnung bedeuten Sicherheit, Geborgenheit und Nachhaltigkeit. Deshalb plädiere ich – natürlich vorausgesetzt, die Rahmenbedingungen stimmen – für einen frühen Immobilienerwerb. Die eigene Wohnimmobilie eignet sich zudem als wichtiger Baustein der Alterssicherung. Immobilien bilden außerdem einen besonderen Inflationsschutz und Besitzer von Eigentum sind historisch sicherlich besser durch die Wirrungen der Hyperinflation gekommen als andere. Und ein eigenes Dach über dem Kopf zu haben, ist ein schönes Gefühl.

Doch, auch das sollte man im Auge halten, Immobilien besitzen auch gravierende Nachteile. Eine mögliche Kehrseite: Mit Rentierlichkeit und

Unabhängigkeit kann es schnell vorbei sein, wenn der Staat über die Steuer die Käufer und Eigentümer zu sehr piesackt. Grunderwerbsteuer und die quartalsfällige Grundsteuer heißen hier die Folterinstrumente. Ein anderer entscheidender Nachteil von Immobilien: Diese Anlage, der Name sagt es, ist immobil, man kann sie nicht einfach mitnehmen. Wer also viel unterwegs ist, geografisch mobil sein muss – für den kann das Mieten sinnvoller sein.

Leider ist es hierzulande so, dass der Staat den Immobilienerwerb nicht fördert, sondern sogar sanktioniert. Wer sich eine Wohnung oder ein Haus kauft, der zahlt nicht nur den reinen Kaufpreis, sondern muss auch hohe Kaufnebenkosten – viele öffentlich getrieben – zahlen. Die Grunderwerbsteuer, die in die Hoheit der Bundesländer fällt, beträgt zwischen 3,5 Prozent in Bayern und Sachsen sowie 6,5 Prozent in Schleswig-Holstein, Thüringen, Brandenburg, dem Saarland und in Nordrhein-Westfalen. Dazu fallen hohe Maklerkosten an plus Notarkosten, die sich auf einige Tausend Euro summieren können, dann noch Kosten für Beglaubigungen und den Grundbucheintrag. Da muss ein Käufer schnell noch einmal zehn bis 15 Prozent zum reinen Kaufpreis mitfinanzieren. Wer da mit einem hohen Anteil an Fremdfinanzierung arbeiten muss, der wird schnell abgeschreckt.

Auch sollte man wissen, dass in Deutschland sich im Kaufpreis jeder Immobilie 19 Prozent Mehrwertsteuer versteckt, für Architekt und Planer, für Baumaterial und Handwerker. Es ist der Staat mit seinen rigiden Beschränkungen und den ausufernden Auflagen, der in Deutschland die Bautätigkeit bremst. Und auch mit ideologischen Kopfgeburten wie der »Mietpreisbremse« lassen sich grundlegende Gesetze der Ökonomie nicht außer Kraft setzen – beispielsweise jenes, dass Knappheit bei steigender Nachfrage zu höheren Preisen führt.

Deshalb bleibt es wahrscheinlich: Der Nachfrageüberhang in den gefragten Metropolen wird zu weiterhin steigenden Kaufpreisen und Mieten führen.

Kurzcheck Immobilien

Sicherheit	sehr hoch, Eigentumsgarantie durch Grundbucheintrag
Rendite	sehr niedrig, durch Eigennutzung und Mietersparnis etwas kompensiert

123

Verfügbarkeit	sehr eingeschränkt, Bindung von viel Kapital über einen langen Zeitraum
Kosten	hohe Kauf- und Nebenkosten, insbesondere in überhitzen Regionen
Eignung	als Grundbaustein der Vermögensbildung sinnvoll

Die vorstehende Auflistung ist das Panorama, das Ihnen als Sparer und Investor zur Verfügung steht. Ich habe mit meiner Meinung nicht hinter dem Berg gehalten, welche Anlagen ich für sinnvoll und nachhaltig halte. Und es ist auch keine Überraschung, dass ich die Aktien für den Dreh- und Angelpunkt eines vernünftigen Vermögensaufbaus ansehe.

AN AKTIEN FÜHRT KEIN WEG VORBEI

Doch meiden die meisten Anleger Aktien wie der Teufel das Weihwasser. Bei vielen herrscht die Meinung, Aktien nutzten vor allem den Banken und seien ohnehin nur etwas für Spekulanten und Reiche. Sie betrachten Aktien in erster Linie als Zockerpapiere, mit denen man mit Cleverness, geschicktem *Timing* und vor allem mit fleißigem Kaufen und Verkaufen überhaupt Gewinne machen könne. Der Begriff Dividende sagt nur den wenigsten etwas.

Den Investmentcharakter eines Ertrags- und Substanzwerts kennen die meisten Anleger zu wenig oder gar nicht. Dadurch, dass sie bei Aktieninvestments vorwiegend auf die kurzfristigen Schwankungen programmiert sind, verkürzt sich zwangsläufig ihr Anlagehorizont und in gleichem Maße verkürzt sich auch ihre Rendite. Sie haben mit diesem vielfach von den Banken geförderten Fehlverhalten folglich mit Aktien zumeist keine guten Erfahrungen gemacht. Daraus erklärt sich, dass nur sieben Prozent der Deutschen überhaupt Aktien halten. Nimmt man noch Aktienfonds hinzu, sind es gerade mal zwölf Prozent. Die Risiken von Aktien werden überschätzt, die Rendite jedoch unterschätzt. In den meisten Fällen profitieren vom Erfolg der deutschen Unternehmen überwiegend ausländische Aktionäre. Bei der Mehrzahl der *DAX*-Unternehmen besitzen sie die Mehrheit der Aktien, teilweise mit Anteilen von über 80 Prozent, und folglich kassieren sie – und nicht die Deutschen – die oft sehr stattlichen Dividenden.

Die Aktie ist für viele Deutsche ein unbekanntes Wesen. Ich halte Aktien in der Vermögensanlage für unverzichtbar. Aktien haben zwei Eigenschaften: Einerseits sind sie Geschäftsanteile an einer Firma, die diese Anteile an ihre Geldgeber – die Aktionäre – verkauft hat und sich damit Kapital für Investitionen und für den laufenden Geschäftsbetrieb verschafft hat. Man nennt dies das Eigen- oder Stammkapital. Ein Aktionär besitzt also einen Teil der Firma – er ist Mitinhaber. Aktien sind für eine florierende Volkswirtschaft von eminenter Bedeutung. Sie liefern das Kapital, damit Firmen die notwendigen Investitionen tätigen können, um im Wettbewerb zu bestehen.

Aus Anlegersicht sind Aktien außerdem auch das beste Vehikel zur Vermögensbildung. Sie lassen ihren Besitzern das nominelle Wachstum der Wirtschaft – das heißt das Wachstum einschließlich der Inflation – in doppelter Weise zukommen: Steigende, auch inflationsbedingte Unternehmensgewinne sorgen für steigende Aktienkurse und Dividenden. Aktien sind also mittel- und langfristig wachstums- und inflationsindexiert. Damit sind sie der beste Schutz vor Inflation und der wichtigste Baustein einer Geldanlage. Diese Vorteile kommen aber den Zockern nicht zugute, die Aktien nur als Instrument für Differenzgeschäfte benutzen. Lediglich jene Anleger profitieren davon, die Aktien mittel- und langfristig als Teilhaber an Unternehmen betrachten.

Aktien sind zudem die einzigen Sachwerte, die für Privatanleger täglich handelbar sind. Das ist Segen und Fluch zugleich: Segen, weil man sofort zu Geld kommt, wenn man es dringend braucht. Fluch, weil die tägliche Kursnotiz in der Zeitung oder auf dem Bildschirm des Computers den Anlegern das oft irrationale Auf und Ab an den Börsen ständig vor Augen führt, ihnen somit Angst einjagt und zu Fehlreaktionen verführt. Die oft erratischen Kursschwankungen von Aktien prägen das Bild, das die meisten Deutschen sich von der Börse machen. Es ist ein großer Irrtum, dass sie sich ein einseitiges Bild von Aktien machen und dass sie Horrorgeschichten über ruinöse Kursverluste für den Regelfall halten.

In Wirklichkeit ist es umgekehrt: Langfristig sind alle Börsen in nahezu drei Viertel der Zeit gestiegen. Wie konnte es anders sein, wenn die Renditen von Aktien – einschließlich wieder angelegter Dividenden – langfristig in den Industrieländern neun bis zehn Prozent oder sogar darüber pro Jahr erbracht haben? Dass Börsenkurse schwanken, ist normal. Aber oft schlagen sie auch zu weit aus – in beiden Richtungen –, denn sie kommen durch menschliches Handeln zustande, wo Fakten, aber auch Emotionen mitspielen, oft getrieben von Angst und Gier.

Wenn ein Höhenflug, sei es bei einer einzelnen Aktie oder an der ganzen Börse, zu weit gegangen ist, kommt es zu einer Korrektur und auch diese Korrektur kann oft wieder übertrieben sein. Dann nennt man es einen Crash. Nach einer gewissen Zeit wird die Übertreibung nach unten wieder nach oben korrigiert, bis abermals ein gewisses Gleichgewicht erreicht ist.

Werfen wir noch einen Blick auf den anderen maßgeblichen Sachwert, auf die Immobilien, die auch als »Betongold« bezeichnet werden. Allein die Bezeichnung »Betongold« zeigt die besondere Wertschätzung der Deutschen für die Immobilie, wogegen nicht wenige die Aktie als »Teufelszeug« betrachten. Kein Wunder, dass etwa gut die Hälfte des Gesamtvermögens (zwölf Billionen Euro) in Immobilien und rund 36 Prozent in heute renditelosen Zinsanlagen und Versicherungen steckt, jedoch nur lächerliche fünf Prozent in Aktien.

Wie man sein Vermögen klug aufteilt

Schon in biblischen Zeiten, vor mehr als 2.000 Jahren, gab es die Regel, wie das Vermögen am besten aufzuteilen sei. Sie lautete: ein Drittel im Beutel, ein Drittel in Häusern, ein Drittel in Geschäften. Übersetzt in unsere heutige Sprache heißt das: ein Drittel in Festgeld und Festverzinslichen, ein Drittel in Immobilien, ein Drittel in Aktien. In diesem Lichte betrachtet haben die Deutschen ihre Ersparnisse überwiegend ertragsschwach und illiquid angelegt. Kein anderes Industrieland hat eine so einseitige, unproduktive Vermögensstruktur, nicht Frankreich, nicht Schweden, nicht die Schweiz und schon gar nicht die USA. Merken Sie sich: Aktien sind nur kurzfristig riskant. Langfristig schlagen sie jedoch alle anderen Anlageformen.

Anleihen dagegen sind nur kurzfristig relativ sicher, langfristig sind sie aber sehr riskant, weil unter dem Strich nach Inflation nicht mehr viel übrig bleibt. Daher ist es langfristig riskanter, in Festgeld oder Festverzinslichen investiert zu sein als in Aktien! Die Mehrheit der deutschen Anleger aber macht es genau umgekehrt. Mein größtes Anliegen für dieses Buch ist, meinen Landsleuten überzeugende Argumente und Fakten zu liefern, dass sie ihre unproduktiven, schädlichen Anlagegewohnheiten ändern und auch in Geldanlagen Weltklasse werden, wie es die deutsche Industrie schon lange ist.

Nun zu Immobilien. Sie sind, wie der Name schon sagt, immobil. Man kann sie nicht einfach heute kaufen und morgen wieder verkaufen. Oft dauert es Monate, ja manchmal Jahre, bis man einen Käufer findet für ein Objekt, das man verkaufen will. Aber gerade der Umstand, dass Immobilientransaktionen so zeitaufwändig sind, macht ihre Besitzer zu Daueranlegern und bringt ihnen meist einen Gewinn. Allerdings werfen Immobilien als Kapitalanlage meist nur bescheidene Renditen ab. Gemäß einer langfristigen US-Statistik haben amerikanische Wohnimmobilien gerade einmal 3,8 Prozent pro Jahr Rendite erbracht. Nach Abzug der Inflation von 2,9 Prozent verblieben real nur spärliche 0,9 Prozent pro Jahr.

Im Gegensatz zu Aktien, bei denen dem Anleger das Risiko täglich vor Augen geführt wird, bergen Immobilien ein unsichtbares Risiko. Ist der Wert Ihres Hauses gefallen, wissen Sie es wahrscheinlich nicht einmal. Sie sollten sich aber niemals einreden, dass ein Risiko allein deswegen nicht existiert, weil Sie es nicht täglich in der Zeitung sehen können. Trotzdem können die Risiken erheblich sein, vor allem bei kreditgehebelten Immobilieninvestments, wie es die meisten Eigenheime sind. Die fehlende Preisnotiz und der Aufwand beim Verkauf machen viele Immobilienbesitzer zu Daueranlegern und das erweist sich letztlich als Segen, weil dadurch die meisten Anleger gute Erfahrungen gemacht haben. Aktienbesitzer erweisen sich einen Bärendienst, wenn sie ihren Portfoliostand jeden Tag betrachten. Tun Sie es den Immobilienbesitzern gleich: Wenn Sie ein gut strukturiertes Depot haben, dann genügt es, wenn Sie es einmal im Quartal, besser noch alle sechs Monate betrachten. Das ist der erste wichtige Schritt zum Erfolg mit Aktienanlagen. Ich persönlich handle danach.

Aktien sind langfristig klarer Sieger im Renditevergleich mit allen anderen Anlageklassen – einschließlich Immobilien. Diese Zahlen stammen von Roger Ibbotson, Professor für Finanzwirtschaft an der *Yale University* in New Haven, Connecticut, einer der US-Eliteuniversitäten. Er hat die Entwicklung von amerikanischen Aktien, Staatsanleihen, Schatzwechseln, Gold, Immobilien und Inflationsraten im Zeitraum von 1926 bis 2016 analysiert.

Demnach haben in diesen 91 Jahren US-Standardaktien, inklusive wieder angelegten Dividenden, eine durchschnittliche jährliche Rendite von 10,0 Prozent erbracht. US-Staatsanleihen brachten jährlich mit 5,2 Prozent nur gut die Hälfte und US-Schatzwechsel (wie Festgeld) nur 3,4 Prozent. Nach Abzug der durchschnittlichen Inflationsrate von 2,9 Prozent blieben bei Standardaktien jährlich 7,0 Prozent, bei Staatsanleihen 2,2 Prozent und bei Schatzwechseln nur noch mickrige 0,5 Prozent pro Jahr übrig.

Die Zahlen sprechen eine eindeutige Sprache: Die Renditen von Aktien sind klarer Sieger und zwar mit weitem Vorsprung. Alle anderen Anlageformen sind unter »ferner liefen«. Vor allem Zinsanlagen schneiden im langfristigen Vergleich nach Abzug der Inflationsrate sehr schlecht ab und Wohnimmobilien sogar noch schlechter.

Ein einfaches Rechenbeispiel, wie sich der Renditeunterschied zwischen Anleihen und Aktien auswirkt: Wer monatlich 100 Euro in Anleihen mit einer realen Rendite von zwei Prozent anlegt, kommt nach 30 Jahren auf eine Endsumme von knapp 50.000 Euro, dagegen erreicht der Anleger in Aktien mit einer realen Rendite von sechs Prozent eine Endsumme von 100.000 Euro, damit genau das Doppelte. Man kann es auch von einer anderen Seite aus rechnen: Um nach 30 Jahren eine Endsumme von 100.000 Euro zu erreichen, muss ein Sparer, der in Anleihen mit einer Rendite von zwei Prozent anlegt, 200 Euro monatlich aufwenden, ein Anleger in Aktien mit einer Rendite von sechs Prozent nur 100 Euro, also nur die Hälfte des Kapitaleinsatzes. Dieser Umstand ist vor allem für junge Anleger, deren Einkommen am Anfang ihres Erwerbslebens noch relativ gering ist, sehr wichtig.

An Aktien führt deshalb kein Weg vorbei. Natürlich ist die Risikoneigung und Risikotragfähigkeit von Anlegern je nach Alter, Einkommen und Charakter sehr verschieden. Manche sind risikofreudig, viele sind risikoscheu. Für Letztere eignet sich ein Mischdepot oder ein Mischfonds, bestehend aus Aktien und Anleihen, deren Anteil je nach Gusto zehn bis 50 Prozent betragen kann. Die Anleihen liefern zwar keine oder nur eine minimale Rendite. Ihre Funktion ist die eines Puffers, eines Sicherheitsnetzes. Sie senken das Risiko, aber auch die Rendite.

Das ist so ähnlich, wie wenn jemand lieber eine Weinschorle trinkt als einen puren Wein. Eine Schorle hat zwar weniger Prozente, aber das Risiko eines Schwips (sprich: Angstzustände bei Aktienanlagen), ist ebenfalls geringer. Eine alte Börsenweisheit besagt: Wer gut essen will, der kommt an Aktien nicht vorbei. Das gilt besonders auch im Alter. Für besonders risikosensible Anleger passen am besten risikominimierte Mischfonds. Damit können sie gut essen und gut schlafen!

DIE DREI LANGFRISTIG ÜBERLEGENEN AKTIENKLASSEN

Die Aktienwelt unserer Tage ist so vielfältig wie ein Supermarkt. Von den endlos vielen Aktienklassen will ich eine begrenzte Auswahl nennen: Es gibt Standardwerte, Nebenwerte, Wachstumsaktien (Growth-Aktien), Substanzwerte (Value-Aktien), deutsche Aktien, amerikanische Aktien, Schwellenländeraktien sowie Branchenaktien wie Technologieaktien, Pharmazieaktien, Rohstoffaktien, Goldaktien, Immobilienaktien, Energieaktien. Und es gibt noch einiges mehr.

Von dieser Auswahl werde ich drei Aktienklassen herausgreifen und ausführlich beschreiben, weil sie eine herausragende Rolle in der Gestaltung eines ertragsstarken und zugleich risikominimierten Portfolios spielen.

Growth-Aktien kontra Value-Aktien

Als Erstes beschreibe ich die wesentlichen Treiber der Aktienbörsen, die Growth-Aktien und die Value-Aktien.

Neben seiner schon beschriebenen Hauptuntersuchung der langfristigen Renditen der verschiedenen Anlageklassen hat Professor Roger Ibbotson in weiteren Studien eine überraschende Entdeckung gemacht: Die vielgerühmten Growth Stocks (auf Deutsch: Wachstumsaktien), wozu hauptsächlich Technologieaktien zählen, schneiden langfristig nicht besser ab als die unbeachteten, langweiligen Value-Aktien (im weitesten Sinne Substanzwerte). Er fand heraus, dass Value-Aktien in den 89 Jahren von 1928 bis 2016 einschließlich wieder angelegter Dividenden eine durchschnittliche jährliche Rendite von 11,3 Prozent erbrachten. Die hochgelobten Wachstumsaktien erreichten dagegen »nur« 9,0 Prozent, ein Renditeunterschied zu Gunsten der Value-Aktien von jährlich 2,3 Prozentpunkten!

Eine Statistik von internationalen Aktien auf der Basis des *MSCI*-Weltindex von 1975 bis 2016 förderte in Landeswährung ähnliche Ergebnisse zutage: Substanzwerte rentierten in diesen 42 Jahren inklusive wieder angelegter Dividenden durchschnittlich jährlich mit 10,4 Prozent und Wachstumswerte lediglich mit 8,5 Prozent. Das schlechtere Abschneiden von Wachstumsaktien ist deshalb so erstaunlich, weil diese

Aktien oft in den Schlagzeilen sind, während Substanzaktien wenig Beachtung finden.

Die Ergebnisse dieser beiden Statistiken und zusätzlich einer dritten, die den Zeitraum der Jahre von 1998 bis 2016 umfasst, habe ich in der nachstehenden Grafik abbilden lassen. Sie geht noch etwas mehr in die Tiefe. Erstens sind aus der Studie von Roger Ibbotson neben US-*Large Caps* zusätzlich auch US-*Small Caps* dargestellt, die vor allem bei Value-Aktien noch viel besser abschneiden als die *Large Caps*. Zweitens ist die Entwicklung der beiden Anlagestile *Value* und *Growth* für den Weltindex *MSCI World* abgebildet – mit ebenfalls klaren Vorteilen für die Substanzwerte. Drittens zeigt die Grafik, dass *Large Caps* aus den *Emerging Markets* eine deutlich bessere Entwicklung verzeichnen als die Standardwerte aus den Industriestaaten. Das ist auch deshalb bemerkenswert, weil in den 19 Jahren dieser Statistik so viele Crashs stattgefunden haben wie nie zuvor in einer so kurzen Zeitspanne.

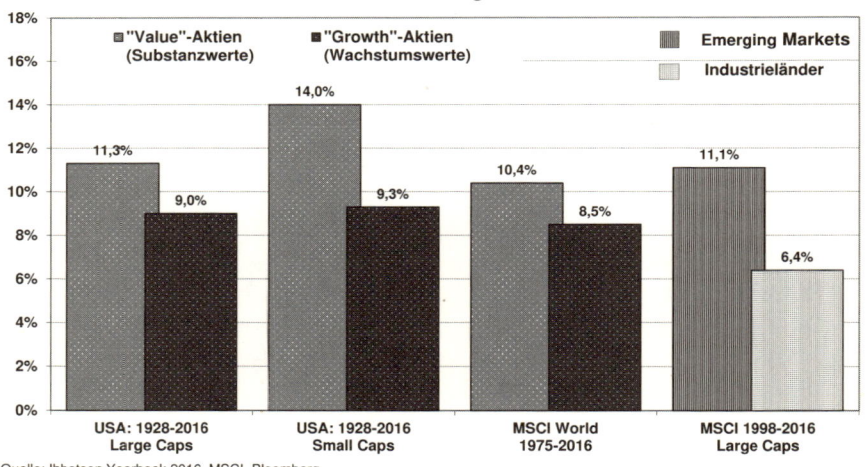

Renditen pro Jahr verschiedener Aktienklassen
in unterschiedlichen Anlagezeiträumen

Quelle: Ibbotson Yearbook 2016, MSCI, Bloomberg.

Zurück zu den Growth-Aktien: Über betriebswirtschaftlich gute, innovative, schnell wachsende Unternehmen werden von Banken und Brokern ellenlange Unternehmensanalysen erstellt und verschickt. Sie sind

gespickt mit finanzwirtschaftlichen Kennzahlen, Tabellen, Marktanalysen, Grafiken und Kurszielen dieser als besonders zukunftsträchtig ein-
gestuften Wachstumsaktien. Eigentlich müsste es doch logisch sein, dass
die überdurchschnittlichen wirtschaftlichen Ergebnisse sich auch in entsprechend überdurchschnittlichen Kursgewinnen zeigten. Dieser Logik folgend müssten dagegen die langweiligen, langsamer wachsenden
Value-Aktien auch deutlich niedrigere jährliche Renditen abwerfen. Es ist
aber genau umgekehrt. Dies erklärt sich daraus, dass die guten betriebs-
wirtschaftlichen Ergebnisse der Glamour-Aktien allseits bekannt und daher in den Kursen bereits eingepreist sind. Die Aktien sind gut – und teuer! Die Kurse haben deshalb häufig nicht viel Luft nach oben.

Noch schlimmer: Weil sie schon in luftigen Höhen schweben, ist das
Risiko hoch, dass sie auch steil abstürzen, wenn sie die in sie gesetzten
Erwartungen verfehlen. In anderen Worten: Die Sicherheitsmarge ist
sehr klein und daher passiert es sehr häufig, dass die »Highflyer« auch
steil absacken, wenn es mal ein Luftloch (sprich: eine Ertragsdelle) gibt.
Markttechnisch sind diese Aktien, weil so populär, »übergekauft«. Alle
haben sie im Portfolio. Demgegenüber traut man den Value-Aktien kein
nennenswertes Wachstum zu und entsprechend gering sind auch die Erwartungen für das Wachstum der Unternehmensgewinne. Oft handelt es
sich ja um Unternehmen, die wirtschaftliche Probleme haben oder hatten. Alle diese Tatsachen sind bekannt und im Kurs mit einer niedrigen
Bewertung eingepreist. Dementsprechend haben diese übersehenen, ver-
nachlässigten »Mauerblümchen« ein niedrigeres Kurs-Gewinn-Verhältnis – oft nur halb so hoch wie das der schicken Wachstumsaktien. Sie sind
also billig. Entsprechend ist die Sicherheitsmarge sehr groß.

Hinzu kommt, dass die Substanzwerte häufig hohe Dividenden ausschütten. Wachstumsaktien zahlen dagegen keine oder nur geringe Dividenden, weil sie meist ihre gesamten Gewinne für Investitionen im
Betrieb verwenden, um ihr starkes Wachstum zu halten. Dagegen können die Aktionäre die hohe Dividende von niedrig bewerteten Aktien zu
billigen Kursen wieder anlegen. Das erklärt, warum Substanzaktien die
Wachstumswerte übertreffen, aber nur zu einem Teil. Der andere Grund
für die überdurchschnittliche Rendite besteht darin, dass sie nur unregelmäßig anfällt. Würde sie jedes Jahr zuverlässig anfallen, würde die
Risikoprämie wegfallen und die Rendite würde auf Durchschnittsmaß ge-
drückt.

Rendite und Risiko sind untrennbar verbunden. Wenn vom Markt eine höhere Prämie bezahlt wird, dann muss auch das Risiko entsprechend höher sein. Im Vergleich zu Wachstumsaktien sind Value-Unternehmen tatsächlich höheren Risiken ausgesetzt. Nicht nur haben sie ein niedrigeres Wachstumstempo, sondern dies ist schwankend und unregelmäßig. Das gilt auch für die Dividenden: Sie können steigen oder fallen oder ganz ausfallen. Das ist der Grund für die niedrigeren Bewertungen. Die Entwicklung des Unternehmens ist weniger berechenbar. Daher kann sich der Kursaufschlag – das *Value Premium* – durchaus in ein »Value Malus« verwandeln, will heißen, dass die Value-Aktien über Jahre schlecht abschneiden. Dieses Risiko kann man nur mit einer breiten Diversifikation eines vielseitig international mit anderen Aktienklassen wie Nebenwerte (*Small Caps*) und *Emerging Markets* bestückten Depots eingrenzen, das aber auch einen Anteil Wachstumsaktien enthalten sollte.

Die Bezeichnung »Value« – werthaltig – ist eher missverständlich. Zutreffender wäre ganz einfach von teuren (Growth-) oder billigen (Value-Aktien) zu sprechen. Hier einige der besonderen Merkmale, wie sich Substanzaktien in der Regel von Wachstumsaktien unterscheiden:

- ein niedrigeres Kurs-Gewinn-Verhältnis (KGV),
- ein niedrigeres Kurs-Buchwert-Verhältnis (KBV),
- ein niedrigeres Kurs-Cashflow-Verhältnis (KCFV),
- höhere Dividenden,
- niedrigeres Wachstum der Unternehmensgewinne,
- tendenziell »reife«, »alte« und »langweilige« Branchen,
- unbeachtete »Mauerblümchen«,
- unpopulär, nicht in Mode, Kaufneigung gering.

Am Ende bleibt die Feststellung: In der Investmentwelt sind gute Unternehmen langfristig im Allgemeinen schlechte Aktien und schlechte Unternehmen im Allgemeinen gute Aktien. Das klingt vernunftwidrig, aber die Börse hat ihre eigene Logik. Die Aktionäre, die größere Risiken in Kauf nehmen, werden langfristig auch mit höheren Renditen belohnt.

Nebenwerte schlagen Standardwerte

Auf Seite 106 habe ich die von Professor Ibbotson berechneten überragenden langfristigen Renditen von Aktien im Vergleich mit anderen Anlageklassen aufgezeigt. Noch spektakulärer fiel – wie Sie aus der Grafik auf Seite 130 ersehen konnten – das Ergebnis bei den Nebenwerten (amerikanisch: *Small Caps*) aus. Substanzwerte brachten es in diesem Segment durchschnittlich jährlich auf 14,0 Prozent, Wachstumswerte nur auf 9,3 Prozent – das ist ein Renditeunterschied von jährlich 4,7 Prozentpunkten.

Ein Grund für die langfristig höhere Gesamtrendite ist wohl, dass über Nebenwerte viel seltener etwas in der Presse zu erfahren ist. Auch gibt es für kleine Unternehmen weniger Analysten, die sie unter die Lupe nehmen und Berichte über sie veröffentlichen. Zudem sind viele kleine Unternehmen bodenständig in ländlicher Umgebung ansässig. Besonders viele davon sind eigentümergeführte Unternehmen. Sie denken in erster Linie an den Fortbestand ihrer Firma in Generationen und tätigen deshalb oft auch Investitionen, die sich vielleicht erst nach acht oder zwölf Jahren rechnen. Im Gegensatz dazu neigen die Vorstände von Großfirmen eher dazu, kurzfristiger zu denken und zu planen, weil sie meist vier- bis fünfjährige Arbeitsverträge haben. Schließlich sind die Beziehungen zu den Mitarbeitern in Kleinbetrieben auch viel persönlicher und die Dauer der Arbeitsverhältnisse ist meist viel länger als in Großbetrieben. Eine geringe Fluktuation wirkt sich positiv auf das Betriebsergebnis aus.

Um ihre Existenz zu sichern und sich im Wettbewerb zu behaupten, sind Kleinunternehmen oft innovativer und effizienter, die Entscheidungswege sind kurz und die Hierarchie ist flach. Sie können daher schneller und flexibler auf neue Situationen reagieren als bürokratische, schwerfällige Großfirmen. Viele Kleinbetriebe, darunter erstaunlich viele deutsche Mittelständler, sind weltweit aktiv und sind in gewissen Nischenbereichen sogar die Nummer eins oder zwei. Man nennt diese Firmen auch *Hidden Champions* (Versteckte Champions), ein Begriff, der von dem Bonner Berater Hermann Simon entwickelt wurde. *Hidden Champions* sind Unternehmen, die wenig spektakulär auffallen, sondern im Verborgenen florieren.

Aber gerade wenig beachtete, unauffällige Werte sind oft eher unterbewertet und daher für Anleger attraktiv und preiswert. Das macht sie auch zu potenziellen Übernahmekandidaten. Wenn Sie sich an die Übernahmen oder Teilkäufe deutscher Firmen in den letzten Jahren erinnern, werden Sie fast nur an Unternehmen aus dem *MDAX* und dem *SDAX* denken, wie *Kuka, Stada, Wincor Nixdorf, Rhön Klinikum* oder *DMG Mori.* Wie deutlich die drei »kleinen« deutschen Auswahlindizes MDAX, SDAX und TecDAX den DAX in den letzten zehn Jahren bis Anfang Dezember 2017 aus dem Feld geschlagen haben, macht die Tabelle deutlich. Die Durchschnittsrenditen pro Jahr waren beim MDAX und beim TecDAX fast doppelt so hoch wie beim Leitindex, und auch der SDAX hat viel besser abgeschnitten. Bei den Erträgen muss man berücksichtigen, dass sie trotz zweier Krisen in diesen zehn Jahren – Finanzkrise von 2008/2009 und Eurokrise ab 2011 – zustande gekommen sind.

Erträge deutscher Aktienindizes in den zehn Jahren bis Dezember 2017

Index	Gesamtertrag 10 Jahre	Durchschnittsrendite 10 Jahre
MDAX	163 %	10,2 %
TecDAX	153 %	9,8 %
SDAX	119 %	8,2 %
DAX	66 %	5,1 %

Quelle: Deutsche Börse, eigene Berechnungen, Daten vom 7.12.2017

Nach all den vielen positiven Aspekten von mittleren und kleineren Firmen könnten Sie vielleicht geneigt sein, Ihr Wertpapierdepot mit Nebenwerten zu füllen und sich dann zurücklehnen und zuschauen, wie Sie von Tag zu Tag reicher werden. Da muss ich leider etwas Wasser in den Wein gießen: Kleine Unternehmen bergen auch große Risiken. Nebenwerte, einzeln betrachtet, sind riskanter als Standardwerte. Sie sind weniger standfest und oft krisenanfälliger, weil sie keine so breite Basis haben wie Großbetriebe, die eine vielfältigere Produktpalette haben und oft auch in verschiedenen Branchen oder Geschäftsfeldern im In- und Ausland aktiv sind.

Viele dieser Nischenunternehmen sind als Zulieferer oder Dienstleister von Großbetrieben abhängig. Oft ist ihre Kundenbasis sehr schmal oder sie verfügen gar nur über einen Großabnehmer. Fällt er aus, ist ihr Überleben in Gefahr. Daneben haben kleine Firmen vielfach auch mit Finanzierungsproblemen zu kämpfen, weil sie, anders als Konzerne, oft keine Wahl haben zwischen verschiedenen Finanzierungsarten oder Kreditgebern.

Die Liste ließe sich beliebig fortsetzen. Die höhere Rendite gegenüber Standardwerten gibt es, weil bei all den Vorzügen einzelne Nebenwerte riskanter sind als Standardwerte. Wenn wir als Anleger die höheren Renditen von Nebenwerten einheimsen wollen, ohne dabei unkalkulierbare Risiken einzugehen, gibt es nur eine Lösung: eine breite Streuung. Wenn wir bei Standardwerten in zehn oder 20 Einzeltitel investieren würden, müssten es bei Nebenwerten eher 50 oder 100 sein. Und das geht nur über Fonds, etwa Indexfonds oder ETFs, die den *MDAX* oder *SDAX* beinhalten, oder noch besser internationale *Small-Cap*-Indizes.

Schwellenländer – die aufsteigenden Börsenstars

Die Schwellenländer sind nicht nur eine schnell wachsende Größe in der Weltwirtschaft, sondern ebenfalls in der Anlagewelt. Viele Anleger haben aber Angst vor Aktien der Schwellenländer, und dies nicht ganz unberechtigt. Sie haben deutlich größere Schwankungen und mehr Minusjahre als Industrieländeraktien.

Das größte Minusjahr war 2008, als der *MSCI Emerging Markets* um 51 Prozent absackte, während der *MSCI World* der Industrieländer nur um 37 Prozent einbrach. Die Standardabweichung (Volatilität) der Schwellenländer betrug hohe 38 Prozent, die der Industrieländer nur 20 Prozent. Auf der positiven Seite steht, dass der *MSCI Emerging Markets* im Zeitraum von 30 Jahren bis 2014 eine durchschnittliche jährliche Rendite von 9,9 Prozent aufwies, der *MSCI Welt* nur 8,5 Prozent. Wie schon erwähnt, Rendite und Risiko sind untrennbar verbunden: Höheres Risiko gleich höhere Rendite!

Hinzu kommt, dass der *MSCI Emerging Markets* Minusjahre hatte, als der *MSCI World* ein Plus aufwies und – umgekehrt – Jahre im Plus hatte, wenn die Industrieländeraktien mit Minus endeten. Die Kursverläufe in beiden Börsenindizes sind also selten parallel und das ist genau das, was

wir als Anleger suchen: Schwellenländeraktien korrelieren mit Industrieländeraktien mit 0,79 nur schwach und leisten damit einen wertvollen
Beitrag zur Reduzierung des Portfoliorisikos, denn nur die Betrachtung
des Gesamtrisikos eines Depots zählt, nicht die der Einzelinvestments.

Daher auch meine Warnung: Aufgrund des hohen Risikos von Schwellenländeraktien sollten die Anleger nicht regional in einzelne, sondern
global in alle Schwellenländer investieren. Noch ein Wort zur Vorsicht.
Die Aktienmärkte der Schwellenländer sind, ähnlich wie ihre Volkswirtschaften, noch unterentwickelt. Große Zuflüsse von Auslandsinvestoren
führen zu größeren Ausschlägen an den Aktien- wie auch an den Devi-
senmärkten. Aber wehe, es läuft umgekehrt: Wenn sie massive Abflüsse
durch die Großanleger erleiden, fallen die Kurse entsprechend stärker.
Daher empfehle ich, dass Anleger – je nach Alter und Risikoneigung – in
einem reinen Aktiendepot nur etwa zehn bis 20 Prozent in Schwellenländeraktien investieren sollten. Das geht am besten mittels eines ETF des
MSCI Emerging Markets, der Aktien aus insgesamt 23 einzelnen Schwellenländern enthält.

7. ETFs – DIE REVOLUTION DER GELDANLAGE

Für die meisten Großanleger und Privatanleger sind Indexfonds mit minimalen Gebühren der beste Weg, um Aktien zu besitzen. Diejenigen, die diesen Weg einschlagen, können sicher sein, dass ihre Nettoerträge die der meisten Profianleger schlagen.

Warren Buffett, legendärer US-Investor

Seit etwa einem Vierteljahrhundert gilt er als einer der größten »Revolutionäre« der internationalen Finanzindustrie, aber vor 40 Jahren war er von Börsenexperten und Medien noch als Narr verhöhnt worden: John C. Bogle. Ein US-Amerikaner aus New Jersey, der von seinen inzwischen zahllosen Freunden ebenso wie von seinen zeitweise ungezählten Feinden nur »Jack« Bogle genannt wird. Was hat dieser Jack Bogle angestellt, um so einen Wandel in der Einschätzung zu erreichen und Ende 1999 gar vom amerikanischen Wirtschaftsmagazin *Fortune* zu einem der vier Finanzgiganten des 20. Jahrhunderts erwählt zu werden – zusammen mit dem erfolgreichsten Investor der letzten Jahrzehnte, Warren Buffett, dem legendären Fondsmanager Peter Lynch und dem Hedgefondsspekulanten George Soros?

Er hat vor über 40 Jahren die Indexfonds für Privatanleger erfunden. Sie bilden die Grundlage für die Revolution in der Finanzbranche zu den seit Jahren immer beliebter gewordenen ETFs, also börsengehandelten Indexfonds. Jack Bogle hat uns Anlegern als Pionier mit der Gründung des ersten Indexfonds ein Investmentvehikel an die Hand gegeben, das ich aufgrund seiner vielfältigen Vorteile für ein Geschenk des Himmels halte. Insbesondere in der privaten Altersvorsorge bleiben Indexfonds für die meisten Anleger unverzichtbar, um eine lukrative Rendite bei akzeptablen Risiken zu erwirtschaften, aber auch für jeden anderen langfristigen Sparprozess ist es von unschätzbarem Wert.

EIN GLÜCKSFALL – ENTSTANDEN AUS EINER ENTTÄUSCHUNG

Jack Bogle ist, das nur am Rande, übrigens auch der Grund dafür, dass der frühere amerikanische Notenbankchef Paul A. Volcker seine vor allem in der Bankenkrise ab 2008 immer wieder zitierte berühmte Aussage korrigiert hat: Die Finanzwirtschaft habe in den letzten Jahrzehnten nur eine sinnvolle Innovation zustande gebracht, nämlich den Geldautomaten, hat er stets moniert. Volcker erkennt inzwischen aber eine zweite Großtat der Finanzbranche an: Bogles Erfindung von Indexfonds. Ja, ohne ihn gäbe es bei uns möglicherweise auch jetzt noch keine ETFs. Da ich ETFs für einen Glücksfall für private Anleger halte, verfolge ich Bogles Aufstieg und seinen fast schon missionarischen Eifer, Anleger für das passive Investieren zu begeistern und die Kosten von Fonds immer weiter zu drücken, seit langem mit großem Interesse.

Dass es zu der bahnbrechenden Innovation der Indexfonds überhaupt gekommen ist, haben wir einem Tiefschlag zu verdanken, den Jack Bogle als Chef einer in Pennsylvania beheimateten Fondsgesellschaft namens *Vanguard* verdauen musste: Seine Fondsmanager hatten sich Mitte der 1970er Jahre so schlimm verspekuliert, dass die Preise der Fondsanteile in den Keller rutschten und die Anleger massenhaft Papiere verkauften. Da beschloss Bogle eine radikale Wende in der Anlagepolitik. Aufgrund eigener Studien – er hatte seine Doktorarbeit über Investmentfonds geschrieben – und vor allem dank der Forschungsergebnisse von Universitätsprofessoren reifte in ihm die Überzeugung, dass Fondsmanager und andere Anleger mit ihrer subjektiven, prognosegetriebenen Aktienauswahl (dem *Stock Picking*) auf Dauer daran scheitern werden, besser abzuschneiden als der Index, an dem sie ihre Leistung messen. Das Gleiche dachte er von den Versuchen der Experten, optimale Ein- und Ausstiegszeitpunkte an den Finanzmärkten zu finden, also *Timing* zu betreiben. Denn das klappt, das wusste er aus eigener Erfahrung, ebenfalls nur selten.

Jack Bogle hob aufgrund dieser Überzeugung 1976 den ersten »passiven« Fonds aus der Taufe und nannte ihn Indexfonds. Passiv deshalb, weil er einfach nur den Index nachbildet, also immer genau die Aktien mit dem entsprechenden Anteil im Fonds hält, die auch im entsprechenden Börsenbarometer vertreten sind. Da damals wie heute der breite Aktienindex *Standard & Poor's 500* das mit Abstand wichtigste Kursbarome-

138

ter für amerikanische Aktien war, konstruierte Bogles Fondsgesellschaft *Vanguard* den ersten Indexfonds als Nachbildung des allgemein mit *S&P 500* abkürzten Kursindex. Bogle nannte ihn *Vanguard 500 Index Fund*. Nicht zufällig hat Bogle als Name dieses ersten Indexfonds den Begriff *Vanguard*, zu Deutsch *Vorhut*, gewählt.

Er setzte damit eine Idee um, die der damals berühmteste Wirtschaftswissenschaftler der Welt, der Nobelpreisträger Paul A. Samuelson, in einem Essay im Jahr 1974 in die Welt gesetzt hatte: Eine größere Gesellschaft solle, so hatte der Professor vorgeschlagen, einen kostengünstigen Fonds auflegen, der einfach den *S&P 500* nachbilde. Denn wenn man die Kosten berücksichtige, würden seiner Ansicht nach weder *Stock* noch *Bond Picker*, zuverlässig den Markt schlagen. Nach Aktien und Anleihen zu suchen, die sich besser als der Gesamtmarkt entwickeln, sei – so Samuelsons Urteil – in den meisten Fällen zwecklos. Mit seinem provokativen Essay machte sich Samuelson wenig Freunde an der Wall Street, aber er gab den Anstoß für John Bogle.

Zahlreiche Finanzwissenschaftler haben in der Folgezeit die Aussagen Samuelsons mit ihren Studien bestätigt. Danach hängen über 90 Prozent der Rendite (und des Risikos) eines Fonds oder Portfolios von der Aufteilung auf die verschiedenen Anlageklassen ab, der so genannten *Asset Allocation*. Nur das restliche knappe Zehntel ist auf die Auswahl einzelner Wertpapiere (*Stock Picking*) und das *Market Timing*, also das Suchen nach günstigen Ein- und Ausstiegszeitpunkten, zurückzuführen.

Jack Bogle rechnete damit, dass in der Startphase rund 150 Millionen Dollar in den neuen Fonds fließen würden. In Wirklichkeit wurden es gerade einmal gut elf Millionen Dollar. Die Ironie an der Geschichte: Bogle erlitt am eigenen Leib, wie schwierig es ist, richtige Prognosen zu tätigen, nicht nur beim Mittelaufkommen eines Fonds, sondern erst recht bei Aktienkursen, die von so vielen verschiedenen Faktoren beeinflussbar sind.

Doch der *Vanguard*-Chef hielt trotz des Rückschlags hartnäckig an seiner Idee fest, auch wenn Kritiker über »Bogles Folly«, also seine Narretei, spotteten oder seine Methode gar als »unamerikanisch« verunglimpften. Denn ein US-Unternehmen, so die Begründung, gibt sich nie mit dem Durchschnitt zufrieden, sondern strebt immer die Spitze an, strebt immer danach, besser zu sein als die Konkurrenten. Professor Samuelson war einer der wenigen, die öffentlich Bogles Indexfonds lobten. »Meine Gebete wurden früher als erwartet erhört«, schrieb er bereits kurz nach

Bogles »Revolution« in einer Kolumne im Nachrichtenmagazin *News-week*. Und er lobte die vielen Vorzüge des Fonds, der den *S&P 500* einfach nur kopiert.

Heute ist *Vanguard* mit 370 verschiedenen Fonds und ETFs und 20 Millionen Kunden eine der größten Investmentgesellschaften der Welt. Niemand spottet mehr über John Bogle. Im Herbst 2017 hat sein Unternehmen auch den Einstieg in den deutschen ETF-Markt vollzogen.

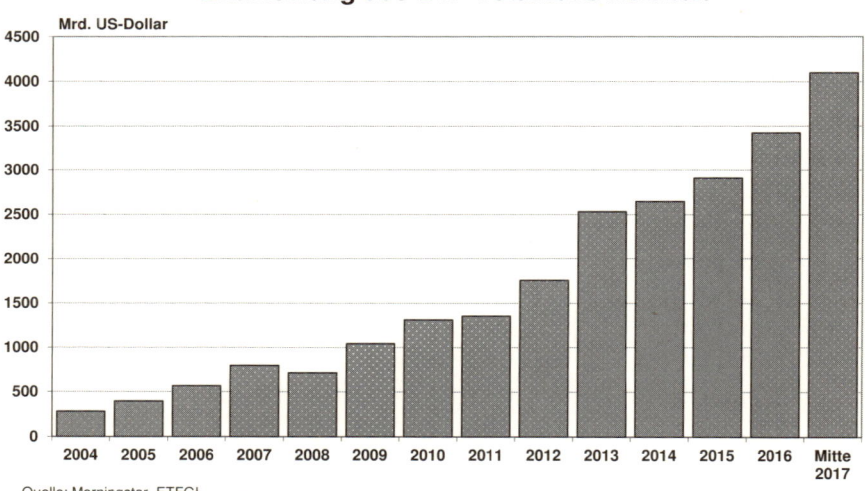

Quelle: Morningstar, ETFGI.

Global betrug das von allen Fondsgesellschaften in ETFs verwaltete Vermögen Mitte 2017 über vier Billionen US-Dollar. Die Grafik zeigt eindrucksvoll die Dynamik, mit der das Volumen der weltweit in ETFs angelegten Gelder gewachsen ist. Indexfonds wurden von Finanzfachleuten nicht ohne Grund als »die wichtigste Investmentinnovation der vergangenen 30 Jahre« eingestuft.

DER GROSSE VORTEIL DER ETFs

Trotz des starken Gegenwinds aus der Finanzbranche starteten Indexfonds nach anfänglichen Schwierigkeiten einen fantastischen Siegeszug.

Er wurde zusätzlich stark beschleunigt, als 1993 der US-Finan
ter *State Street* in Boston Bogles Idee weiterentwickelte und
ETF an die Börse brachte – ebenfalls auf den *S&P 500*. Anders als bei den
traditionellen Indexfonds von Bogles *Vanguard*, bei denen wie bei »normalen« Investmentfonds täglich alle Käufe und Verkäufe nur zu einem
einzigen Ausgabe- und Rücknahmepreis abgerechnet werden, können
ETFs wie Aktien laufend an der Börse gehandelt werden, manche nennen
sie deshalb auch Indexaktien. Anleger können sie quasi sekündlich kaufen und natürlich verkaufen. Das schafft ein hohes Maß an Flexibilität.
ETFs weisen somit alle Vorteile von Indexfonds auf plus viele Vorzüge des
Aktienhandels an der Börse.

ETFs sind genauso sicher wie normale Investmentfonds, weil das Kapital der Anleger als Sondervermögen geführt wird. Das bedeutet, dass
dieses Vermögen, das ja den ETF-Käufern gehört, getrennt vom Vermögen der Investmentgesellschaft verwahrt werden muss. Dieser Umstand
garantiert, dass das Kapital nicht unter die Konkursmasse fällt, wenn die
Fondsgesellschaft Bankrott anmeldet, sondern weiterhin in voller Höhe
dem Anleger gehört. Dies ist ein bedeutsamer Vorteil gegenüber Index-
zertifikaten, die ebenfalls Indizes nachbilden. Denn Indexzertifikate sind
Schuldverschreibungen, und die fallen bei einem Konkurs des Emittenten unter die Konkursmasse. Viele Anleger haben dies in der Finanzkrise
im Herbst 2008 bitter erleben müssen, weil die Zertifikate, die von europäischen Töchtern der US-Pleitebank *Lehman Brothers* aufgelegt worden
waren, von einem Tag auf den anderen entweder wertlos wurden oder
aber extrem viel verloren.

Vor allem Großanleger wie Versicherungen und Pensionsfonds er-
wärmen sich immer mehr für Indexfonds und ETFs. Allein 2016 flossen
Vanguard netto 317 Milliarden Dollar an neuen Mitteln zu, vorwiegend
in die traditionellen Indexfonds und ETFs. Alle passiven Fonds weltweit
zusammen erhielten per Saldo rund 500 Milliarden netto Geldzufluss,
während aktiv verwaltete Fonds einen Aderlass von 204 Milliarden Dollar verkraften mussten. In den USA machen Indexfonds (börsennotierte
und nicht börsennotierte) inzwischen über 40 Prozent des Fondsvermögens aus. Da ist kein Zweifel mehr möglich: Die Anleger, insbesondere
die Großanleger in den USA, haben die Vorzüge von ETFs erkannt und
schichten massiv aus aktiven in passive Fonds um.

Selbst der Starinvestor Warren Buffett, berühmt für seine kluge Auswahl von Einzelaktien, verriet im Jahresbericht von *Berkshire Hathaway*, dass er in seinem Testament geraten hatte, 90 Prozent der Barmittel, die er seiner Frau hinterlasse, in den *S&P 500*-Indexfonds von *Vanguard* zu investieren. Seine Begründung: Die langfristigen Ergebnisse von diesem Investment wären denen von Fondsmanagern überlegen, ob Pensionsfonds oder Institutionelle, die ja hohe Gebühren verlangten.

ETFs in Deutschland

Wir im deutschsprachigen Raum hinken hinter dieser Entwicklung wie üblich ein paar Jahre hinterher. In Deutschland haben Indexfonds erst seit Ende der 1990er Jahre an Popularität gewonnen. Doch bis der Gedanke des passiven Investierens, auch *Indexing* genannt, nach Deutschland und in die anderen Staaten des Alten Kontinents kam, dauerte es noch seine Zeit.

Erst im April 2000 wurden zwei ETFs – auf den *EURO STOXX 50* und den *STOXX Europe 50* – an der Deutschen Börse eingeführt. Dies waren übrigens auch die ersten ETFs in Europa überhaupt. Mitte 2017 gab es dann schon weit über 1.000 verschiedene ETFs. Zum ETF-Handel steuerten private Anleger 2016 allerdings nur fünf Prozent des Volumens bei. Eine stetig wachsende Zahl von Anlegern wechselt von der aktiven Strategie auf die Seite des konservativen und wissenschaftlich begründeten Indexings. Der steigende, aber doch immer noch sehr niedrige Anteil der ETFs in Deutschland zeigt, dass börsengehandelte Indexfonds leider hierzulande, anders als in den USA, immer noch überwiegend von Großanlegern genutzt werden. Und dass Sparer nur zögernd die unschätzbaren Vorteile der ETFs erkennen, gerade für Kleinanleger.

Woran liegt das? Ein Hauptgrund dieser Zurückhaltung liegt darin, dass ETFs in Deutschland praktisch keine Lobby besitzen, weil die Banken und die meisten anderen Finanzdienstleister aus Eigeninteresse kaum Werbung für ETFs machen. Ja, man hört sogar immer wieder, dass Berater Kunden davon abzubringen versuchen. Sie verkaufen viel lieber andere Produkte. Das sichert ihre Provision und damit ihren Arbeitsplatz. Denn bei Indexfonds gibt es für die Banken außer den Kauf- und Verkaufsspesen beim Börsenhandel (und gegebenenfalls Depotgebühren) nichts zu verdienen, während bei aktiven Fonds, Lebensversicherungen, Zertifikaten und anderen Produkten die Verkäufer und deren Arbeitgeber beim Vertragsabschluss hohe Provisionen kassieren.

Diese Provisionen der Vermittler bremsen jedoch den Vermögensaufbau ihrer Kunden von Beginn an, weil sie gleich in der Frühphase des Sparprozesses vom Anlagekapital abgezogen werden und den Zinseszinseffekt, der für den Vermögensaufbau mitentscheidend ist, erheblich verringern. Um eine Hausnummer zu nennen: Die *Total Expense Ratio* (*TER*) – die Gesamtkostenquote –, die bei jedem Fonds aufgeführt sein muss (aber bei weitem nicht alle Kosten umfasst), liegt bei aktiven Aktienfonds in Deutschland in der Regel zwischen 1,5 und 2,5 Prozent jährlich. Bei ETFs hingegen liegt dieser Wert zum Teil unter 0,1 Prozent bei marktbreiten Indizes, bis hin zu knapp 1,0 Prozent für »Spezialitäten-Indizes«.

NUR WENIGE AKTIVE FONDS BRINGEN MEHR RENDITE ALS DER INDEX

Diese viel höheren Kosten der aktiven Fonds – zu denen auch noch die einmaligen Ausgabeaufschläge beim Kauf von bis zu fünf Prozent für Aktienfonds plus eventuell Gewinnbeteiligungen für das Fondsmanagement kommen – wären voll gerechtfertigt, wenn sie als Gegenleistung im Durchschnitt besser abschneiden würden als die passiven ETFs. Aber das tun sie beileibe nicht.

Für die USA hat der Indexanbieter *S&P Dow Jones* ausgerechnet, dass im Zehnjahreszeitraum bis Mitte 2017 mehr als 85 Prozent aller aktiven Fonds mit Schwerpunkt US-Aktien den umfassenden Index *S&P 500* nicht schlagen konnten, im Dreijahreszeitraum waren es ebenfalls über 85 Prozent. Selbst im Einjahresvergleich verfehlten noch gut 47 Prozent das Ziel, den Index zu übertreffen.

Für in Europa aufgelegte Fonds in Euro sehen die entsprechenden Werte noch desaströser aus, diese nähern sich – auch aufgrund von Währungsverlusten – nach fünf und zehn Jahren bedrohlich der 100-Prozent-Marke. Mehr als 87 Prozent der Fonds haben in einem Jahrzehnt mit europäischen Aktien schlechter als der Index performt, bei globalen Aktienfonds waren es sogar über 98 Prozent und bei *Emerging-Markets*-Fonds knapp 97 Prozent. Bei deutschen Aktienfonds waren es gut 78 Prozent, die den Index nicht schlagen konnten.

Prozentsatz der Aktienfonds, die schlechter abschneiden als ihr Vergleichsindex

in Europa in Euro aufgelegte Fonds mit Schwerpunkt ...

	1 Jahr	3 Jahre	5 Jahre	10 Jahre
europäische Aktien	50,9	59,5	73,0	87,4
Euroraum-Aktien	66,7	78,5	85,8	89,2
deutsche Aktien	57,1	68,8	72,5	78,6
globale Aktien	60,2	92,9	94,0	98,4
Emerging Markets-Aktien	75,6	90,3	90,9	96,7
US-Aktien	61,0	93,7	96,9	98,2

in den USA aufgelegte Fonds mit Schwerpunkt ...

	1 Jahr	3 Jahre	5 Jahre	10 Jahre
US-Aktien gesamt	47,5	85,6	84,4	85,4
Large-Cap-Aktien	56,6	81,9	82,4	85,1
Mid-Cap-Aktien	60,7	87,2	87,2	95,2
Small-Cap-Aktien	59,6	88,7	93,8	94,1
Wachstumsaktien	54,3	86,0	81,8	91,5
Value-Aktien	39,3	82,9	79,8	82,7

Quelle: S&P Dow Jones Indices, Daten per 30. Juni 2017,
Anteil der Fonds, die im jeweiligen Zeitraum die Entwicklung des Vergleichsindex unterschritten haben.

Im Durchschnitt haben die aktiven Fonds für europäische Aktien 1,2 Prozentpunkte weniger Rendite erzielt als der Index, bei *Emerging-Markets*-Fonds, wo angeblich die Expertise der Fondsmanager für eine im Vergleich zum Index wesentlich bessere Rendite sorgen soll, waren es gleich unfassbare 4,2 Prozentpunkte pro Jahr, bei deutschen Aktienfonds dagegen »nur« eine um 0,95 Prozentpunkte schlechtere Rendite. Die Wahrscheinlichkeit, einen aktiven Aktienfonds zu finden, der längerfristig den Index hinter sich lässt, ist also sehr gering. Und dummerweise weiß man vorher nicht, welche Fonds dies schaffen werden.

Ein besonders krasses Beispiel lieferte der amerikanische Fondsmanager Bill Miller, der den »Weltrekord« darin hält, dass er mit seinem Fonds *Legg Mason Value Trust* zwischen 1991 und 2005 insgesamt 15 Jahre in Folge den Vergleichsindex *S&P 500* geschlagen hat. Das Krisenjahr 2008 wurde Miller allerdings zum Verhängnis. Er verspekulierte sich böse mit Finanztiteln. Daraufhin stürzte der Kurs des *Legg Mason Value Trust* senkrecht ab: Von Ende 2007 bis Februar 2009 verlor der Mischfonds 66 Prozent und stand wieder da, wo er 1996 gestartet war. Für viele Anleger, die auf den Starinvestor gesetzt hatten, hieß das »Wie gewonnen, so zerronnen«. Im Jahr 2012 zog sich Miller dann aus dem Management dieses Fonds zurück.

ANLEGEN MIT UNSCHLAGBAREN KOSTENVORTEILEN

ETFs, die ja den Index ziemlich genau nachbilden, bringen also im Durchschnitt nicht nur deutlich mehr Ertrag als aktive Fonds, sondern kosten auch noch viel weniger. Die geringen Kosten sind ein wichtiger Grund, warum ETFs für Privatanleger Gold wert sind, mehr noch als für Großanleger. Versicherungen, Pensionskassen, Stiftungen und Co. müssen bei den Banken wegen der hohen Summen, mit denen sie handeln, bei Fonds oder Zertifikaten ohnehin sehr viel geringere Gebühren bezahlen als wir normal sterblichen Sparer. Und trotzdem schichten die Profis seit Jahren ganz massiv in Indexprodukte um. Da die Kostenersparnis bei ETFs für Privatanleger deutlich größer ist, spricht also bei ihnen noch mehr als bei den Investmentprofis dafür, mit ETFs langfristig Vermögen aufzubauen.

Das gilt natürlich vor allem für diejenigen Anleger, die sich nicht zutrauen, selbst am Aktienmarkt aktiv zu werden, also das Depot mit Einzelaktien zu bestücken. Mit ETFs gelingt das ganz einfach, Bankberatung oder das Wälzen von Fachliteratur sind dafür nicht nötig, zumindest wenn man einige wichtige Grundprinzipien beachtet. Aber dazu später.

Kommen wir zurück zum Zinseszinseffekt. Er sorgt dafür, dass die im Durchschnitt um rund 1,5 Prozentpunkte pro Jahr kostengünstigeren ETFs – gemessen an der Gesamtkostenquote (*TER*) – das Vermögen langfristig wesentlich stärker mehren als der Großteil der aktiven Fonds. Selbst wenn wir annehmen, die aktiven Fonds würden im Schnitt gleich gut abschneiden wie der Index, kämen bei einer Einmalanlage von 10.000 Euro stolze Unterschiede zusammen.

Bei, sagen wir vorsichtig, sechs Prozent Durchschnittsrendite pro Jahr, ergibt sich bei einem ETF mit 0,5 Prozent Gesamtkostenquote, die allerdings die Kosten von Käufen und Verkäufen nicht enthält, ein Endwert nach zehn Jahren von 17.039 Euro, bei einem aktiven Fonds mit 2,0 Prozent TER nur 14.674 Euro. Nach 20 Jahren sieht es dann so aus: 29.033 Euro beim ETF gegenüber 21.533 Euro beim aktiven Fonds, und bei 30 Jahren 49.469 Euro gegenüber 31.597 Euro. Allein durch die geringeren Kosten des ETF würde er also nach drei Jahrzehnten fast 18.000 Euro mehr Ertrag bringen als ein gleich guter aktiver Fonds. Der Zinseszinseffekt sorgt eben dafür, dass sich bereits relativ geringe Renditeunterschiede im Laufe der Zeit zu gewaltigen Vermögensdifferenzen auswachsen.

Bei einem Fondssparplan sieht das Ergebnis ähnlich aus. Wieder unterstellen wir jeweils sechs Prozent jährliche Durchschnittsrenditen vor Kosten und 0,5 Prozent *TER* bei ETFs und 2,0 Prozent *TER* bei aktiven Fonds. Dann kommt der ETF-Sparer, der monatlich 100 Euro auf die hohe Kante legt, nach 30 Jahren immerhin auf 89.071 Euro, der Sparer mit aktiven Fonds dagegen nur auf 67.688 Euro. Der Mehrertrag des ETF-Anlegers liegt also bei über 21.000 Euro. Das sind schlagende Argumente.

Aber die Vorzüge der Indexfonds beschränken sich beileibe nicht allein auf die Kosten und die Wertentwicklung, auch wenn beide ganz entscheidend für den Anlageerfolg sind. Es gibt noch einige andere Pluspunkte. Das sind nach meiner Ansicht die entscheidenden Faktoren.

WENIGER RISIKO DANK BREITER STREUUNG DER ANLAGEN

Kaum eine andere Erkenntnis ist in der Geldanlage so unstrittig wie die Tatsache, dass eine Streuung der Ersparnisse auf verschiedene Anlagen, im Fachjargon Diversifikation genannt, das Risiko mindert und den Anlageerfolg verbessert. Und kein anderes Investmentprinzip ist wissenschaftlich so oft und so gründlich untersucht und immer wieder bestätigt worden. Viele Profis verbinden den Begriff Diversifikation mit dem amerikanischen Wissenschaftler und Nobelpreisträger Harry Max Markowitz. Der Wirtschaftsprofessor aus Chicago hat im Jahr 1952 mit seiner »Modernen Portfoliotheorie« als erster den mathematischen Nachweis erbracht, dass eine breite Streuung positive Auswirkungen auf das Gesamtrisiko und die Rendite von Geldanlagen erzeugt.

Der Grundgedanke besagt, dass Aktien und Aktienmärkte unterschiedlich auf verschiedene Entwicklungen reagieren. Die Konjunktur in den einzelnen Ländern verläuft differenziert, ebenso in den diversen Branchen und natürlich bei den Unternehmen, die unterschiedliche Märkte bedienen und damit verschiedenen Rahmenbedingungen unterliegen. Wenn Anleger nur deutsche Autoaktien ins Depot legen, ist das Risiko groß, dass bei einem Ölpreisanstieg, neuen Schadstoffvorschriften oder Zöllen in wichtigen Absatzländern alle Kurse gleichzeitig stark fallen. Pharmawerte beispielsweise reagieren dagegen kaum auf eine solche Entwicklung und damit auch nicht deren Kurse.

Wer also seine Anlagen (das gilt nicht nur für Aktien, sondern generell) breit streut, wird immer Papiere im Depot haben, deren Kurse gegenläufig zu anderen reagieren oder, wie es im Fachchinesisch heißt, schwach oder gar negativ miteinander korreliert sind. Je weniger die Wertentwicklung der Wertpapiere in einem Depot im Gleichlauf ist, desto weniger sind sie miteinander korreliert, desto geringer fällt der Verlust einer oder weniger Positionen für das Gesamtergebnis ins Gewicht und desto geringer sind auch die Schwankungen des Gesamt-Portfolios. Das ist psychologisch sehr wichtig, weil Anleger bei einem Börsenrückgang seltener die Angst überkommt und sie zu verlustreichen Panikverkäufen veranlasst.

Für einen Privatanleger ist es allerdings fast unmöglich, mit Einzelwerten eine angemessene Diversifikation zu erreichen. Wenn man es richtig machen will, muss das Vermögen in verschiedene Anlageklassen – also Aktien, Zinspapiere, Rohstoffe und eventuell Immobilien – aufgeteilt werden und dann innerhalb dieser Anlageklassen (auch Assetklassen genannt) wiederum in verschiedene Regionen, Branchen etc. Mit Einzelwerten – vor allem Aktien und Anleihen – braucht man da schon ein stattliches Vermögen und eine Menge Zeit, um eine breite Streuung zu erreichen. Mit aktiven Investmentfonds, die meistens 50 bis 100 Aktien im Portfolio halten, geht es leichter, aber am einfachsten klappt das mit ETFs.

Robo-Advisor setzen auf ETFs

Das klingt gut: Robo-Advisor, also Roboter, die Sparer in Finanzfragen beraten. Man kann es auch einfacher ausdrücken: automatisierte Anlageberatung per Internet. Insbesondere im Geschäft mit privaten Wertpapierkunden sollen diese Robo-Advisor Bankberatern und Vermögensverwaltern Konkurrenz machen. Zielgruppe sind in erster

Linie junge Anleger, die mit dem Internet aufgewachsen sind, also die »Digital Natives«. Robo-Advisor sind in den USA bereits seit längerem aktiv und wurden in Deutschland ab 2014 zunächst vorwiegend von jungen Start-ups auf den Markt gebracht, so genannten Fintechs. Inzwischen aber offerieren zunehmend auch Direktbanken und immer mehr Filialbanken digitale Ratgeber für Anleger, zum Teil in Kooperation mit Fintech-Firmen. Auch ETF-Anbieter arbeiten vermehrt mit Robo-Advisorn zusammen.

Denn diese digitalen Finanzberater verwenden vor allem ETFs als Bausteine für die von ihnen vorgeschlagenen und angebotenen standardisierten Wertpapierdepots. Der Grund ist klar: Sie sind kostengünstig, einfach zu verstehen und ermöglichen auch jungen Leuten mit relativ geringen Ersparnissen eine breite Streuung ihrer Aktien- und Zinsanlagen. Bei den Robo-Advisorn ist, zumindest bei den fortschrittlichen Angeboten, alles automatisiert und standardisiert. Von der Einrichtung eines Depots über die Risikoeinstufung, die Wahl der Strategie und die passenden ETFs bis hin zum Rebalancing, also der Anpassung der gewählten Depotstruktur – alles können die Algorithmen der digitalen Ratgeber online abwickeln. Das ist natürlich nicht kostenlos zu haben. Die Fintechs ebenso wie die Banken verlangen dafür Gebühren und Provisionen. Die Kostenunterschiede zwischen den Anbietern sind relativ groß. Wer auf Roboter setzt, sollte also vorher genau die Kosten vergleichen. Aber wer sich ein wenig auskennt mit ETFs, kann auf die Automaten auch verzichten, denn mit Indexfonds lässt sich relativ leicht selbst ein Depot oder ein Sparplan erstellen.

Bisher haben die digitalen Berater noch nicht den durchschlagenden Erfolg, den viele erwartet hatten. Für Ende 2017 wurde das verwaltete Vermögen in Deutschland auf rund eine Milliarde Euro geschätzt. Aber da die Banken nun stärker mitmischen, dürfte das Wachstumstempo zulegen. Wenn mit Hilfe der Robo-Advisor mehr junge Menschen als bisher, aber natürlich auch ältere Anleger, an Aktien herangeführt werden, wäre das eine prima Sache.

Viele Manager versuchen, mangelnde Diversifikation und Schwankungen mit so genannten Risikoabsicherungsstrategien zu begegnen. Doch nicht zuletzt die Wissenschaft hat die Grenzen der herkömmlichen Risikoab-

sicherung aufgezeigt. Bei Lichte besehen verlieren Anleger bei Risikoabsicherungsstrategien mehr, als sie gewinnen. Nachweislich schaffen ab-
gesicherte Portfolios weniger Renditen, selbst wenn man die Kosten der
Absicherung abzieht. Risikoabsicherungsmethoden wie etwa *Stop-Loss-
Orders* führen langfristig zu einer schlechteren Performance.

Eine optimale, das heißt letztlich globale Diversifikation ist für Privatanleger realistisch mit einem vertretbaren Aufwand nur mit Investmentfonds zu leisten, jedoch am leichtesten und kostengünstigsten klappt das
mit ETFs. Es klingt paradox, doch in der Wirklichkeit stellt es sich als zutreffend heraus: Wer auf den Durchschnitt zielt, hat gute Chancen, im Ergebnis über dem Durchschnitt zu landen. Indexanlagen liefern lediglich
die Marktrendite, also den Marktdurchschnitt, abzüglich geringstmöglicher Kosten und Steuern. Ein Indexanleger gibt sich folglich von vornherein mit einer »mittelmäßigen« Rendite zufrieden.

Aber nur auf den ersten Blick: Wenn man die Nettorendite eines Indexfonds der durchschnittlichen Nettorendite aller vergleichbaren aktiven
Anleger bzw. aller aktiv gemanagten Fonds gegenüberstellt, dann liegt
diese über diesem Durchschnitt. Hierin besteht das vermeintliche Para-
doxon. Indexanleger erwirtschaften zwar nur die durchschnittliche Marktrendite, liegen damit aber immer noch deutlich über dem Durchschnitt
aller aktiven Anleger, die mal über, aber öfter unter dem Durchschnitt
liegen.

Indexing ist aktivem Anlegen deshalb vorzuziehen, weil in unzähligen
Studien nachgewiesen wurde, dass aktive Anlagestrategien durchschnittlich unter der Marktrendite abschneiden und es keine Performance-Kon-
stanz gibt. So provokativ es klingen mag: Aktives Investieren ist spekula-
tiver als passives Index-Investing. Denn beim aktiven Depot weicht der
Anleger bewusst vom Vergleichsindex ab und über- oder untergewichtet
bestimmte Aktien. Das ist mal richtig, mal falsch.

Das Gleiche gilt für *Timing*. Es kann gut gehen oder auch schieflau-
fen, besitzt insofern spekulativen Charakter. Überdies verzichtet der aktive Anleger auf eine mögliche breite Risikostreuung. Und zu guter Letzt
mindern im aktiven Investieren die höheren Kosten die Rendite. In der
Summe begründen diese Faktoren, weshalb aktive Fonds langfristig die
ETFs nicht schlagen können.

Deshalb muss ich in Bezug auf aktiv gemanagte Fonds folgendes er-
nüchterndes Fazit ziehen:

- die allermeisten aktiven Fonds unterschreiten den jeweiligen Market Index
- die Gewinnerfonds sind nicht vorhersehbar und wechseln von Periode zu Periode.

Dagegen ist Index-Investieren deshalb überlegen, weil es wissenschaftlich etliche Male auf Herz und Nieren geprüft und für die Wirklichkeit als überaus tauglich empfunden wurde. Salopp ausgedrückt: Indexing funktioniert sowohl in der Theorie als auch in der Praxis. Wer etwa einen Indexfonds auf den *MSCI* Weltindex erwirbt, der nimmt eins zu eins an der Wertentwicklung von über 1.672 Aktien aus genau 40 Industrieländern teil. ETFs kann jeder Anleger, genauso wie Aktien, über seine Bank oder seinen Broker zu den üblichen Spesen kaufen und genauso problemlos wieder verkaufen.

Bei ausgewählten Anleihen-ETFs ist die Diversifikation noch breiter – hier gibt es ETFs mit über 10.000 verschiedenen Anleihen aus bis zu 70 Ländern. Der *iShares Global High Yield Bond* beispielsweise enthält 1.421 Einzeltitel, das heißt, im Durchschnitt beträgt der Anteil pro Einzeltitel in diesem Portfolio gerade einmal 0,07 Prozent. Wenn hier eine Anleihe mal nicht zurückgezahlt wird, hat das kaum Auswirkungen auf den Kurs. ETFs sind damit gerade für Privatanleger das optimale Instrument zur Risikostreuung. Denn: Diversifikation und Kostenvorteile verbessern in der Regel langfristig die Rendite, und zwar deutlich.

MEIN RAT: FAULENZEN UND FREMDGEHEN

Indexing ist wie gesehen den aktiven Fonds überlegen, weil alle empirischen Ergebnisse dies belegen. In der Tat können wir durch diese einfache und bequeme Art des Anlegens sicher sein, langfristig bei der allgemeinen Vermögensbildung und insbesondere bei der Altersvorsorge im vorderen Bereich aller Marktteilnehmer zu landen.

Wenn es um Einfachheit, niedrige Kosten und eine solide Performance geht, sind die ETFs unschlagbar. Es müssen aber nicht immer die ganz großen oder ganz bekannten Indizes wie *DAX*, *Nikkei* oder *MSCI World* sein, mit denen die Diversifikation erreicht werden soll: Für den Aufbau eines langfristigen Vermögens halte ich, wie bereits im Kapitel über Anleihen dargestellt, in erster Linie Aktienklassen, wie Value-Aktien (Subs-

tanzwerte), Nebenwerte und Aktien aus Schwellenländern, für unerläss
lich. Auf der Liste der weit mehr als 1.000 ETFs, die an den deutschen
Börsen gehandelt werden, stehen Indexfonds mit Schwerpunkt China, Japan oder Nordeuropa ebenso wie mit dem Fokus auf dividendenstarke
Aktien aus Deutschland, *Small Caps* aus Schwellenländern oder Indexfonds auf Rohstoffaktien. Die Auswahl ist also riesengroß.

Und jeder dieser ETFs umfasst eine breite Palette von Einzeltiteln,
streut also das Risiko und erhöht die Renditechancen. Beispielsweise
kann ein gemischtes Depot, bestehend aus Aktien- und Anleihe-ETFs, das
breit international diversifiziert ist, gerade mal 15 ETFs enthalten, die aber
insgesamt 8.000 bis 10.000 Einzeltitel abdecken. Ein Privatanleger kann
aufgrund dieser Vielzahl an Möglichkeiten mit Hilfe von Indexfonds
schon mit kleinen Beträgen eine genauso umfassende Diversifikation erreichen wie der Großanleger mit einem Milliardenvermögen. Und das zu
Kosten, die gar nicht viel höher sind als für die Großanleger. Ich nenne
das die Demokratisierung der Geldanlage.

Während in den ersten Jahren nach der Einführung von ETFs in
Deutschland überwiegend die bekannten Leitindizes, vor allem der
DAX, nachgebildet worden sind, spielen inzwischen Indexfonds auf
spezielle Kursbarometer, also auf bestimmte Themen, eine wachsende
Rolle. Allerdings warne ich: Nicht jeder Index, der in jüngster Zeit von
den Indexanbietern entwickelt und von Fondsgesellschaften mit ETFs
umgesetzt worden ist, hat seine Daseinsberechtigung. Sie werden unter
den wohlklingenden Oberbegriffen *Smart-Beta-* oder *Faktor-*ETFs angepriesen.

Da wird inzwischen von den Banken und Fondshäusern viel Schindlu-
der getrieben. Sie kreieren neue ETFs wie am Fließband, weil es en vogue
ist, spezielle Indexfonds zu kaufen. Der einfache Grund dafür ist, dass
sie mit einem simplen Index-ETF, wie etwa dem *DAX*, gerade mal rund
0,1 Prozent im Jahr verdienen. Mit den neumodischen ETFs bekommen
sie viel mehr Geld, weil man für Modeware deutlich höhere Gebühren
verlangen kann als für die so genannten Brot-und-Butter-ETFs auf *DAX*,
EURO STOXX, *S&P 500* oder *NASDAQ 100*.

Also: Seien Sie vorsichtig bei teuren ETFs auf neu geschaffene Indizes,
die wenig erprobt sind und deshalb Enttäuschungspotential bergen. Abgesehen davon werden viele von ihnen, die nicht die notwendige Größe
erreichen, wieder geschlossen werden, wie das Jahr für Jahr bei zahlrei-

r Fall ist. Anleger erhalten zwar dann ihr Geld voll zurück –
ıt Ungemach und Kosten, wenn man in andere ETFs tau-

Zwei wichtige Erkenntnisse für die Anlage in ETFs

Doch auch ETFs sind keine Anlagen, die Ihnen alles abnehmen. Auch ETFs muss ein Anleger strategisch managen, hier muss er ebenfalls eine kluge Auswahl treffen. Denn auch bei den Indexfonds lauern Fallstricke, die einen Anleger um viel Gewinn bringen können.

Zunächst ist es in meinen Augen vernünftig, mit ETFs auf wissenschaftlich bewährte und in der Praxis seit vielen Jahrzehnten untersuchte Aktiengruppen zu setzen. Und da nehmen zwei Themen eine herausragende Rolle ein, die ich schon seit längerem klar favorisiere, weil sie eine deutliche Mehrrendite gegenüber reinem Index-Investieren bieten.

Der Nobelpreisträger Professor Eugene Fama hat schon im Jahr 1992 eine interessante Entdeckung gemacht und bewiesen, dass niedrig bewertete Value-Aktien (auch Substanzaktien genannt) langfristig besser abschneiden als Growth-Aktien. Und Aktien kleiner Unternehmen (die so genannten Nebenwerte) besser als die großer. Und das in nahezu allen Ländern. In der Wissenschaft ist Famas Ansatz als *Small Cap Value Premium* berühmt geworden. *Premium* bedeutet Überrendite. Die Schlussfolgerung daraus ist, dass mit einer Übergewichtung von Value- und *Small-Cap*-Aktien (Nebenwerte) langfristig höhere Renditen erzielt werden als mit »normalen« Indizes und auch mit Growth-Aktien und großen Aktien, also den Standardwerten aus dem *DAX* oder dem *Dow Jones Industrial*.

Klein schlägt groß

Dass kleine Aktien die großen weit aus dem Feld schlagen, lässt sich treffend an den deutschen Aktienindizes ablesen: Während der *DAX* mit den 30 größten Aktien von seiner Basisnotierung von 1.000 Punkten am 31.12.1987 bis Ende Oktober 2017 auf 13.200 Zähler zugelegt hat, ist der *MDAX* mit den 50 mittelgroßen Aktien auf über 26.000 Punkte davongespurtet, er hat also Anlegern doppelt so hohe Erträge (Kursgewinne plus Dividenden) beschert.

Oder um es anschaulich zu machen: Wer Ende 1987 ein *DAX*-ETF (das es damals leider noch nicht gab) für 2.000 Mark (also rund 1.000 Euro) gekauft hätte, würde jetzt etwa 13.200 Euro besitzen, wer den gleichen Betrag in ein *MDAX*-ETF investiert hätte, wäre jetzt stolzer Besitzer von über 26.000 Euro, hätte also sein Kapital auf das 26-Fache gesteigert, der *DAX* dagegen »nur« auf das 13-Fache.

Es ist seltsam: Obwohl der *DAX* der Index unter den vier deutschen Auswahlindizes (die anderen sind *MDAX*, *SDAX* und *TecDAX*) ist, der langfristig die niedrigste Rendite bringt, kaufen Anleger am liebsten die Aktien aus dem *DAX* und ETFs auf den Leitindex. Im Jahr 2016 waren *DAX*-ETFs an der Deutschen Börse die mit Abstand am häufigsten gehandelten Indexfonds. Sie erzielten einen Umsatz von über 34 Milliarden Euro, *MDAX*-ETFs dagegen kamen als Nummer zehn gerade einmal auf 2,7 Milliarden Euro, also auf nicht einmal acht Prozent der *DAX*-ETFs.

Hier sollten, so mein Ratschlag, die Anleger umdenken und eine ansehnliche Portion ETFs auf kleine und mittlere Unternehmen in ihre Depots aufnehmen. Das zahlt sich langfristig enorm aus. Der *MDAX* ist das Paradebeispiel, aber auch *SDAX* und *TecDAX* brachten in der Vergangenheit deutlich höhere Renditen als der *DAX*. Aber nicht nur sie. Auch im Ausland gilt das, was Eugene Fama nachgewiesen hat: Klein schlägt langfristig groß.

Global schlägt national

Da wären wir dann auch schon bei dem anderen großen Fehler, den die meisten deutschen Anleger machen. Sie konzentrieren sich viel zu sehr auf deutsche Aktien und vernachlässigen sträflich die Chancen ausländischer Wertpapiere. Im Fachjargon heißt das *Home Bias* (frei übersetzt: Heimatliebe). Man kauft nur das, was man kennt und »geht nicht fremd«. Das ist zwar im wirklichen Leben verpönt, aber an der Börse bringt es höhere Erträge plus ein geringeres Risiko mit sich.

Im Jahr 2015 haben mehrere Direktbanken 2,5 Millionen Kundendepots ausgewertet. Das Ergebnis: Unter den *Top Ten* der häufigsten Aktien befanden sich neun *DAX*-Werte. Einziger ausländischer Wert war die *Apple*-Aktie, die zu der Zeit enorm gestiegen war und über die jeden Tag neue Jubelmeldungen in den Finanz- und Computermedien verbreitet wurden.

Anleger kaufen nun einmal am liebsten das, was sie kennen und was ihnen vertraut ist. Und sie glauben, dass sie die Entwicklung von *Daimler*, *BASF*, *Siemens* oder *SAP* besser einschätzen können als die von *Toyota*, *General Electric* oder *BP*. Das mag in vielen Fällen tatsächlich zutreffen, weil in den Medien viel mehr über heimische Unternehmen berichtet wird als über ausländische. Aber, und das belegen Studien, dieser Glaube führt oft zur Selbstüberschätzung von Anlegern. In der Wissenschaft nennt man das den *Overconfidence-Effekt*. In der globalisierten Welt aber spielen die Deutschland-Geschäfte längst nicht mehr die dominierende Rolle bei deutschen Konzernen.

So hat die Beratungsgesellschaft *Ernst & Young* im Jahr 2016 errechnet, dass 13 der 30 im *DAX* vertretenen Unternehmen mehr als 80 Prozent ihres Umsatzes im Ausland erzielen. Bei zwei *DAX*-Unternehmen sind weniger als zehn Prozent der Beschäftigten in Deutschland tätig. Da reicht der Blick auf das Deutschland-Geschäft oder die Arbeitsplätze im Inland bei weitem nicht, um die Aussichten eines Unternehmens beurteilen zu können. Mit ETFs dagegen partizipieren Anleger bequem von den erwiesenermaßen risikomindernden und renditesteigernden Wirkungen der internationalen Streuung.

8. So investieren Sie klug mit ETFs

Erfolgreich investieren bedeutet, Firmenanteile zu besitzen und die enormen Erträge zu ernten, die durch die Dividenden und die wachsenden Gewinne der Unternehmen entstehen.

John Bogle, »Erfinder« von Indexfonds für Privatanleger

Nun, da Sie die grundlegenden Fakten über Indexfonds kennen, fehlt nur noch das Wichtigste: Wie können Sie diese Kenntnisse umsetzen und ein ETF-Depot aufbauen, das für Ihre Situation und für Ihre finanziellen Ziele am besten geeignet ist? Ich betone dabei ausdrücklich das *Ihre*, weil jeder Anleger andere Voraussetzungen mit sich bringt – unterschiedliche Familienverhältnisse, verschiedenes Alter, verschiedene Ziele, verschiedenes Einkommen, verschiedenes Vermögen und vor allem verschiedene Einstellung zu Risiken in der Geldanlage. Ich werde in einem nachfolgenden Kapitel darstellen, wie ein meiner Ansicht nach für Privatanleger optimales Depot für die Altersvorsorge aussehen könnte, also für den langfristigsten und wichtigsten Sparvorgang in unserem ganzen Leben.

Aber natürlich gibt es auch andere Ziele, für die wir Geld auf die hohe Kante legen, von der eigenen Immobilie über die Ausbildung unserer Kinder bis hin zum Kauf eines Autos, eines Motorrads, einer teuren Multimedia-Anlage oder für eine Traumreise. Auch hier hilft es uns, systematisch anzulegen. Am allerwichtigsten dabei ist es, die richtige *Asset Allocation* – also die Aufteilung in die verschiedenen Anlageklassen – zu bestimmen. Ich habe schon mehrmals ausgeführt, dass über 90 Prozent des Anlageerfolgs davon abhängen, in welchem Verhältnis die beiden wichtigsten Anlageklassen Aktien und Zinspapiere gemischt werden. Und dass entgegen der landläufigen Meinung die Aktienauswahl (*Stock Picking*) und das *Timing* von Käufen und Verkäufen nicht einmal zehn Prozent zum Ergebnis beitragen.

Viele, zu viele Deutsche haben eine große Scheu vor allem, was nach Risiko ausschaut. Und die Ausgeburt allen Risikos ist für viele die Aktie.

Ich hoffe, ich konnte Sie in den vorigen Kapiteln davon überzeugen, dass diese Angst unberechtigt ist, weil die Anleger nur die kurzfristigen Verluste sehen, die bei Aktien ganz normal sind, nicht aber die langfristig unschlagbaren Renditen. Aktien sind natürlich risikoreicher als Zinsanlagen. Deshalb müssen sie eine höhere Rendite bringen, den so genannten Risikoaufschlag. Dieser Umstand erklärt, warum langfristig – über Jahrzehnte – Aktien gegenüber Staatsanleihen nach Abzug der Inflationsrate eine um vier bis fünf Prozentpunkte höhere Rendite pro Jahr abwerfen.

Rendite ist nun einmal der »Lohn« für das Eingehen von Risiken. Und der Lohn in Form der langfristigen Durchschnittsrendite von Aktien ist weltweit mit jährlich rund zehn Prozent (real, also nach Abzug des Preisanstiegs sind es sechs bis sieben Prozent) sehr viel höher als der »Lohn« für Zinsanlagen, der beim jetzigen Zinsniveau nahe null liegt und real sogar negativ ist, also eine schleichende Entwertung der Ersparnisse bedeutet.

EINMALANLAGE ODER SPARPLAN?

Wer einen längerfristigen Sparvorgang von mehr als fünf Jahren in Gang setzt, sollte auf jeden Fall Aktien mit einbauen. Wie viel Prozent des Vermögens oder der monatlichen Sparleistung darauf entfallen, ist – wie gesagt – individuell verschieden und kann zwischen zehn Prozent und 70 bis 80 Prozent liegen. Für den Aktienanteil eignen sich ETFs ideal. Ich bezeichne sie als Glücksfall für private Anleger und als Demokratisierung der Geldanlage, weil sie jeden Sparer dazu befähigen, auf Augenhöhe mit den Großanlegern zu investieren. Und das mit einfachen, bewährten und nach wissenschaftlichen Erkenntnissen konstruierten Produkten, die zudem in höchstem Maße transparent sind – und vor allem sehr viel kostengünstiger als klassische Fonds, Zertifikate oder Versicherungslösungen.

Wenn wir uns nur den Aktienanteil an einem Depot anschauen, müssen wir unterscheiden, ob einmal oder mehrmals größere Beträge investiert werden sollen (die Einmalanlage) oder ob es sich um einen kontinuierlichen Sparprozess in Form eines Sparplans handelt.

Beginnen wir mit der Einmalanlage. Nehmen wir an, sie beträgt 10.000 Euro. Da Banken und Sparkassen oft Mindestprovisionen bei Wertpapiertransaktionen von 25 bis 50 Euro verlangen (bei Onlinebanken sind es auch weniger), lohnt es sich nicht, die 10.000 Euro in zu viele Einzelteile, sprich ETFs zu zerlegen. Mehr als vier Indexfonds würden zu hohe Bankgebühren verschlingen.

Viele ETF-Experten raten bei Beträgen in dieser Größenordnung nur zu einem einzigen Aktien-ETF, nämlich auf den *MSCI World*. Ich persönlich halte von diesem Rat nicht viel. Zum einen, weil damit nur die Industrieländer abgedeckt werden und die wachstumsstärkeren Schwellenländer völlig außen vor bleiben. Zum anderen, weil der *MSCI* Weltindex, wie schon geschildert, viel zu USA-lastig ist, da fast 60 Prozent der Kursentwicklung von amerikanischen Aktien abhängt. Deutschland dagegen besitzt nur ein Indexgewicht von rund 3,5 Prozent, also den siebzehnten Teil davon, obwohl die Wirtschaftsleistung der USA (gemessen am *BIP* 2016, dem Bruttoinlandsprodukt) »nur« gut fünfmal so groß ist.

Da Deutschland im Verhältnis zu seiner Wirtschaftskraft viel weniger Aktiengesellschaften aufweist als viele andere Staaten (weil der Mittelstand, das Rückgrat der deutschen Wirtschaft, zu einem großen Teil aus nicht börsennotierten Familienunternehmen besteht), kommen heimische Aktien im *MSCI*-Weltindex leider viel zu kurz. Sie haben (Stand Mitte 2017) etwas weniger Einfluss als französische (vier Prozent) und sogar nur gut halb so viel wie britische Aktien (6,8 Prozent), obwohl die deutsche Wirtschaftsleistung um über ein Viertel höher ist als in diesen beiden Staaten.

FTSE-Indizes machen MSCI Konkurrenz

Die allermeisten ETF-Anbieter verwenden Aktienindizes von MSCI, wenn sie die globalen Märkte nachbilden. Insbesondere der MSCI World und der MSCI Emerging Markets erfreuen sich weiter Verbreitung, aber auch auf den MSCI All Country World, der die Indizes der Industrie- und der Schwellenländer vereint, gibt es zahlreiche ETFs. Darüber hinaus bilden viele Indexfonds auch regionale MSCI-Indizes wie den MSCI Europe oder Faktor-Indizes wie Value-, Growth- oder Small-Cap-Indizes von MSCI nach. Unter den großen Anbietern von Indexfonds gibt es allerdings eine Ausnahme: Vanguard, der Pionier von Indexfonds für Privatanleger und zweitgrößter Vermögensverwalter der Welt, hat seit 2012 zahlreiche Produkte von MSCI auf FTSE Russel umgestellt – aus Kostengründen. Die Lizenzgebühren für MSCI-Indizes waren Vanguard zu hoch geworden, und da die Gesellschaft danach trachtet, stets die preiswertesten Indexfonds anzubieten, ist der Wechsel zu den »Footsies«, wie die FTSE-Indizes genannt werden, erfolgt. Die dadurch erzielten Einsparungen will das Unternehmen, hat Vanguard versprochen, an die Kunden weitergeben.

Wer aber ist FTSE Russel? Entstanden als Indexanbieter der Zeitung Financial Times ist FTSE voll von der Londoner Börse übernommen worden und kann seit dem Kauf der vor allem durch den breiten US-Aktienindex Russell 2000 bekannten Firma Russell eine breite Palette an Indizes anbieten. Als Konkurrenz zum MSCI World berechnet das Unternehmen den FTSE Developed, als Ersatz für den MSCI Emerging Markets den FTSE Emerging und als Kombination aus beiden den FTSE All World. Der FTSE Developed beispielsweise enthält mit über 2.100 Aktien sogar rund 500 Titel mehr als der MSCI World. Die Branchen- und Ländergewichtung ist ähnlich, allerdings ist der US-Anteil mit gut 56 Prozent (September 2017) um etwa drei Prozentpunkte geringer. Das liegt an der größeren Zahl von Aktien im Index. Ich habe in meiner ETF-Liste in Kapitel 9 einige Indexfonds von Vanguard aufgenommen, da sie seit Ende Oktober 2017 auch an deutschen Börsen gehandelt werden. Die Qualität der FTSE Indizes unterscheidet sich kaum von derjenigen der MSCI-Indizes, sie sind jedoch weniger bekannt und deshalb sind Informationen über sie relativ selten in deutschen Medien erhältlich. Die Renditeentwicklung der vergleichbaren MSCI-und FTSE-Indizes verläuft seit 2012 nahezu parallel.

Das bedeutet aber auch, dass Sie problemlos die »Footsie«-Indizes statt der MSCI-Indizes verwenden können, wenn die entsprechenden ETFs preiswerter sind oder wenn es, wie bei Vanguard, gar keine MSCI-ETFs gibt. Das gilt auch für meine Depotvorschläge in Kapitel 10.

Eine Alternative wäre der *MSCI ACWI* Index. Das *ACWI* steht für *All Country World Index*. Er vereinigt den *MSCI Welt* und den *MSCI Emerging Markets* und enthält fast 2.500 Aktien. Die USA sind mit gut 50 Prozent vertreten, die Schwellenländer mit gut zehn Prozent und Deutschland mit gut drei Prozent. Der Wermutstropfen: Die jährlichen Kosten, gemessen an der Gesamtkostenquote, sind mit rund 0,4 Prozent etwa doppelt so hoch wie beim *MSCI World*.

Bei höheren regelmäßigen Sparsummen können die Beträge gesplittet werden. Da die Onlinebanken ETF-Sparpläne zum Teil ohne Gebühren oder mit nur geringen Kaufkosten anbieten und zudem die Depotführung häufig kostenlos ist, können mit 200 Euro bis zu vier verschiedene ETFs gemischt werden – beispielsweise in die beim 10.000-Euro-Depot aufgeführten Indexfonds.

DAS MÜSSEN SIE BEI EINEM ETF-DEPOT BEACHTEN

Egal, ob als Einmalanlage oder als Sparplan – ganz wichtig ist es, die ETFs nicht hin und her zu handeln, sondern konsequentes *Buy and Hold* zu praktizieren, also kaufen und liegen lassen. Ganz im Sinne von Warren Buffett, der einmal meinte: »Meine bevorzugte Anlagedauer einer Aktie ist für immer.« Nur wer das beherzigt, kann die vielen Vorteile von ETFs langfristig komplett nutzen. Jedes Traden kostet Geld, Nerven und auf Dauer Rendite. Außerdem verringert es die eingebauten Steuervorteile des *Buy and Hold*.

Beim Kaufen und Liegenlassen profitiert der komplette gesparte Geldbetrag nämlich die ganze Zeit von Kurssteigerungen. Wer dagegen zwischenzeitlich immer wieder verkauft, muss auf die Kursgewinne jedes Mal Abgeltungsteuer von 26,38 Prozent (inklusive Soli) zahlen, die er bei der Wiederanlage nicht mehr einsetzen kann. Die hat ja der Staat kassiert. Wer die ETFs einfach liegen lässt, muss zwar auch Abgeltungsteuer bezahlen – aber erst wenn er sein Sparziel erreicht hat und verkauft, also beispielsweise nach zehn Jahren. Dieser Steuerstundungseffekt, den Warren Buffett als »zinsloses Darlehen vom Staat« bezeichnet, erhöht die ETF-Rendite im Vergleich zu Depots deutlich, in denen immer wieder verkauft und gekauft wird – je länger die Anlagedauer ist, umso mehr.

Ebenso wie bei klassischen Fonds gibt es bei ETFs Produkte, die Dividenden ausschütten – meistens einmal jährlich –, und solche, die thesaurieren, also automatisch wieder anlegen, ohne dass Anleger dazu einen Finger rühren müssen. Für den langfristigen Sparprozess eignen sich thesaurierende ETFs klar besser, weil Spesen und Gebühren für die Wiederanlage entfallen und weil der Zinseszinseffekt stärker wirkt. Thesaurieren hat zudem einen psychologischen Effekt: Dividenden, die aus geschüttet werden, landen auf dem Girokonto und werden of ausgegeben, ohne an eine Wiederanlage zu denken. Von den Anlegern versteuert werden müssen die Dividenden sowohl bei ausschüttenden als auch bei thesaurierenden ETFs.

Doch auch ETFs sind kein Schlaraffenland für Anleger. Erfolg wird man auf lange Sicht nur mit der richtigen Herangehensweise und einer klugen Auswahl erreichen können. Was also bleibt konkret zu tun? Eine gute Herangehensweise ist, sich vor allem auf die Stärken der ETFs zu konzentrieren. ETFs ermöglichen es den privaten Anlegern nicht nur, bequem die großen internationalen Indizes zu »kaufen«.

Für noch bedeutsamer halte ich es, dass sie auch den Einstieg in Nebenwerte-Indizes anderer Länder und Regionen leicht und preiswert machen. Dies ist überhaupt nur mit ETFs möglich. Da auch international Aktien kleinerer Unternehmen nach den wissenschaftlichen Erkenntnissen langfristig besser abschneiden als große, sollten Anleger gezielt das attraktive *Small Cap Premium* an fremden Märkten nutzen. Also: Keine Scheu vor ETFs auf *Small-Cap*-Indizes, die ganze Erdteile (wie Europa oder Asien), ganze Ländergruppen (zum Beispiel *Emerging Markets*) oder große Staaten wie den USA abbilden. Das erhöht den Diversifikationseffekt, senkt damit das Risiko und steigert in der Regel die Rendite.

Allerdings sind die jährlichen Kosten für derartige ETFs etwas höher, weil es nun einmal wegen der geringeren Handelsumsätze oft aufwändiger und teurer ist, Nebenwerte zu handeln als die hochliquiden *Blue Chips*. Außerdem müssen sich Anleger bei *Small Caps* – bei deutschen wie ausländischen – auf stärkere Kursschwankungen, also eine höhere Volatilität, als bei Standardwerten einrichten, insbesondere in Zeiten, in denen die Kurse stark fallen. Langfristig aber zahlt sich das in höheren Erträgen aus.

SUBSTANZAKTIEN GLÄNZEN MIT HOHEN RENDITEN

Wenn man sich die Börsenentwicklung der letzten Jahre anschaut, kann man kaum glauben, dass die Aktien aus den »alten« Industrien langfristig deutlich besser abschneiden als die glamourösen Papiere aus dem Technologiesektor und aus anderen Wachstumsbranchen. Die Medien waren und sind voll von Storys über die in der Tat fantastischen Kursgewinne der amerikanischen *Hightech*-Riesen, bekannt als *FAANG*-Aktien. Das sind die Weltmarktführer *Facebook, Apple, Amazon, Netflix* und *Google,* wobei *Google* an der Börse als *Alphabet* (so bezeichnet sich die Muttergesellschaft) firmiert. Diese fünf amerikanischen Unternehmer sind die Aushängeschilder des Wachstums- oder Growth-Sektors.

Darunter versteht man oft die so genannten Zukunftsbranchen, die vor allem von der rasend schnellen Entwicklung des Internets und der digitalen Revolution profitieren, darunter fallen aber auch Branchen wie *Bio-Tec*, Umwelttechnik oder erneuerbare Energien. Die Unternehmen dieser Branchen weisen hohe Wachstumsraten beim Umsatz und meistens auch beim Gewinn auf. Allerdings ist das Wachstumstempo, wie ich schon geschildert habe, häufig im Kurs bereits weitgehend enthalten. Deshalb sind Growth-Aktien hoch bewertet. So wies beispielsweise die *Amazon*-Aktie Ende Oktober 2017 ein KGV von rund 250 auf. Das ist fast 15-mal so teuer wie der Durchschnitt der im *S&P 500* enthaltenen Aktien. *Netflix* als noch relativ junges Unternehmen kam auf ein KGV von 160. Auch die *Google*-Mutter *Alphabet* und *Facebook* mit einem KGV von jeweils 32 waren weit überdurchschnittlich teuer.

Value- oder Substanzaktien hingegen sind häufig aus traditionellen Sektoren wie Autobau, Maschinenbau, konventionelle Energien oder Konsumgüter. Sie zeichnen sich in der Regel dadurch aus, dass sie »Value« besitzen, also Werthaltigkeit. Mit anderen Worten: Sie sind im Vergleich zum Marktdurchschnitt niedrig bewertet, mit KGVs oft von knapp über zehn, manchmal sogar darunter. Das rührt daher, dass die Anleger relativ (im Vergleich zu Growth-Unternehmen) geringe Erwartungen hinsichtlich künftiger Gewinnzuwächse dieser Unternehmen hegen und sie deshalb in ihren Depots untergewichten. Daher ist die Wahrscheinlichkeit hoch, dass sie langfristig positiv überraschen, also ein stärkeres als das unterstellte Gewinnwachstum erzielen.

Übrigens profitieren die »alten« Industrien natürlich auch von den Fortschritten in den Wachstumssektoren. Als Anwender der neuen Techniken und innovativer Methoden hilft es den traditionellen Unternehmen bei der Senkung der Kosten und bei der Steigerung ihrer Produktivität. Die Value-Prämie, also die langfristig höhere Rendite gegenüber Growth-Aktien, ist eine Strategie, die wissenschaftlich bestens erforscht und nachgewiesen ist. Auch wenn es – wie in jüngster Zeit – oft mehrere Jahre in Folge gibt, in denen Value-Aktien hinter dem Growth-Sektor herhinken, sollten langfristige Anleger gezielt mit ETFs auf Value-Unternehmen setzen.

Growth-Aktien hingegen bergen erhebliches Enttäuschungspotenzial. Da die Anleger jährliche Wachstumsraten bei Umsatz und Gewinn von 20 Prozent und mehr unterstellen müssen, um die hohe Bewertung zu rechtfertigen, steigt mit zunehmendem Firmenalter und dem Umsatzvolumen das Risiko, dass sich das Expansionstempo verlangsamt. Und dann sind die Börsen gnadenlos: Sie strafen diese Unternehmen mit massiven Aktienverkäufen ab, die Kurse fallen dann oft innerhalb weniger Tage um zweistellige Prozentraten. Außerdem werden immer höhere Investitionen nötig, um mit der Konkurrenz Schritt zu halten und stets auf dem neuesten technologischen Stand zu bleiben. Die meisten Growth-Unternehmen zahlen deshalb ihren Aktionären auch keine oder nur eine geringe Dividende, weil sie die Gewinne benötigen, um die hohen Investitionen zu finanzieren.

Value-Unternehmen schütten im Gegensatz dazu üblicherweise einen relativ hohen Prozentsatz ihrer Erträge an die Aktionäre aus – in Deutschland sind es im Durchschnitt 40 bis 50 Prozent. Sie müssen nicht so viele Investitionen tätigen, weil der technische Fortschritt in ihren Branchen weniger dynamisch verläuft als in den Sektoren von *Hightech*. Substanzaktien weisen deshalb häufig überdurchschnittliche Dividendenrenditen auf. Drei Prozent und mehr sind durchaus üblich. Im Vergleich zu den Nullzinsen für Bankeinlagen und kurzfristige Anleihen ist das eine ganze Menge.

Während es für private Anleger außerordentlich mühsam ist, diese Value-Prämie, wie es Professor Fama genannt hat, mit Einzelwerten zu vereinnahmen, klappt dies mit ETFs ganz einfach. Es gibt eine Vielzahl von Value-ETFs, global ebenso wie für verschiedene Länder und Regionen. Eine große Rolle spielt dabei der Indexanbieter *MSCI*, der seinen Weltindex (*MSCI World*) in Growth- und Value-Titel gesplittet hat. Der *MSCI World Value* Index enthält die Aktien aus 23 Industrieländern, die bei den Kriterien KGV, Dividendenrendite und Kurs-Buchwert-Verhältnis (KBV) bestimmte Kennzahlen erreichen. Für die Aufnahme in den *MSCI World Growth* Index werden sogar fünf Kriterien verwendet, um die Aktien herauszufiltern. Da sich Growth und Value manchmal überlappen, gibt es einige Aktien, die in beiden Stil-Indizes enthalten sind.

Ende Oktober 2017 wiesen die Aktien des *MSCI World Value* folgende Durchschnittskennzahlen auf: KGV 15, Dividendenrendite 3,3 Prozent und Kurs-Buchwert-Verhältnis 1,7. Beim Growth-Pendant sahen die Werte so aus: KGV 24, Dividendenrendite 1,5 Prozent und Kurs-Buchwert-verhältnis 3,8. Wer sich ein wenig mit der Aktienbewertung erkennt auf einen Blick, um wie viel preiswerter die *MSCI-Valu* tien gehandelt werden. Und das zahlt sich langfristig eben aus.

Während die beiden *MSCI*-Indizes nur große und mittelgroße Unternehmen enthalten, gibt es eine Reihe anderer Börsenbarometer, die *Small Cap* und *Value* vereinen. ETFs auf diese Indizes halte ich für besonders interessant. Viele der großen ETF-Anbieter haben diese beiden *MSCI*-Indizes in ihrem Programm. Der Nachteil dieser zwei wie auch des *MSCI World* insgesamt liegt darin, dass sie ein starkes Übergewicht an US-Aktien aufweisen. Beim *MSCI* Weltindex sind es fast 60 Prozent, und beim *MSCI World Value* sind die größten zehn Positionen amerikanisch – an der Spitze der Gesundheitswert *Johnson & Johnson* und der Ölriese *Exxon Mobile*. Die Konzentration birgt das Risiko, dass der *MSCI Welt* und damit die ETFs auf ihn und seine Teilindizes stark leidet, falls die US-Börse (oder der Dollar) deutlich mehr verliert als die Märkte der anderen Industriestaaten. Unter Diversifikationsaspekten sind die *MSCI-Welt*-Indizes wegen ihres so genannten Klumpenrisikos (des Übergewichtes der USA) nicht immer die beste Wahl. Regionale Value-Indizes sind als ETF-Basis deswegen ebenfalls besser geeignet.

MIT ETFS IST ES LEICHT, IN EMERGING MARKETS ZU INVESTIEREN

Anders sieht es mit Schwellenländern aus. Dort bietet sich der *MSCI Emerging Markets* als umfassender Index an. Er enthält 840 Aktien aus 24 Ländern, die laut *MSCI* etwa 85 Prozent des Börsenwerts dieser Staaten ausmachen. Fast 30 Prozent des *MSCI Emerging Markets* entfällt auf chinesische Aktien. Die ETF-Anbieter haben zahlreiche Indexfonds auf den wichtigsten Schwellenländer-Index aufgelegt. Sie halten noch eine Reihe andere Schwellenländer-Indizes im Angebot, die überwiegend regional konzentriert sind, zum Beispiel auf Asien oder Lateinamerika.

Nach meinen Erfahrungen sollten Aktien aus den aufstrebenden Staaten, die auf dem Weg zu Industrienationen sind, in keinem Depot fehlen. Denn langfristig weisen sie höhere Erträge aus als die Aktien der Industriestaaten. Die Schwellenländer wachsen schneller, haben im Durchschnitt eine viel jüngere Bevölkerung und tun alles dafür, um möglichst rasch zu den Industriestaaten aufzuschließen. Immerhin leben 80 Prozent der Weltbevölkerung in den Schwellenländern.

Die Entwicklung in den beiden volkreichsten Staaten der Erde – das sind China und Indien – ist für die Weltwirtschaft und die Weltbörsen inzwischen fast so wichtig wie die Entwicklung in den USA. Darüber hinaus sind ETFs auf *Emerging Markets* auch unter dem Aspekt der Diversifikation attraktiv. Ihre Kurse entwickeln sich häufig anders als die von Industrieländeraktien, und dies reduziert das Risiko des Gesamt-Portfolios. Solch attraktive Erträge sind aber auch ein Zeichen für das höhere Risiko als bei Aktien aus den Industriestaaten – vor allem das politische Risiko darf nicht vergessen werden. Mehr Risiko aber bedeutet an den Märkten üblicherweise langfristig auch mehr Ertrag.

Ich hatte schon 1993 die großen Chancen der Schwellenländer erkannt und einen der ersten deutschen Fonds auf die aufstrebenden Länder aufgelegt, den ich zusammen mit meinem Freund Michael Keppler aus New York erfolgreich (also mit besserer Performance als der *MSCI Emerging Markets*) gemanagt habe, den *Pro Fonds (Lux) Emerging Markets*.

DIVIDENDENSTARKE ETFs SORGEN FÜR ATTRAKTIVE ERTRÄGE

Zum Value-Sektor zählen in der Regel auch die Aktien mit überdurchschnittlich hohen und nachhaltigen Dividendenrenditen. Sie gewinnen an Beliebtheit, je länger die Nullzinsphase in Europa anhält, weil mit ihnen wesentlich höhere laufende Erträge erzielbar sind als mit Anleihen oder Bankeinlagen. Außerdem bringen, das zeigt die Historie, dividendenstarke Werte langfristig überdurchschnittliche Gesamtrenditen, da bei diesen Aktien auch die Kursentwicklung überzeugt. Professor Eugene Fama und sein Kollege Kenneth French haben für die USA nachgewiesen, dass Aktien von dividendenzahlenden Unternehmen von 1927 bis 2014 im Durchschnitt 10,4 % Gesamtrendite pro Jahr erzielt haben, die dividendenlosen nur 8,5 %. ETFs, die auf Dividendenstrategien setzen, schießen deshalb wie Pilze aus dem Boden. Im Oktober 2017 wurden an der Frankfurter Börse über 40 Dividenden-ETFs gehandelt – mit höchst unterschiedlichen Indizes als Basis. Darunter finden sich viele interessante ETFs, doch ebenso einige Konzepte, die verbesserungswürdig erscheinen.

So ist der bei uns bekannteste Dividendenindex, der *DivDAX*, viel zu einfach und vergangenheitsorientiert konstruiert, um langfristig gute Ergebnisse zu bringen. Er enthält die 15 *DAX*-Aktien (und ist damit nicht breit genug gestreut) mit den höchsten Dividendenrenditen der Vergangenheit. Aber wie wir in der Finanzkrise erlebt haben, kann das gefährlich werden. Damals zählten die Finanzwerte zu den Top-Zahlern, aber als sie abstürzten, ging es auch mit dem *DivDAX* deutlich abwärts. Hohe Dividendenrenditen können zudem aus einem Kursrückgang und nicht aus Gewinnsteigerungen herrühren, wenn die Börsen schwächere Erträge und Ausschüttungen vorwegnehmen. Überprüft wird die Zusammensetzung des *DivDAX* nämlich nur einmal jährlich – Verliereraktien bleiben damit zu lange im Index.

Viel klüger scheint mir, auf ETFs zu setzen, die nicht allein auf die Dividendenrendite abzielen, sondern zusätzlich qualitative Elemente enthalten. Gute Beispiele dafür sind die STOXX-Indizes und vor allem die *Dividenden-Aristokraten*, weil sie sozusagen die Könige unter den Dividendenzahlern enthalten. In diesen »blaublütigen« Indizes sind nur Aktien enthalten, die seit langer Zeit Jahr für Jahr ihre Ausschüttungen steigern konnten oder zumindest gleich gelassen haben. Beim *S&P US Dividend Aristocrats* sind es 20 Jahre, beim *S&P Global Dividend Aristocrats* und beim *S&P Europe Dividend Aristocrats* jeweils zehn Jahre.

Die in diesen und auch in den *STOXX*-Dividendenindizes (die in den letzten fünf Jahren Dividendenwachstum aufweisen müssen) enthaltenen Aktien weisen demnach ein stabiles Wachstum der Ausschüttungen auf. Dies erscheint mir im Endeffekt wichtiger und ist auch langfristig erfolgreicher als eine nur aktuell hohe Dividendenrendite. Besonders gut geeignet ist der globale Aristokraten-Index, weil er mit Aktien aus über 20 Ländern (Mitte 2017) die breiteste Streuung aufweist. Darüber hinaus gibt es Dividenden-ETFs für verschiedene Regionen, vor allem für Europa, die USA und Asien.

VIELE UNTERSCHIEDLICHE STRATEGIEN MIT ETFS

ETFs auf die drei Strategien *Value*, *Small Caps* und *Emerging Markets* sind meiner Ansicht nach für diejenigen Privatanleger gut zur Depotbeimischung geeignet, die langfristig sparen, insbesondere für die Altersvorsorge. Denn ihre Eigenschaften (die so genannten Faktoren) haben sich seit vielen Jahrzehnten bewährt und immer wieder bewiesen, dass sie einem Depot mehr Rendite und weniger Risiko bringen als Investition in klassische Indizes, die üblicherweise nach der Marktkapitalisierung der Unternehmen gewichtet sind. Daran ändert auch ein schlechtes Abschneiden oft über mehrere Jahre hinweg nichts. Anleger müssen das beim Kauf einkalkulieren.

Die Erfolge, die ETFs mit diesen drei Faktoren erzielt haben, hat die Indexanbieter und die ETF-Emittenten nicht ruhen lassen – und sie haben in den letzten Jahren eine Menge an weiteren Strategie-Indizes und ETFs darauf auf den Markt geworfen. Sie werden üblicherweise als *Faktor*-ETFs oder *Smart-Beta*-ETFs bezeichnet. Faktoren sind Eigenschaften, die in gewissen Zeitspannen der Vergangenheit eine Überrendite im Vergleich zu den klassischen Indizes erzielt haben. Das *Beta* gibt an, wie groß die Schwankungsbreite (Volatilität) einer Aktie oder einer Aktiengruppe im Vergleich zum Gesamtmarkt, zum Beispiel zum *DAX* ist. *Smart Beta* will erreichen, dass mit einer smarten, sprich cleveren Indexkonstruktion (zum Beispiel die 15 Aktien mit der höchsten Dividendenrendite) eine höhere Rendite oder ein geringeres Risiko erreicht wird als am Gesamtmarkt.

Vor allem Großanleger haben einen regelrechten Heißhunger nach derartigen *Smart-Beta*-ETFs entwickelt. Das mag, so vermute ich, auch daran liegen, dass die Geldmanager von Versicherungen, Pensionsfonds oder Stiftungen ihre Daseinsberechtigung verlieren würden, wenn sie das Konzept umsetzen würden, das ich meinen Lesern vorschlage und das seit der Erfindung von ETFs auf der Hand liegt: ganz einfach und bequem und dazu noch möglichst langfristig auf kostengünstige ETFs zu vertrauen. Die Manager müssen ja aber was tun für ihr Geld – und deshalb bringen sie in diese bewährte passive Geldanlage mit ETFs immer mehr aktive Elemente ein, bei denen sie oft *Timing* betreiben, obwohl ja nachgewiesen ist, dass *Timing* langfristig selten einen Mehrertrag bringt. Die neuen *Faktor*-ETFs sind durchaus empirisch fundiert, wenngleich nicht so lange erprobt wie Value-, Nebenwerte- oder *Emerging-Markets*-Investments.

Zu den Strategien bei den ETFs gehören auch Momentum-ETFs. Diese bilden Indizes nach, in denen nur die Gewinneraktien der jüngsten Zeit enthalten sind, die kurzfristigen Verlierer aber draußen bleiben. Momentum-ETFs setzen also auf Aktien, die am stärksten gestiegen sind, weil die Wahrscheinlichkeit groß ist, dass sie das noch eine Weile weiter tun. Warum? Zunächst werden sie von guten Unternehmensdaten oder einer günstigen Bewertung angeschoben. Weil dieser Zusammenhang bekannt ist, springen daraufhin bald spekulative Anleger auf einen immer schneller fahrenden Kurs-Zug auf nach dem Motto »the trend is your friend« und erhöhen mit ihren Käufen das Tempo zusätzlich.

Irgendwann aber ist die Bewertung so weit von der Realität entfernt, dass Investoren, die langfristig denken, die Aktie als überteuert verkaufen. Oder aber neue Unternehmensmeldungen verfehlen die hochgeschraubten Erwartungen. Dann ist es meistens schnell aus mit dem Momentum-Effekt. Besonders schlimm erwischt es die Momentum-Jäger regelmäßig bei Kursturbulenzen. Weil viel spekulatives Geld (auch kreditfinanziertes) in diesen Aktien steckt, werden sie sofort auf den Markt geworfen, wenn der Trend kippt. Und dann gehen die Verluste dieser Aktien oft weit über die des Gesamtmarktes hinaus. Die Momentum-Strategie eignet sich meiner Meinung nach deshalb nicht für langfristig orientierte *Buy-and Hold*-Anleger.

Mehr halte ich von *Low-Volatility*-ETFs. Sie investieren in einen Index, in dem Aktien enthalten sind, die in der Vergangenheit weniger stark geschwankt haben als der Gesamtmarkt, also weniger volatil waren. Erstaunlicherweise haben diese Aktien als Gruppe auch noch eine höhere Rendite gebracht, was eigentlich nach der Theorie ungewöhnlich ist, weil weniger Risiko langfristig auch weniger Ertrag bedeutet. Die Historie der *Low-Volatility*-Strategie ist allerdings, ebenso wie beim Momentum, bei weitem nicht so gut erforscht wie bei Value oder Nebenwerten. Ob diese ETFs wirklich auch langfristig eine gute Depotergänzung sind, muss sich erst zeigen.

Ein anderer neuer *Smart-Beta*-Trend, der bei Großanlegern zunehmend Anhänger findet, ist Qualität. ETFs mit diesem Faktor investieren in Indizes, die nur Aktien mit großer Ertragskraft und sehr gesunder Bilanz enthalten. Gegen Qualität hat niemand etwas einzuwenden, am allerwenigsten ich. Aber leider ist es so, dass hohe und nachhaltige Erträge gepaart mit guten Bilanzrelationen ihren Preis haben, sprich, dass diese Aktien bereits sehr gut bewertet sind, weil eine Heerschar von Analysten stets auf der Suche nach Qualitätsaktien ist. Sobald es etwas gibt, das aus welchem Grund auch immer eine höhere Rendite verspricht, wird der so genannte »effiziente Markt« dies erkennen und in die Kurse einpreisen, und schon ist die höhere Rendite verschwunden. Für Qualität, ebenso wie für *Momentum* und *Low Volatility*, gibt es inzwischen Unterindizes des *MSCI World*, die häufig als Basis für ETFs Verwendung finden. Auch andere Indexanbieter bieten entsprechende, selbst »gestrickte« *Smart-Beta*-Indizes an, auf die dann ETFs aufgelegt werden.

Eine Faktor-Variante, die ich schon seit längerem gut finde, hat nichts mit Qualität oder Größe von Unternehmen zu tun: die *Equal-Weight*-ETFs. Sie gewichten die Aktien, die in klassischen Indizes enthalten sind, nicht wie üblich nach der Marktkapitalisierung, sondern ganz einfach alle gleich. Beim *DAX* hätte dann die *Siemens*-Aktie, die rund zehn Prozent zur *DAX*-Entwicklung beiträgt, ebenso ein Dreißigstel Anteil wie der Medienkonzern *ProSiebenSat.1*, der nur gut 0,6 Prozent des *DAX*-Gewichts ausmacht.

Derartige Konstruktionen haben in der Vergangenheit langfristig besser abgeschnitten als der klassische, am Börsenwert orientierte Index. Der Grund ist klar: Mittlere und kleine Unternehmen kommen so in der Wertentwicklung viel besser zur Geltung als die großen. Hier wird also ganz einfach eine *Small-Cap*-Prämie vereinnahmt. Zusätzlich werden Klumpenrisiken vermieden, die bei klassischen Indizes oft auftreten, wenn bestimmte Branchen überrepräsentiert sind oder einige wenige Aktien ein Drittel oder gar die Hälfte des Indexgewichts bestimmen.

Und noch ein Vorteil: Da der Börsenwert der Aktien mit den höchsten Kursgewinnen am meisten zulegt, beeinflussen hoch bewertete und oft überspekulierte Papiere den Index besonders stark, während niedrig bewertete Aktien systematisch untergewichtet werden. Mit der Gleichgewichtung wird dieser Effekt neutralisiert. *Equal-Weight*-ETFs gibt es inzwischen für zahlreiche Indizes. Sie sind meiner Ansicht gerade für uns Privatanleger einen genauen Blick wert. Dadurch kann eine Überrendite erzielt werden, weil die *Small Caps* in einem klassischen Index untergewichtet und die *Big Caps* übergewichtet werden.

Durch die Gleichgewichtung wird die Gewichtung der *Small Caps* (ich nenne sie Schnellboote) hochgestuft und die Gewichtung der *Big Caps* (ich nenne sie schwerfällige Dickschiffe) heruntergestuft. Dadurch bekommt man mehr Dynamik in ein Depot, aber auch etwas stärkere Schwankungen.

Fazit: Es konnte nicht ausbleiben, dass in der neuen Investmentwelt der ETFs der rastlose Erfindungsgeist jeder erdenkliche Stil aufgespürt und alsbald ein neues ETF gegründet wird. Bald sieht man den Wald lauter Bäumen nicht mehr. Daher sollte der Privatanleger nicht aus den Augen verlieren, dass das Grundgerüst eines ETF-Depots aus den drei langfristig überlegenen Aktienklassen Value, Nebenwerte und Schwellenländer bestehen soll. Diese sollten übergewichtet werden. Einen kleinen Prozentsatz kann man ja auf andere ETFs verwenden.

Die Frage, wann welche Faktoren bessere Ergebnisse bringen, versuchen ETF-Anbieter zu umgehen, indem sie seit 2016 vermehrt so genannte *Multi-Faktor*-ETFs auf den Markt werfen und stark bewerben. Jeder Emittent konstruiert zwar seine *Multi-Faktor*-ETFs anders, aber alle bauen neue Indexfonds zusammen, die mehrere Faktoren gleichzeitig in einem Produkt vereinen. Manche konzentrieren sich auf zwei oder drei Faktoren, andere auf vier und noch mehr. Diese komplexen Gebilde verlangen in der Regel nach mehrmaligen Anpassungen der ausgewählten Teilindizes pro Jahr, und das drückt sich in zum Teil deutlich höheren Kosten als bei klassischen ETFs aus. *Multi-Faktor*-ETFs gibt es inzwischen auf globale Indizes und für die wichtigsten Regionen. Käufer sind in erster Linie Großanleger, als Zielgruppe gelten aber auch Privatanleger mit gutem Börsen-Know-how.

Nicht nur *Multi-Faktor*-ETFs, sondern alle *Smart-Beta*-ETFs generell sind teurer (gemessen an der Gesamtkostenquote) als klassische börsennotierte Indexfonds, weil die ETF-Anbieter dafür mehr Mitarbeiter und teurere Computerprogramme benötigen. Auch dies ist ein Grund, warum Privatanleger vorsichtig damit umgehen sollten. Der zweite Grund liegt darin, dass bei der großen Menge derartiger ETFs, die auf den Markt geworfen werden, relativ viele in einigen Jahren wieder geschlossen werden dürften. Sie erreichen ganz einfach nicht das nötige Volumen. Denn ETFs können umso günstiger »produziert« werden, je mehr Anlegergeld in ihnen steckt. David Wenicker von *iShares*, dem klaren Marktführer in Deutschland, bringt es auf den Punkt: »Das Geschäft mit börsengehandelten Indexfonds lebt angesichts der niedrigen Gebühren von der Masse.« Im Jahr 2016 haben weit über 100 ETFs in Deutschland die kritische Masse nicht erreicht und sind entweder geschlossen oder mit anderen ETFs fusioniert worden. Für Anleger bedeutet das Unbequemlichkeit und oft zusätzliche Kosten.

AUCH FÜR ZINSPAPIERE GIBT ES ETFs

Anleihen oder generell Zinsanlagen sollten Bestandteil jeden Depots sein. Sie sorgen für Stabilität und reduzieren das Risiko. Die moderne Portfoliotheorie nach Markowitz, der wir ja schon begegnet sind, empfiehlt, dass ein Depot neben einem risikoreichen (und dafür renditestarken) Anteil, vor allem Aktien, zusätzlich aus einem risikoarmen Teil bestehen sollte – also aus Anleihen oder kurzfristigen Bankeinlagen. Das ist sozusagen das Sicherheitsnetz. Der Anteil des risikoarmen Teils am Gesamtvermögen bemisst sich am Sicherheitsbedürfnis und der Lebenssituation der Anlegerin oder des Anlegers. In der jetzigen Nullzinsphase empfiehlt es sich, bei Anleihen lange Laufzeiten zu vermeiden, weil die Kurse besonders stark fallen, wenn die Zinsen wieder zu steigen beginnen. Je länger die Laufzeit, desto größer das Kursrisiko.

Besser ist es, kurze Laufzeiten von bis zu drei Jahren zu wählen, weil bei ihnen das Kursrisiko gering ist. Um wenigstens ein klein wenig Rendite zu erzielen, eignen sich Unternehmensanleihen derzeit eher als Staatspapiere. Und weil in Deutschland das Zinsniveau niedriger liegt als in fast allen anderen Staaten, können Anleger mit Bonds aus anderen Ländern und auch in anderen Währungen eine Zusatzrendite erzielen. Das lässt sich mit ETFs viel einfacher und kostengünstiger bewerkstelligen, als selbst Anleihen zu kaufen oder auf aktive Rentenfonds zu setzen.

Anleihen-ETFs bilden einen Rentenindex nach, sie steigen und fallen also mit einem Kursbarometer für Zinspapiere. Gerade für Privatanleger weisen Anleihen-ETFs Vorteile auf: Sie können damit schon mit kleinen Beträgen breit streuen. Viele Bonds – insbesondere Unternehmensanleihen und Fremdwährungsbonds – werden häufig erst ab einer Mindestanlagesumme von 5.000 Euro, 10.000 Euro oder gar 100.000 Euro gehandelt. Normalerweise können Sparer deshalb nur einen kleinen Teil des Rentenmarkts nutzen, und sie können mit ihrem Vermögen meistens nur wenige verschiedene Bonds kaufen. Mit ETFs dagegen lassen sich mit kleinen Beträgen Anteile an Hunderten oder gar Tausenden von Anleihen kaufen. Der *Barclays Global Aggregate Bond Index* beispielsweise enthält über 15.000 verschiedene Bonds aus rund 75 Ländern, Staatsanleihen ebenso wie Unternehmensbonds oder Pfandbriefe. Das sorgt für gute Diversifikation, Risikoschutz und höhere Renditen, als sie mit deutschen Zinspapieren erzielbar sind.

Natürlich gibt es neben diesen besonders breiten globalen Indizes auch zahlreiche ETFs auf andere Rentenindizes, die verschiedene Anleihegattungen mit unterschiedlicher Bonität und Laufzeit sowie aus allen wichtigen Staaten und Regionen enthalten. Bei Fremdwährungsanleihen können Anleger die ETFs währungsgesichert kaufen (was natürlich teurer ist) oder ungesichert. In der jetzigen Situation halte ich jene Anleihen-ETFs für attraktiv, die höher verzinste Unternehmensanleihen mit relativ kurzen Durchschnittslaufzeiten enthalten, sowie ETFs mit *Emerging-Markets*-Bonds. Vorsichtige Anleger können auch ETFs mit kurzlaufenden Staatsanleihen ins Depot nehmen, müssen dafür aber mit einer geringeren Rendite zufrieden sein. Generell gilt, dass der Anleiheteil für Stabilität sorgt und der Aktienteil für die Rendite.

DIE SCHWACHSTELLEN DER ETFs

Je mehr die ETFs ihren Siegeszug um die Welt antreten, desto bunter gestaltet sich das Bild dieser Anlageform. In den meisten Fällen sind es sinnvolle Verbesserungen, die dem Anleger eine vielfältige Palette an Auswahl bieten. Dennoch möchte ich auf einige Schwachpunkte aufmerksam machen, denn leider gibt es den einen oder anderen Fallstrick auch bei ETFs. Vieles ist nicht Gold, was glänzt, und einiges ist für den normalen Anleger nicht geeignet. Und auch um die Grenzen der ETFs sollten Sie wissen, denn in Wirklichkeit ist ETF nicht gleich ETF.

Warum gibt es neben ETFs auch ETCs und ETNs?

In den letzten beiden Jahrzehnten haben sich Rohstoffe als zusätzliche Anlageklasse zu Aktien und Anleihen etabliert. Da Privatanleger diese so genannten *Commodities* – außer Edelmetalle – in der Regel nicht physisch kaufen können, sind sie auf andere Instrumente angewiesen. Und da spielen ETCs auf Rohstoffindizes und einzelne Rohstoffe wie Gold, Rohöl, Kupfer, Weizen etc. eine herausragende Rolle. Sie heißen nicht ETFs, sondern ETCs (*Exchange Traded Commodities*). Weil sie nicht in Form von Fonds angeboten werden wie ETFs, sondern als Schuldverschreibungen, die den Kursverlauf einzelner Rohstoffe-Futures und von Indizes nachbilden.

Diese ETCs sind damit nicht so sicher wie ETFs, da sie ein Emittentenrisiko aufweisen (falls der Anbieter in Zahlungsschwierigkeiten gerät), während ETFs ja als Sondervermögen sicher sind. Für langfristige Anleger eignen sich vor allem ETCs, die auf Indizes setzen, die den gesamten Rohstoffmarkt abbilden, aber auch ETCs auf die vier wichtigsten Teilindizes Energie, Industriemetalle, Edelmetalle und Agrar-Rohstoffe. Sie hat jeder große ETF-Anbieter im Programm. Und für die Fans von Edelmetall gibt es jede Menge ETCs auf Gold, aber auch auf Silber, Platin und Palladium.

Ebenso wie ECTs sind auch ETNs kein besonders geschütztes Fonds-Sondervermögen, sondern Schuldverschreibungen. ETN ist die Abkürzung für *Exchange Traded Notes*. Sie werden für Indizes und andere Anlagen aufgelegt, die nach den Investmentgesetzen nicht in ETFs enthalten sein dürfen. Meistens handelt es sich um *Future-Indizes*, zum Beispiel auf Volatilitäten. Ich will darauf nicht näher eingehen, weil ETNs für langfristig orientierte Privatanleger in der Regel wenig geeignet und zudem unsicherer als ETFs sind. Mein Ratschlag für den normalen Anleger deshalb kurz gefasst: Finger weg!

Es ist nicht immer leicht, einen Börsenindex nachzubilden

Als Jack Bogle 1976 mit dem *Vanguard 500* den ersten Indexfonds konstruierte, kaufte er ganz einfach alle Aktien des *S&P 500*-Index. Allerdings legte er nicht von jeder der 500 Aktien 0,2 Prozent in das Fonds-Sondervermögen, sondern stets genau den Anteil, den die einzelnen Aktien am Börsenindex hatten. Und der bemisst sich, wie geschildert, an der Marktkapitalisierung oder – populärer ausgedrückt – an dem Börsenwert jedes Unternehmen. Er wird berechnet, indem die Zahl der Aktien mit dem jeweils aktuellen Kurs multipliziert wird. Für Bogle war es selbstverständlich, dass er mit seinem Indexfonds so vorging, denn jede dieser 500 Aktien wurde und wird laufend rege gehandelt, so dass ein direkter Kauf, egal zu welcher Stückzahl, problemlos möglich war. Diese Methode heißt physische Replizierung oder volle Nachbildung.

Aber nicht jeder Index ist mit derart liquiden Aktien ausgestattet wie der *S&P 500*. Bei Nebenwerte-Indizes wie dem amerikanischen *Russell 2000*, der nur Aktien mit geringem Börsenwert enthält, ist es nicht so einfach, jederzeit zu jedem Betrag diese 2.000 Einzelwerte zu handeln. Bei *Small Caps* in Ländern, die keine so ausgeprägte Aktienkultur wie die USA haben, ist es sogar noch viel schwieriger, den Index physisch zu replizieren. Auch bei sehr breiten internationalen Indizes ist die volle Nachbildung nicht leicht. Was aber tun, um trotzdem Indexfonds konstruieren und anbieten zu können? Hier haben sich bei den Emittenten zwei Methoden durchgesetzt.

Die erste ist sozusagen eine physische Replikation light, in der Fachwelt *optimiertes Sampling* genannt. Dabei wird nur eine Teilmenge der Aktien aus einem Index direkt gekauft. Welche und wie viele Aktien das sind, um den Index möglichst genau nachzubilden, rechnet ein Computerprogramm aus. Nur die Wertpapiere mit dem größten Indexgewicht und dem liquidesten Handel werden ausgewählt. Trotzdem entwickelt sich der ETF in der Regel fast genauso wie der Index, weil die Aktien, die nicht berücksichtigt werden, meistens nur einen marginalen Einfluss auf den Kursverlauf haben und weil Handelskosten gespart werden, wenn weniger verschiedene Aktien gekauft werden müssen. Beim *MSCI World* beispielsweise weiß ich von einer Fondsgesellschaft, dass sie bei ihrem ETF alle Indexmitglieder weglässt, die weniger als 0,09 Prozent zu dem Index beitragen.

Viel beliebter als bei Aktien ist das Sampling bei Anleihen. Das ist verständlich, weil im Bereich der Unternehmensanleihen, Bankschuldverschreibungen oder Pfandbriefen die Börsenhandelsumsätze einzelner Wertpapiere häufig verschwindend gering sind. Viele Großanleger kaufen die Anleihen und lassen sie bis zur Endfälligkeit im Depot liegen. Sie werden nie wieder in den Börsenhandel einbezogen. An der Frankfurter Börse waren Mitte 2017 immerhin 153 der insgesamt 266 Anleihen-ETFs nach dem Sampling-Prinzip konstruiert, aber nur 134 der 791 Aktien-ETFs.

Die zweite Variante unterscheidet sich deutlich von den beiden physisch replizierenden Methoden. Sie heißt *synthetische Replikation*. Diese künstliche Nachbildung wirkt auf den ersten Blick etwas verwirrend. ETFs, die so konstruiert sind, müssen keine einzige Aktie aus dem Index enthalten, den sie nachbilden. Vielmehr wird das Geld in einen völlig anders gearteten Aktienkorb investiert – für einen ETF auf einen *Emerging-Markets*-Index beispielsweise in *DAX*- oder *EURO-STOXX*-Werte.

Wie aber bekommt der ETF dennoch genau die Wertentwicklung des *Emerging-Markets*-Index? Das geschieht durch ein Tauschgeschäft, in der Finanzsprache *Swap* genannt. Deshalb bezeichnet man synthetisch replizierende ETFs oft auch als Swap-basiert. Tauschpartner der Fondsgesellschaft ist üblicherweise eine Investmentbank – oft die Muttergesellschaft des ETF-Anbieters. Dieser Tauschpartner garantiert, dass der ETF die gleiche Wertentwicklung (nach Kosten) erfährt wie der Index. Dafür erhält er die Wertentwicklung des Portfolios – in dem Fall der *DAX*-Aktien. Da sich die *DAX*-Papiere des ETF-Anbieters und der Index, den der Indexfonds abbildet, unterschiedlich entwickeln, werden die Differenzen täglich ausgeglichen. Die Genauigkeit ist in der Regel etwas größer als bei physischer Replikation und die Kosten nach Ansicht der Fondsgesellschaften sind etwas geringer.

Synthetische ETFs machen vor allem für Indizes Sinn, bei denen die direkte Nachbildung schwierig und teuer ist, zum Beispiel bei manchen Schwellenländern, Nebenwerten oder auch komplexen Faktor-ETFs. Bei den wichtigen Indizes der Industriestaaten dagegen halte ich viel mehr von der physischen Replikation – entweder der vollen Nachbildung bei hochliquiden Indizes wie *DAX* oder *EURO STOXX 50*, oder dem Sampling bei sehr marktbreiten Indizes wie dem *Russell 2000* und anderen, vor allem globalen Nebenwerte-Indizes. Ohne Swaps gäbe es keine Rohstoff- oder auch Geldmarkt-Indexfonds. Und auch gehebelte ETFs (wie den *LevDAX*, der die Wertentwicklung des *DAX* mal zwei nachbildet) oder *Short*-ETFs (mit denen Anleger auf fallende Kurse setzen) würden ohne Swaps nicht klappen.

Aufgrund ihrer Konstruktion bergen synthetische ETFs allerdings ein Risiko: Falls der Tauschpartner pleitegeht, kann ein Teil des ETF-Vermögens verloren gehen, nach geltendem Recht, aber nicht mehr als zehn Prozent. Das Risiko wird üblicherweise weiter begrenzt, weil die Bank Sicherheiten zur Verfügung stellt. Dieses potenzielle so genannte Kontrahentenrisiko ist der Hauptgrund dafür, dass einige Fondsgesellschaften, die lange Zeit überwiegend synthetisch replizierende ETFs aufgelegt hatten, diese zunehmend in physisch replizierende ETFs umwandeln. Denn viele Anleger, insbesondere institutionelle, lehnen Derivate bei ETFs ab, wenn es auch ohne Swaps geht. Vor allem bei den klassischen Indizes sind die »echt« nachbildenden Indexfonds auf dem Vormarsch.

Ende Oktober 2017 waren von den insgesamt 1.162 an der Frankfurter Börse notierten Aktien- und Anleihen-ETFs 481 voll replizierend, 305 optimiert replizierend und 376 synthetisch nachgebildet. Anleger finden also genügend Indexfonds, die ganz oder teilweise physisch replizieren – in Frankfurt immerhin 786 oder gut zwei Drittel aller dort gehandelten ETFs.

Auch die physisch replizierenden ETFs können übrigens ein Kontrahentenrisiko aufweisen, jedoch in der Regel ein geringeres als bei synthetischen Produkten. Einige Anbieter leihen nämlich die Aktien aus dem Sondervermögen an andere Großanleger gegen Gebühr aus und senken mit diesen Zusatzeinnahmen die laufenden Kosten für den ETF. Die Partner dieser Wertpapierleihe sind vor allem Hedgefonds, die mit den geliehenen Papieren Leerverkäufe tätigen, also auf einen Kursrückgang der entsprechenden Aktien wetten.

Ich halte von Wertpapierleihen bei ETFs gar nichts, weil ich Leerverkäufe, also den Verkauf von Aktien, die nur für Spekulationszwecke ausgeliehen werden, für ein Unding halte. Und weil ich, wenn ich ETFs besitze, nicht einverstanden bin, dass Hedgefonds-»Heuschrecken« mit meinen Aktien gegen meine Aktien spekulieren und deren Kurse künstlich drücken. Das finde ich pervers.

Was ist von der Kritik an ETFs zu halten?

Wer erfolgreich ist, hat bekanntlich schnell viele Neider. Und da ETFs in den letzten Jahren einen Siegeszug ohnegleichen hingelegt haben, gibt es zunehmend kritische Stimmen. Sie stammen, und das verwundert mich nicht, insbesondere von Fondsmanagern, die aktive Investmentfonds verwalten. Klar, die sehen ihre Felle davon schwimmen, weil ihre Fonds in den USA massive Abflüsse hinnehmen müssen und in Europa ein Umdenken hin zu passiven ETFs in Gang ist. Nur noch einmal zu Erinnerung: Im Jahr 2016 zogen Anleger weltweit netto über 200 Milliarden Dollar aus aktiven Fonds ab, während den passiven fast 500 Milliarden zuflossen.

Da werden zum Teil hanebüchene Gründe genannt, zum Beispiel, dass die Kapitalmärkte nicht mehr funktionieren, wenn alle Anleger nur noch passiv investieren und niemand mehr Aktien- und Marktanalysen betreibt. Aber so weit wird es nie kommen, weil es immer Menschen geben wird, die davon überzeugt sind, besser als der Markt zu sein oder die glauben, sich in bestimmten Branchen und Firmen so gut auszukennen, dass sie einen Informationsvorsprung vor der Mehrheit der Anleger haben. Auch Unternehmen selbst sorgen auch heute schon häufig dafür, dass Aktienkurse die Entwicklung eines Unternehmens einigermaßen widerspiegeln. Und das auf zwei Wegen: Zum einen analysieren Unternehmen ihre Konkurrenten, und wenn sie bei denen eine Fehlbewertung feststellen, wird es für sie attraktiv, Aktien dieser Firma zu kaufen, vielleicht sogar bis hin zu einer Übernahme des Wettbewerbers. Zum anderen sollte das Management eines Unternehmens selbst schnell erkennen, wenn »seine« Aktiengesellschaft stark unterbewertet ist. Dann lohnt es sich, die Firma eigene Aktien zurückkaufen zu lassen und auch auf eigene Rechnung anmeldepflichtige Insiderkäufe zu tätigen. Das alles würde dafür sorgen, dass die Bewertung von Aktien einigermaßen die Wirklichkeit widerspiegelt. Und nicht zu vergessen die Trader, zu denen auch Hochfrequenz-Händler zählen, die ein viel größeres Handelsvolumen betreiben als die Langfristanleger. Inzwischen werden ETFs von institutionellen wie von Privatanlegern auch als Trading-Objekte benutzt. Schon bei kleinsten Kursveränderungen oder Abweichungen vom Indexwert wird gekauft oder verkauft. Das sorgt für Liquidität an den Börsen.

Nur eine Kritik muss ernster genommen werden, denn sie stammt vom Finanzstabilitätsrat der *G20*-Staaten, der *BIZ* (die von den Notenbanken getragene *Bank für Internationalen Zahlungsausgleich*) und vom *IWF*, dem *Internationalen Währungsfonds*. Sie wurde 2011 geäußert, also kurz nach der Finanzkrise und mitten in der Eurokrise. Alle drei Gremien sahen Risiken für die Stabilität der Finanzmärkte durch die wachsenden Volumina der synthetischen ETFs und die Wertpapierleihen einiger ETF-Anbieter. Das könne zu erhöhten Kontrahenten- und Sicherheitsrisiken beitragen und wegen des jederzeit möglichen Verkaufs von ETFs in Extremsituationen an den Märkten zu Liquiditätsengpässen führen, so der Vorwurf.

Wie ich ja geschildert habe, bin ich strikt gegen Wertpapierleihen (die übrigens auch von aktiven Fonds vorgenommen werden) und empfehle deshalb Indexfonds zu bevorzugen, die keine Leihegeschäfte vornehmen, wann immer es möglich ist. Allerdings sind die Risiken seit der Kritik aus dem Jahr 2011 merklich geringer geworden, weil die Aufsichtsbehörden reagiert und zusätzliche Vorschriften erlassen haben und weil viele ETF-Anbieter freiwillig ihre Swap-Geschäfte zurückfahren, Wertpapierleihen oft gar nicht mehr durchführen und zudem die Transparenz und die Absicherung ihrer Transaktionen deutlich erhöht haben.

Trotz aller Risiken und einiger Kritikpunkte, die man natürlich stets im Auge behalten sollte, sehe ich die ETFs als Revolution auf dem Anlegermarkt an. Endlich gibt es eine Anlageform, die bei niedrigen Kosten und wenig Aufwand ein ausgereiftes Instrument zum Vermögensaufbau auch für breite Schichten darstellt. Die ETFs bieten Möglichkeiten, die früher nur den Superreichen vorbehalten waren.

Nachstehend habe ich die größten Vorteile eines ETF-Depots für Sie nochmals übersichtlich zusammengefasst.

Vorteile eines auf der Basis von ETFs (börsengehandelte Indexfonds) strukturierten Depots:

1. Übersichtliches und transparentes Depot mit nur wenigen Einzelpositionen

2. Passgenaue Struktur, je nach individueller Risikoneigung und Risikotragfähigkeit

3. Höchstmögliche Sicherheit durch breite globale Diversifikation von Aktien und Anleihen

4. Mühelos international investieren mit simplen Indexfonds – das erhöht die Rendite und dämpft die Schwankungen

5. Langfristig überdurchschnittliche Rendite – durch Übergewichtung überlegener Aktienklassen

6. Genaue Festlegung und Aufrechterhaltung des persönlichen Risikograds

7. Deutliche Kostenminderung durch geringe jährliche ETF-Gebühren und nur wenigen Umschichtungen

8. Wenig zeitlicher Aufwand, da keine aufwändige Selektion und Überwachung

9. »Nervenschonendes« Investment, da schwankungsarm, weil ein ETF-Depot breiter diversifiziert ist als herkömmliche Depots

10. Sparpläne und Einzeldepots – auch mit kleinen Beiträgen für jeden möglich

DIE ZUKUNFT DER AKTIVEN INVESTMENTFONDS

Keine Sorge, die aktiven Investmentfonds werden nicht, wie die Dinosaurier, ganz aussterben. Sie werden sich anpassen und überleben. Eines steht jedoch fest: Der Wettbewerb verschärft sich.

Die ETFs kosten als passive Investments mit Verwaltungsgebühren im Schnitt zwischen 0,25 und 0,3 Prozent pro Jahr, während aktive Fonds bei 1,5 bis 2,0 Prozent p.a. liegen. Diese Kosten müssen wegen der zunehmenden Konkurrenz der ETFs zwangsläufig sinken.

Dies lässt sich durch verschiedene Maßnahmen bewerkstelligen:

Durch Nachbildung

Aktive Fonds bilden, wie die ETFs, weitgehend den entsprechenden Index nach. Ein *Deutschland-Fonds* kann den *DAX* mehr oder weniger nachbilden, ein Fonds der deutschen Nebenwerte kann dem *MDAX* folgen und ein Standard US-Fonds den *Dow Jones* oder den *MSCI USA* zu einem großen Teil kopieren. Diese Fonds nennt man Indexschleicher, und diese Methode wird auch schon praktiziert.

Durch eine Produktlösung

Diese besteht darin, dass vermehrt so genannte *Multi Asset Fonds* benutzt werden. Hierbei kann man einen Teil des Fonds, vor allem im Bereich der Standardwerte, weiterhin mit Einzelaktien bestücken, jedoch im Bereich der Nebenwerte (*Mid Caps* oder *Small Caps*) ETFs benutzen. Ein solches Vorgehen ist sogar zwingend erforderlich, denn beim traditionellen Fondsmanagement sind bisher die Nebenwerte immer untergewichtet geblieben. Die Gründe dafür waren, dass bei Nebenwerten in der breiten Masse bei weitem nicht so viel Research betrieben wurde wie bei Standardwerten. Hinzu kommt, dass man bei Nebenwerten wegen der größeren Risiken deutlich breiter streuen muss, also in die Einzeltitel im Normalfall gerade einmal 0,5 bis 1,0 Prozent des Portfolios pro Aktie anlegen kann. Mit deutlich mehr Einzeltiteln wird das Portfolio auch unübersichtlicher und die Kosten sind höher.

Daher bieten sich *Multi Asset Fonds* als beste Vehikel für eine hybride Form des Managements an: teils aktiv bei Standardwerten, teils passiv bei Nebenwerten und Schwellenländern.

In den USA gibt es schon seit langem teil-gemanagte ETFs. Eine der Investmentgesellschaften, die das betreibt, heißt *Dimensional Fund Advisors* mit Sitz in Santa Monica, Kalifornien. Deren Produkte sind keine klassischen Indexfonds, sondern sie bilden beispielsweise den *S&P 500*-Index annähernd nach. Die Manager sind allerdings frei, die Aktien zu kaufen oder zu verkaufen, wenn ihnen der Zeitpunkt richtig erscheint, ganz im Gegensatz zu den Regeln der üblichen ETFs. Die müssen bei einer Veränderung im Index am selben Tag die Einzelwerte verkaufen, die den Index verlassen müssen, und die Titel kaufen, die neu in den Index kommen. Dies hat den negativen Effekt, dass viele ETFs zur gleichen Zeit die Aktien verkaufen und dadurch den Kurs drücken und die neuen Titel kaufen und die Kurse hochtreiben. Dieser Mechanismus wirkt sich ungünstig auf die Kursentwicklung der ETFs aus, vergrößert die Abweichung vom Index und beeinträchtigt die Performance.

Eine Berufsgruppe wird jedoch immer unter dem Kostendruck leiden, und das sind die Analysten. Dort drohen Entlassungen. Denn wesentliche Teilbereiche ihres Researchs, wie etwa das Segment der Nebenwerte, werden zunehmend von ETFs abgedeckt, die weitgehend keinen Research brauchen. Es macht keinen Sinn, ein Heer von Analysten zu unterhalten, wenn langfristig der größte Teil der Rendite durch die richtigen Anlageklassen bestimmt wird, wie im Buch ausführlich beschrieben, und wenn die Selektion der Aktien und das *Timing* nur einen unwesentlichen Beitrag zur Gesamtrendite leisten.

Mein Fazit: Das Totenglöcklein läutet noch lange nicht für die aktiven Investmentfonds. Jedoch der Kostendruck und der harte Wettbewerb mit den neuen ETF-Anbietern, an erster Stelle dem höchst effizient arbeitenden und nun auch in Deutschland aktiven *Vanguard*, erzwingen schmerzliche Anpassungen und Veränderungen. Viele Akteure innerhalb der Investmentbranche sind die Leidtragenden, die Anleger dagegen werden auf der Gewinnerseite stehen.

9. Vermögensaufbau fürs Alter – Privat vorsorgen, aber richtig

Jeder ist seines Glückes Schmied. Es herrscht die individuelle Freiheit und dies umso mehr, je weniger sich der Staat anmaßt, den einzelnen Staatsbürger zu gängeln oder sich zu seinem Schutzherren aufspielen zu wollen.

Ludwig Erhard, ehemaliger Bundeskanzler und
»Vater des deutschen Wirtschaftswunders«

Die Rente wird nicht reichen

Mein Antrieb zu diesem Buch ist, die deutschen Sparer besser zu informieren und zu erfolgreichen Anlegern zu machen. Gerade in der heutigen Zeit ist die Ratlosigkeit der Anleger so groß, wie ich es noch nie erlebt habe.

Insbesondere für junge Berufstätige und für Frauen in schlecht bezahlten Jobs wird der verhinderte Vermögensaufbau zu schwerwiegenden Nachteilen bei der Altersrente führen. Das Risiko, im Alter arm zu sein, wird in den nächsten 20 Jahren bei einigen Bevölkerungsgruppen deutlich steigen. An erster Stelle gilt dies beschämenderweise für die Frauen. Durch Kindererziehung oder Scheidung etwa konnten sie nicht genug Rentenpunkte ansammeln, um auskömmlich im Alter zu leben. Mehr als jede vierte Rentnerin wird Prognosen zufolge den Gang zum Sozialamt antreten müssen.

Aber auch die Berufsanfänger, die, anders als früher, öfter in prekärer Beschäftigung landen oder sich mit befristeten Verträgen von Job zu Job hangeln müssen, werden vielfach Lücken bei ihren Beitragszahlungen aufweisen. Wer dann keine zusätzliche private Vorsorge getroffen hat, wird abrutschen. Aber auch diejenigen, die sich einzig und allein auf die staatliche Rente verlassen, werden im Alter Probleme bekommen und ihren gewohnten Lebensstandard bei weitem nicht mehr halten können.

Gerade für junge Menschen, die nicht ständig am Erwerbsleben teilnehmen können, ist dies ein sinnvoller Weg: Jeden Euro, den man über die finanziellen Reserven für Notfälle und kleinere Anschaffungen hinaus erübrigen kann, sollte man zunächst in Aktien oder Aktienfonds stecken. Auf diese Weise kann man am Wachstum der Wirtschaft indirekt teilnehmen. An die Stelle eines regelmäßigen Gehalts treten auf lange Sicht, besonders aber im Rentenalter, steigende Dividenden und die Kursgewinne aus Aktienanlagen. Getreu den weisen Worten des legendären Investors Bernard Baruch: »Es gibt tausend Möglichkeiten, Geld auszugeben. Aber nur zwei, es zu verdienen: Entweder wir arbeiten für Geld oder wir lassen Geld für uns arbeiten.« Lassen Sie Ihr Geld also arbeiten und damit die Lücken in Ihrem Arbeitseinkommen überbrücken.

Es führt bis tief in die Mittelschicht hinein kein Weg daran vorbei, dass die Deutschen ihre Ersparnisse viel rentabler anlegen müssen, als das bisher ihre Eltern oder Großeltern mit ihrem einfallslosen und die meiste Zeit über unrentablen Zinssparen getan haben. Sehr viele Menschen in Deutschland sehen sich einem gewaltigen Dilemma gegenüber, wenn sie an die Zeit ihres Rentenalters denken. Auf der einen Seite wissen sie, wie ich ausführlich geschildert habe, dass die gesetzliche Rente bei weitem nicht ausreichen wird, um finanziell auch nur annähernd über die Runden zu kommen. Dies gilt vor allem für die jüngere Generation, von der viele Männer und noch viel mehr Frauen von Altersarmut bedroht sein werden. Und diejenigen, die lange Zeit gut verdient haben, müssen sich auf erhebliche Abstriche ihres Lebensstandards einstellen, wenn sie sich nur auf die gesetzliche Rente verlassen haben.

Deshalb müssten die Deutschen eigentlich die größer und größer werdende Rentenlücke durch verstärkte private und betriebliche Vorsorge zumindest zu einem guten Teil ausfüllen. Einzig und allein dann können sie ihren Ruhestand voraussichtlich in materieller Sicherheit und ohne übermächtige finanzielle Sorgen genießen. Das war ja auch der Plan der Regierung, als sie nach der Jahrtausendwende mehrere Rentenreformen auf den Weg brachte. Das Ziel: Weniger gesetzliche Rente, weil sonst die Beitragssätze zur Rentenversicherung in kaum mehr tragbare Höhen von bis zu 30 Prozent (im Jahr 2018 sind es 18,7 Prozent, zu gleichen Teilen vom Arbeitnehmer und Arbeitgeber zu tragen) in die Höhe schießen könnten. Nach geltendem Recht darf der Beitragssatz bis zum Jahr 2030 nicht über 22 Prozent klettern. Um das sinkende Rentenniveau (von 2000 bis 2030 immerhin um ein Fünftel!) auszugleichen und die damit einhergehende Rentenlücke zu schließen, setzte der Staat vor allem ab 2001 vermehrt auf private und betriebliche Vorsorge wie die Riester-Rente, und er fördert dies mit staatlichen Subventionen.

An und für sich war das eine logische Schlussfolgerung aus den demografischen Verwerfungen der nächsten Jahrzehnte. Wenn schon der Staat nicht vorsorgt und die gesetzliche Rentenversicherung praktisch ohne Kapitalstock von der Hand in den Mund leben lässt, wie es das deutsche Umlageverfahren praktiziert, sollten wenigsten die Bürger Kapital fürs Alter aufbauen. Von dessen Früchten, so der Plan, könnten sie dann ihren Lebensstandard sichern. Sie sollten nicht mehr fast ausschließlich von der gesetzlichen Rente abhängig bleiben, wie dies heute vielfach der Fall ist. Warum dieser Plan kläglich gescheitert ist, dazu komme ich später.

Privat vorsorgen – das tun viele Arbeitnehmer entschieden zu wenig. Ein Grund liegt darin, dass sie mit dieser Art der Ruhestands-Finanzierung ein Riesenproblem haben: Sie setzen kein Vertrauen mehr in die althergebrachten privaten Vorsorgeinstrumente wie die Kapitallebensversicherung und noch viel weniger in die staatlich subventionierten wie die Riester-Rente. Die Meinung greift, wie Umfragen zeigen, sogar immer weiter um sich, dass private Altersvorsorge ziemlich zwecklos und generell ungeeignet sei. Viele Menschen sorgen deshalb gar nicht oder zumindest weniger vor als noch in den Jahren zuvor. Die Regierung weiß das, wie ihr Alterssicherungsbericht aus dem Jahr 2016 zeigt. Rund 30 Prozent der Beschäftigten haben demnach keine private oder betriebliche Altersvorsorge aufgebaut. Das Versorgungsniveau der Rentner werde deshalb, so der Bericht, »ohne zusätzliche Altersvorsorge in den kommenden Jahren deutlich zurückgehen«. Eine Katastrophe! Da torkelt die Bundesregierung sehenden Auges in die Krise – und was tut sie dagegen? Nichts!

Mich hat besonders Ludwig Erhard geprägt, der ehemaliger Bundeskanzler und »Vater des Wirtschaftswunders«, der schon vor 60 Jahren vor dem Irrweg eines übermächtigen Versorgungsstaats gewarnt hat. Denn ein üppiger Sozialstaat führt zu einer weitgehenden Entmündigung des Einzelnen und zu dessen zunehmender Abhängigkeit von dem Versorgungsstaat. Und am Ende steht dann nicht der eigenständige Bürger, sondern der bevormundete Untertan. Ludwig Erhard prophezeite: »Die Blindheit und die intellektuelle Fahrlässigkeit, mit der wir dem Versorgungs- und Wohlfahrtsstaat zusteuern, kann nur zu unserem Unheil ausschlagen.« Und an anderer Stelle schreibt der frühere Bundeskanzler: »Solche ›Wohltat‹ muss das Volk immer teuer bezahlen, weil kein Staat seinen Bürgern mehr geben kann, als er ihnen vorher abgenommen hat – und das noch abzüglich der Kosten einer zwangsläufig immer mehr zum Selbstzweck ausartenden Sozialbürokratie.«

Diesen Irrweg, auf dem unser Staat, trotz der Warnungen Ludwig Erhards, immer tiefer in die Sackgasse hineingestolpert ist, müssen wir verlassen. Und zwar schnellstens! Die private Vorsorge muss massiv gefördert werden. Dazu braucht es zwei Voraussetzungen: Erstens müssen die Steuern – vor allem für die mittleren Einkommen – gesenkt werden, um den Bürgern genug Geld für die Eigenvorsorge zu lassen. Und zweitens müssen die richtigen Produkte angeboten werden. Nach meiner Auffassung müssen dies vor allem steuerlich begünstigte Aktieninvestments an vorderster Stelle sein, so wie das die meisten aufgeklärten Staaten rings um uns in Europa und in Übersee ihren Bürgern bieten.

DER STAAT FÖRDERT DIE FALSCHEN VORSORGE-PRODUKTE

Inzwischen breitet sich sogar eine Bewegung aus, maßgeblich von den Gewerkschaften initiiert, die fordert, die gesetzliche Rente wieder massiv auszubauen. Das Rentenniveau solle statt der angepeilten Absenkung auf bis zu 43 Prozent im Jahr 2030 (siehe Grafik) wieder auf Werte über 50 Prozent erhöht werden. Ich frage: Wie soll das bezahlt werden? Indem der Staat, so die Gewerkschaften, im Gegenzug auf die Förderung der privaten Vorsorge verzichtet und die gesparten Subventionen in höhere Bundeszuschüsse für die gesetzliche Rente steckt. Doch ein solcher Vorschlag ist eine Milchmädchenrechnung.

Die *Deutsche Rentenversicherung* hat ausgerechnet, was die Erhöhung des Rentenniveaus kosten würde: Das Ergebnis: Im Jahr 2016 wären es 6,65 Milliarden Euro pro Prozentpunkt des Rentenniveaus gewesen, eine Steigerung von 43 Prozent (im Jahr 2030) auf 50 Prozent würde damit über 46 Milliarden Euro kosten – pro Jahr wohlgemerkt. Da wären die Subventionen für Riester und Co. nur ein Tropfen auf den heißen Stein, die Finanzierung müsste über deutlich höhere Sozialversicherungsbeiträge und höhere Bundeszuschüsse erfolgen.

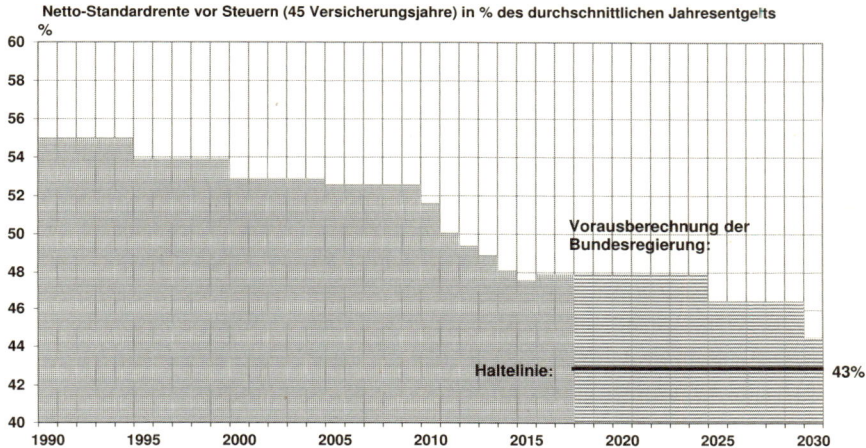

Entwicklung des Rentenniveaus in Deutschland seit 1990
Netto-Standardrente vor Steuern (45 Versicherungsjahre) in % des durchschnittlichen Jahresentgelts

Quellen: Deutsche Rentenversicherung, Bundesministerium für Arbeit und Soziales.

Die Gegner der privaten Vorsorge führen einen gewichtigen Grund für ihren Vorschlag an, das Geld statt in die Förderung der privaten Vorsorge in die gesetzliche Rentenversicherung zu stecken, der auf den ersten Blick einleuchtet: Die private wie die betriebliche Vorsorge habe nur die Finanzbranche reich, die Bundesbürger, die den Versprechungen von Politik, Versicherungen und Banken geglaubt hätten, dagegen arm gemacht. Da die meisten Menschen bei privater Vorsorge nur an Lebensversicherungen, Riester-Verträge oder betriebliche Pensionsfonds denken, glauben die Kritiker gute Argumente zu haben. Die Minizinsen, die in den letzten Jahren zu Nullzinsen geworden sind, haben in der Tat zuvor schon schlechte Vorsorgeinstrumente noch schlechter gemacht. Zum Teil so schlecht, dass die Renditen weit unterhalb der Inflationsrate liegen. Die Menschen also trotz staatlicher Subventionen mit Riester oder Rürup real weniger statt mehr für die Altersvorsorge auf der Seite haben, dass ihre Ersparnisse schleichend enteignet werden.

Die Verfechter einer massiven Stärkung der gesetzlichen Rentenversicherung ziehen allerdings völlig falsche Schlüsse. Es ist aus vielerlei Gründen ein Irrweg, Subventionen auf die gesetzliche und nicht auf die private Vorsorge zu konzentrieren. Erstens würde die angestrebte Erhöhung des Rentenniveaus ausgerechnet diejenigen benachteiligen, die am schlimmsten unter der kommenden Rentenkrise leiden: die jungen Menschen. Denn die junge Generation müsste mit weitaus höheren Abgaben zur Rentenversicherung, als sie für das Jahr 2030 geplant sind, einen Großteil der Last schultern.

Zweitens halte ich es für fahrlässig, darauf zu vertrauen, dass der Staat seine Versprechen einhält. Er kann sie mit einem Federstrich außer Kraft setzen. Das hat er bei der Rente in der Vergangenheit mehrmals getan, wenn wir daran denken, dass die sozialen Lasten der Wiedervereinigung zu einem guten Teil von den Beitragszahlern zur gesetzlichen Renten- und Krankenversicherung finanziert wurden, während Beamte, Politiker und Selbständige überhaupt nicht zur Kasse gebeten wurden. Bei Mütterrente und »Rente ab 63« lief es ähnlich, und es ist auch absehbar, dass ein Teil der Lasten der Flüchtlingskrise auch von der Sozialversicherung geschultert werden muss.

Ansätze dazu gibt es schon in der gesetzlichen Krankenversicherung. Aus deren Liquiditätsreserve des Gesundheitsfonds hat die Regierung 1,5 Milliarden Euro entnommen. Sie finanziert damit, so steht es im Gesetz, Mehrbelastungen »aufgrund der medizinischen Versorgung von Asylberechtigten«. Eine Aufgabe, die der Staat und damit alle Steuerzahler übernehmen müssten, wird also auf die Mitglieder der gesetzlichen Krankenkassen überwälzt.

Drittens ist es auch vermessen darauf zu vertrauen, dass der Bundeszuschuss zur Rentenversicherung ewig klettern kann. Das müsste er, wenn nur noch die gesetzliche Rente mit Staatsgeld gefördert und das Rentenniveau erhöht würde. Ich habe ja dargestellt, dass die derzeitige komfortable Lage der Staatsfinanzen eine Momentaufnahme ist, die vorwiegend der Nullzinspolitik geschuldet ist. Sobald sie endet und der Konjunkturaufschwung an Kraft verliert oder in eine Rezession mündet, werden die Probleme wieder auftauchen. Denn sie sind strukturell. Dass dann die Mitglieder der Rentenversicherung erneut die Melkkühe sein werden, halte ich für ausgemacht. Denn nirgendwo sonst kann der Staat so viel und so schnell einsparen wie im Sozialetat.

Der entscheidende Grund, warum ich die Kritik an der generellen Förderung der privaten Vorsorge für abwegig halte, ist jedoch ein anderer: Nicht die private Vorsorge hat versagt, sondern der Staat, der die Menschen mit seinen Subventionen in die falschen Vorsorgeprodukte gelockt hat. In Angebote, die vorwiegend auf Versicherungslösungen basieren.

186

Und die sind wegen hoher Verwaltungskosten, mangelnder Transparenz und eines – teils staatlich verordneten – renditefeindlichen Sicherheitswahns ungeeignet für einen erfolgreichen Vermögensaufbau.

Also, um es ganz klar zu sagen: Nicht die private Vorsorge hat versagt, sondern die Versicherungslösungen, auf die der Staat immer gebaut hat. Selbst wenn die Regierung erst bei der Rentenreform im Jahr 2001 angefangen hätte, stärker auf aktienbasierte Lösungen zu setzen, wären die Sparer weitaus besser dran als jetzt und würden die Nullzinsphase mit viel weniger Blessuren überstehen.

So hat der *DAX* von Anfang 2002 (als die Riester-Rente richtig startete) bis Ende Oktober 2017 im Durchschnitt 6,1 Prozent Rendite erzielt, der *MDAX* mit 12,2 Prozent sogar genau doppelt so viel. Und dies, obwohl in dieser Phase so viele Kursstürze erfolgt sind wie selten zuvor. Aber auch in den Jahrzehnten vorher wurden Aktien in der Vorsorgepolitik des Staates stets nur mit spitzen Fingern angefasst, wohingegen die Regierungen Versicherungslösungen massiv subventioniert haben.

Lebensversicherungen, die vor dem Jahr 2005 abgeschlossen wurden, sind bei der Auszahlung komplett steuerfrei, wenn bestimmte Bedingungen wie mindestens zwölf Jahre Laufzeit erfüllt sind, seither ist immerhin noch die Hälfte steuerfrei, ebenfalls unter bestimmten, im Jahr 2009 noch etwas verschärften Voraussetzungen. Es ist klar, dass da Versicherungsvertreter bis Ende 2004 nur wenig Überredungskunst aufwenden mussten, um die Deutschen zum Vertragsabschluss zu bewegen. Die Hauptarbeit hatte ja der Staat mit seiner Steuerbefreiung geleistet. Auch mit einer halbierten Steuer lässt sich gut werben, wie die immer noch erstaunlich vielen Abschlüsse neuer Versicherungspolicen zeigen.

Insgesamt gibt es deshalb mit über 85 Millionen mehr Lebensversicherungsverträge als Deutsche. Warum dies ein Fehler war und ist, habe ich in einem vorangegangenen Kapitel ausführlich beleuchtet. Und jetzt, in der Nullzinsphase, müssen die Versicherungskunden und nicht die Politiker diesen Fehler mit Minierträgen ausbaden, die für Kunden, die in den letzten zehn Jahren eine Police abgeschlossen haben, zum Teil sogar niedriger als die Inflationsrate sind. Denn der Löwenanteil der Kundengelder liegt in Zinsanlagen, nur gut drei Prozent in Aktien. Und das bei Verträgen mit bis zu 45 Jahren Laufzeit. Bei derart langen Zeiträumen aber liefern Aktien und aktienbasierte Lösungen wie ETFs mit Abstand höhere Renditen, weil sie dann ihren großen Ertragsvorsprung vor allen anderen Geldanlagen voll ausspielen und Rückschläge wegstecken können. Ich habe das in den Kapiteln vorher bereits mit eindrucksvollen Zahlen unterlegt.

Die Riester-Rente und die anderen Altersvorsorgeprodukte, deren Förderung mit der Rentenreform des Jahres 2001 beschlossen wurde, sind ebenfalls zur Sackgasse für viele Anleger geworden. Das gilt für die Rürup-Rente ebenso wie für die Mehrzahl der Pensionskassen, mit denen im Rahmen einer Betriebsrente Verträge abgeschlossen werden können. Denn bei ihnen sind Zinsanlagen das Maß aller Dinge. Und das gilt natürlich noch viel mehr für die Riester-Rente, die zum Sinnbild des Versagens der staatlich gelenkten privaten Altersvorsorge geworden ist. Ich beschränke mich an dieser Stelle auf eine Analyse der Riester-Rente. Denn sie vor allem sollte nach dem Willen der Regierung die per Gesetz beschlossene Kürzung des Rentenniveaus ausgleichen und so den Lebensstandard der künftigen Rentner aufrechterhalten.

DIE RIESTER-RENTE – EIN STÜCK AUS DEM BERLINER TOLLHAUS

Pünktlich zum zehnjährigen Jubiläum der Riester-Rente hatte das *Deutsche Institut für Wirtschaftsforschung* (*DIW*) Ende 2011 eine Studie über die Riester-Rente veröffentlicht, deren Ergebnisse auch heute noch im Prinzip gelten – auch wenn sich die Situation der Riester-Sparer wegen der seither nochmals deutlich gesunkenen Zinsen weiter verschlechtert hat. Das *DIW* hat damals die Mängel der Riester-Rente so beschrieben: Renditen auf Sparstrumpfniveau, hohe Gebühren und intransparente Kalkulationsgrundlagen machten eine grundlegende Reform überfällig.

Passiert ist seither herzlich wenig. Die Regierung hat immer wieder kleine Korrekturen angebracht und im Wahljahr 2017 beschlossen, die staatliche Grundzulage von 154 auf 175 Euro zu erhöhen. Das ist in meinen Augen ein Tropfen auf den heißen Stein. Dabei hatte Walter Riester »sein« Werk noch vor dessen Verabschiedung im Bundestag so angepriesen: »Wir haben die größte Reform einer langfristigen Alterssicherung, die in der Republik jemals gemacht worden ist.« Und weiter: »Es gibt im Kern nur Gewinner.« Heute würde man zu so einer Aussage vermutlich »Fake-News« (gefälschte Nachrichten) sagen. Aus der größten Reform ist der größte Rohrkrepierer geworden.

Dabei war die Riester-Rente bei ihrer Einführung als Herzstück der Reform gefeiert worden, die den Bürgern für das Jahr 2030 zumindest das gleiche Gesamtversorgungsniveau (gesetzliche Rente plus Riester) sichern sollte, wie es vor den Kürzungen des gesetzlichen Rentenniveaus geherrscht hatte. Das waren damals 52,9 Prozent. Bereits im Jahr 2016 hielten die offiziellen Modellrechnungen für 2030 aber nur noch ein Gesamtversorgungsniveau von 50,6 Prozent für wahrscheinlich. Und das, obwohl sie immer noch von einigen der ursprünglichen Annahmen der Riester-Rente ausgingen:

- Vier Prozent durchschnittliche jährliche Verzinsung der Riester-Rente.
- Die Bürger zahlen jährlich vier Prozent ihres Vorjahresbruttoeinkommens ein, maximal 2.100 Euro, nur dann gibt es die volle staatliche Zulage bzw. Steuerersparnis.
- Die Verwaltungskosten machen höchstens zehn Prozent der Beiträge aus.

Aus heutiger Sicht sind derartige Annahmen noch heroischer, als sie es damals bereits waren. Wie will ein Riester-Rentenvertrag in der Null- und Minizinsphase vier Prozent Rendite erzielen, wenn fast 90 Prozent der Gelder in Zinspapieren angelegt sind? Und von den vier Prozent Beitragszahlungen sind wir ebenfalls meilenweit entfernt. Die Bundesregierung geht davon aus, dass über ein Fünftel der Bürger mit bestehendem Riester-Vertrag momentan überhaupt keine Beiträge mehr einzahlt – und dass rund 56 Prozent der Berechtigten überhaupt nicht »riestern«. Auch sind Verwaltungskosten von über zehn Prozent keine Seltenheit, Verbraucherschützer sprechen von teilweise 15 bis 20 Prozent.

Da ist es wahrlich kein Wunder, wenn die Zahl der Riester-Verträge seit dem Jahr 2011 bei rund 16 Millionen verharrt. Angedacht waren einmal mehr als doppelt so viele. Wenn nicht im Jahr 2008 der Wohn-Riester eingeführt worden wäre, der bei Häuslebauern sehr beliebt ist, weil er mit staatlichen Zuschüssen die Immobilienfinanzierung erleichtert, sähe es noch viel düsterer aus. Bis Ende März 2017 wurden immerhin 1,7 Millionen Wohn-Riester-Verträge abgeschlossen. Aber ungeachtet dessen: Seit dem Jahr 2012 hat die Zahl der Riester-Versicherungspolicen um 160.000 abgenommen, während Riester-Fondsprodukte um

...app 200.000 zugelegt haben. Die Sparer haben also auf die mehrfache Kürzung der Garantieverzinsung der Lebensversicherungen von den bis Ende 2011 gültigen 2,25 Prozent auf derzeit nur noch 0,9 Prozent reagiert.

Riester-Fondsverträge erreichen inzwischen einen Anteil von fast 20 Prozent, Wohn-Riester von zehn Prozent und Bankspar-Riester von vier Prozent. Mit über zwei Dritteln machen Riester-Versicherungen jedoch immer noch den Löwenanteil aller Riester-Verträge aus. Da die Garantieverzinsung nur auf den Sparanteil (Beiträge minus Verwaltungskosten und Risikoschutz) gezahlt wird, beträgt sie seit dem Jahr 2017 bestenfalls 0,5 bis 0,6 Prozent der eingezahlten Beiträge. Welch eine erbärmliche Rendite!

Die angesprochene Studie des *DIW* und später noch andere Untersuchungen haben zu ähnlichen Ergebnissen geführt: Dass die meisten Riester-Sparer steinalt werden müssen, wenn sie ihre Beiträge, die Zulagen und dazu noch einen Inflationsausgleich herausholen wollen. Das *DIW* hatte für eine damals 35-jährige Frau berechnet, dass sie erst mit 107 Jahren dieses Ziel erreichen würde. Besser sieht es für Familien mit Kindern aus, weil sie von den Riester-Kinderzulagen profitieren, mit jährlich 300 Euro pro Kind, das nach 2008 geboren wurde, und 185 Euro pro Kind, das vorher zur Welt gekommen ist.

Warum jedoch sind die Erträge aus Riester-Versicherungen so gering und auch bei den anderen Riester-Formen alles andere als üppig? Die hohen Verwaltungskosten und die »falsche«, nämlich zu zinslastige Geldanlage habe ich ja schon angesprochen. Hinzu kommen noch zwei gravierende Konstruktionsfehler, die der Riester-Rente jegliche Attraktivität rauben.

Das sind erstens die überzogenen Garantien, die der Staat in seinem Sicherheitswahn verordnet hat. Da Versicherer, Banken und Fondsgesellschaften ihren Kunden die Garantie geben müssen, dass sie mindestens die eingezahlten Beiträge beim Eintritt in den Ruhestand bekommen und dass ihre Rentenzahlungen anschließend lebenslang gelten, müssen die Unternehmen zwangsläufig übervorsichtig agieren. Denn die Garantien umfassen ja viele Jahrzehnte. Und das kostet enorme Summen. Abgesichert wird die Garantie mit der sichersten Anlage, also Staatsanleihen, und je tiefer deren Zinsen gefallen sind, desto teurer wird die Garantie. Denn dann muss ein immer größerer Teil der Beiträge in Staatsanleihen angelegt werden, und für Aktien und andere Investments bleibt zum Teil gar nichts mehr übrig.

In einem Gutachten zur Riester-Rente für die »Wirtschaftsweisen« haben Ende 2016 vier Wissenschaftler unter der Leitung des bekannten Rentenforschers Axel Börsch-Supan festgestellt: »Schätzungen zeigen, dass die Garantiekosten bei einem Vertrag mit rund 40-jähriger Laufzeit im Zeitraum von 2001 bis 2015 von ca. 20.000 Euro auf ungefähr 140.000 Euro dramatisch gestiegen sind, ohne dass sich die ohnehin unter einem Prozent liegende Wahrscheinlichkeit des Garantiefalls maßgeblich vergrößert hat.« Das muss man eigentlich nicht kommentieren – ich tue es trotzdem.

Für einen Garantiefall, der bei weniger als einem Prozent (manche Berechnungen sehen sogar weniger als ein halbes Prozent) der Verträge eintritt, müssen die Riester-Versicherungskunden bis zu 140.000 Euro an Kosten tragen. Für so eine Vorschrift ist der Begriff »irrwitzig« noch viel zu moderat. Das spottet tatsächlich jeder Beschreibung. Frank Breiting von der *Deutsche Asset Management*, einer Tochter der *Deutschen Bank*, hat es auf den Punkt gebracht: »Die Kosten der Kapitalgarantie sind unfassbar hoch. Dabei ist die einzige Garantie, dass man keine Rendite bekommt.«

Der zweite »Irrwitz« geht eher zu Lasten der Versicherungen, auch wenn der Staat daran beteiligt ist. Ich meine damit die speziellen Sterbetafeln, die bei den Kalkulationen der Riester-Rente verwendet werden. Sterbetafeln zeigen an, wie lange jemand in einem bestimmten Alter im Durchschnitt noch leben wird. Auf dieser Basis werden die Beiträge und später die Rentenhöhen berechnet. Das *Statistische Bundesamt* erstellt dazu Schätzungen für die Zukunft. Die aber sind für die Versicherer nicht gut genug. Sie haben eigene Sterbetafeln erstellt – und denen zufolge leben die Menschen vier bis fünf Jahre länger, als es das *Statistische Bundesamt* prognostiziert. Ist ja toll, wenn wir länger leben, mögen Sie denken.

Da haben Sie natürlich Recht – aber in Bezug auf die Riester-Rente ist das alles andere als toll. Klar, die Versicherer müssen vorsichtig kalkulieren, aber mit ihren Sterbetafeln sind sie, darin sind sich die Experten weitgehend einig, weit über das Ziel hinausgeschossen. Und das kostet die Kunden eine Menge Geld. Axel Kleinlein, der Chef des *Bundes der Versicherten* sagt knallhart: Die Versicherer »verwenden Sterbetafeln, die mit der Realität nichts zu tun haben. Aus Sicht der Unternehmen verständlich, denn dadurch lässt sich viel Geld verdienen.«

Warum das so ist? Wenn Sie eine lebenslange Rente garantiert bekommen, hängt deren Höhe davon ab, wie lange Sie die wahrscheinlich beziehen werden. Denn Ihre bis zum Renteneintritt angesparten Riester-Leistungen werden auf die Zahl der Jahre verteilt, die Sie nach der Sterbetafel noch leben werden, wenn Sie genau den Durchschnitt erreichen. Und da macht es viel aus, ob die Sparsumme 20 oder 25 Jahre reichen soll.

Die Versicherer kalkulieren anhand ihrer speziellen Sterbetafeln so übervorsichtig, dass die monatlichen Rentenzahlungen deutlich niedriger ausfallen, als es beim *Statistischen Bundesamt* der Fall wäre. Sie ziehen, wenn man einen 65- bis 67-jährigen Neurentner als Beispiel nimmt, laut *Stiftung Warentest* gleich einmal 25 bis 27 Prozent des angesparten Riester-Kapitals als Versicherungsanteil ab. Es stehen also nur 73 bis 75 Prozent zum Anlegen und Erträge generieren zur Verfügung. Dass dann nicht mehr viel für die Verzinsung des Kapitals übrig bleibt, versteht sich von selbst.

Das gilt nicht nur für Riester-Versicherungen, sondern auch für Riester-Fondssparpläne, denn auch da muss der Großteil des angesparten Vermögens beim Renteneintritt in eine lebenslange Rente umgewandelt werden. Der Versicherungsverband *GDV* rechtfertigt seine speziellen Sterbetafeln unter anderem damit, dass man jetzt noch nicht wissen könne, wieweit der medizinische Fortschritt die Lebenserwartung in die Höhe treibe. Und damit, dass Riester-Sparer angeblich länger leben als der Durchschnitt, weil sie wohlhabender sind. »Wissenschaftlich lässt sich dies nicht nachvollziehen«, kritisiert deshalb Axel Börsch-Supan in seinem Gutachten.

Wenn man all diese Konstruktionsfehler zusammenzählt und dazu noch den Provisionshunger der Finanzbranche hinzuaddiert, kann man nur zu dem Fazit kommen, das Bayerns Ministerpräsident Horst Seehofer im Frühjahr 2016 gezogen hat: »Die Riester-Rente ist gescheitert.« Er schlug deshalb die Rückabwicklung der Verträge vor. Dazu wird es allerdings kaum kommen. Die Riester-Lobby ist dazu viel zu mächtig und die Unkenntnis unserer Politiker, was finanzielle Zusammenhänge betrifft, viel zu groß.

Dabei wäre es relativ einfach, bessere Möglichkeiten der privaten und beruflichen Vorsorge zu finden. Die Regierung müsste nur mal einen Blick ins Ausland werfen und die Instrumente, die sich dort seit Jahrzehnten bewährt haben, suchen und einfach übernehmen. Ich gehe schon mal voran und versuche aufzuzeigen, wo es im Ausland nachahmenswerte Alternativen gibt und was sie auszeichnet.

RENTENPROBLEME GIBT ES ÜBERALL – ABER DEUTSCHLAND STEHT BESONDERS SCHLECHT DA

Deutschland ist mit seinen Rentenproblemen natürlich nicht allein auf der Welt, alle Industrieländer stehen vor schwierigen Zeiten, weil sie mehr oder weniger ausgeprägt auf das Umlageverfahren bauen, also darauf, dass die Generation, die in Lohn und Brot steht, den Menschen im Ruhestand mit ihren Beitragszahlungen die staatliche Rente finanziert. Die demografische Entwicklung zeigt nun einmal in allen entwickelten Staaten und teilweise auch in den Schwellenländern in die gleiche Richtung: Die Geburtenraten sind viel kleiner als vor einem halben Jahrhundert und die Menschen werden zunehmend älter. Deshalb müssen immer weniger Berufstätige immer mehr Menschen im Ruhestand die Rente finanzieren.

In der Altersvorsorge ist uns das Ausland meilenweit voraus

Es ist eine Schande, dass ein Land wie Deutschland mit der Produktivität seiner Wirtschaft, der Leistungsfähigkeit und dem Erfindergeist seiner Unternehmer und der technischen Fähigkeiten seiner Ingenieure, mit seiner Kompetenz im internationalen Wettbewerb und mit dem Fleiß und der Sparsamkeit seiner Bürger es über die Jahrzehnte nicht geschafft hat, eine tragfähige und zukunftsfeste Altersvorsorge aufzubauen. Die Amerikaner, die Skandinavier, die Schweizer, die Österreicher und sogar die Franzosen sind uns da Welten voraus. In der Wirtschaft sind wir Weltklasse, in der Altersvorsorge sind wir Provinzklasse.

Es ist aber auch kein Wunder, dass die Denke der meisten Deutschen in Sachen Geldanlage schon von Seiten des Staates risikoscheu und aktienfeindlich beeinflusst wurde. Die staatlich geförderte Vermögensbildung beschränkte sich weitgehend auf Kontensparen, Bausparen und Versicherungen. Das Aktiensparen blieb mehr oder weniger außen vor. Was kann man anderes erwarten, wenn der ehemalige Bundeskanzler und studierte Volkswirt Helmut Schmidt in einem Interview mit dem *Zeit-Magazin* auf die Frage, ob er jemals Aktien besessen habe, schnoddrig antwortet: »Das weiß ich nicht genau, ich habe mich nie darum gekümmert.« Und danach auf die Frage: Sie trauen der Aktie und der Hausse an der Börse nicht? »Die Aktie an sich ist ein meinem Gefühl und meinem Denken wenig entsprechendes Instrument. Als Altersvorsorge ist die Aktie unbrauchbar.«

In keinem modernen Industrieland, ja, nicht einmal in ehemals kommunistischen Ländern wie China, Tschechien, Ungarn oder Polen sind Aktien in der Politik so verpönt wie in Deutschland. Es ist ein eklatantes, fahrlässiges Politikversagen, mit welcher Wurstigkeit alle Regierungen – gleich welcher Couleur – in all den Jahrzehnten nach Ludwig Erhard die private Vorsorge und den nachhaltigen Vermögensaufbau mit Hilfe der langfristig mit Abstand ertragsstärksten Anlageform, der Aktie, ignoriert haben. Und die Bürger mit Sprüchen wie »Die Rente ist sicher« in vermeintlicher Sicherheit gewiegt haben.

Dabei gehört Deutschland zu den Ländern, in denen die Probleme besonders gravierend zu werden drohen, und das aus mehreren Gründen: Unsere gesetzliche Rentenversicherung hat kaum Rücklagen gebildet, die zur Finanzierung beitragen könnten. Ich habe es bereits angeschnitten, dass der Kapitalstock (also das Vermögen) der staatlichen Rentenversicherung im Durchschnitt der *OECD*-Staaten bei 84 Prozent der Wirtschaftsleistung (*BIP*) liegt, der Kapitalstock der niederländischen Altersvorsorge sogar bei 184 Prozent, in den USA sind es wie in Australien, der Schweiz und Großbritannien jeweils rund 120 Prozent, in Kanada 100 Prozent. Deutschland zählt mit einem Wert von 26 Prozent zu den Schlusslichtern.

Ein Kapitalstock wurde in unverantwortlicher Weise nicht aufgebaut. Während die in der Rentenpolitik angeblich so rückständigen Amerikaner über einen Kapitalstock von 2,8 Billionen Dollar verfügen – etwa 22.000 Dollar je Haushalt. Die *Deutsche Rentenversicherung* hat hingegen lediglich 30 Milliarden Euro Nachhaltigkeitsrücklage (so der offizielle Begriff) gebildet, das reichte Mitte 2017 für etwa 1,4 monatliche Rentenzahlungen. Damit kommt man in Notzeiten wahrlich nicht weit. Wir zahlen die Rente von den Sozialabgaben der aktuell Beschäftigten. Wir leben also von der Hand in den Mund. Unsere Rente ist ein Schönwettermodell: Herrscht Vollbeschäftigung, geht's einigermaßen gut, wenn nicht, geht's schlecht. Unser angeblicher Wohlstand ist auf Sand gebaut.

Der Anteil von Rentenempfängern zu den Beitragszahlern steigt in Deutschland besonders stark. Zum einen, weil die Geburtenrate lange Zeit so niedrig war wie sonst fast nirgendwo, zum anderen, weil mit der Wiedervereinigung und mit dem Zustrom von Asylbewerbern ein hoher

Anteil an versicherungsfremden Leistungen hinzukommt, also Renten-zahlungen an Menschen, die nicht oder nur unzureichend Beiträge in das Rentensystem zahlen oder gezahlt haben. Deswegen ist der Bundes-zuschuss zur Rentenversicherung in Deutschland auch außergewöhnlich hoch – und er muss weiter steigen, die Finanzierung wird also zuneh-mend mehr vom Staat abhängig, und das sehe ich als großes Risiko an.

Die Durchschnittsrente in Deutschland ist jetzt schon im internatio-nalen Vergleich niedrig, gemessen am Einkommen eines Durchschnitts-verdieners. Die *OECD* hat diese so genannte Nettoersatzrate berechnet und kommt für Deutschland zu dem Ergebnis, dass die gesetzliche Ren-te derzeit 50 Prozent der Einkommen erreicht. Das liegt weit unter dem Durchschnitt aller 34 *OECD*-Staaten von 63 Prozent. Innerhalb der *EU-15*, also der Staaten, die vor der Osterweiterung der *Europäischen Union* an-gehört haben, sind nur Großbritannien und Irland schlechter platziert. Dieses Ergebnis ist deprimierend, wenn man bedenkt, dass hierzulande die Mehrzahl der Menschen ihre Einkünfte im Alter vorwiegend aus der gesetzlichen Rentenversicherung beziehen. Und dass die ohnehin nied-rige Nettoersatzrate wegen des sinkenden Rentenniveaus weiter zurück-gehen wird.

Ausgerechnet in Deutschland verweigert die Politik jedoch sinnvolle Lösungen für eine bessere private und betriebliche Vorsorge. Man kann sich leicht ausmalen, welchen Problemen viele Bundesbürger entgegen-gehen, weil hierzulande sowohl die staatliche Rente als auch die private Vorsorge und zudem das Privatvermögen weit hinter dem unserer Nach-barländer herhinken. Großbritannien und Irland, die beiden in der ge-setzlichen Rente noch schlechter platzierten Staaten, verfügen immerhin über ein seit langem funktionierendes privates und betriebliches Vorsor-gesystem. Das Vermögen, das in betrieblichen Pensionsfonds angelegt ist, erreichte 2015 nach Berechnungen der *OECD* in Großbritannien 97,4 Prozent der jährlichen Wirtschaftsleistung (*BIP*) und in Irland 56,4 Pro-zent.

Und in Deutschland? Da waren es 6,6 Prozent, so wenig wie in kaum einem anderen Industrieland und auch weniger als in der Mehrzahl der Schwellenländer. Da nur 5,0 Prozent des relativ kleinen Vermögens der deutschen Pensionsfonds in Aktien angelegt ist, ist die Rendite weit un-terdurchschnittlich. In Großbritannien waren im Jahr 2015 dagegen 20,2 Prozent des Vermögens in Aktien investiert, in den USA sogar 44,2 Prozent. Es gibt also Länder, die frühzeitig auf die Altersproblematik reagiert und die private und betriebliche Vorsorge gestärkt haben. Einige von ihnen haben Systeme und Anreize entwickelt, die Deutschland als Vorbild dienen könnten, ja sollten. Es macht einfach keinen Sinn, weiterhin auf dem toten Gaul Riester-Rente in die Zukunft zu galoppieren. Unsere Politik muss endlich umsatteln und leistungsfähigere Angebote fördern.

Ich habe fünf internationale Beispiele ausgewählt, die mit unterschiedlichen Methoden das Rentenproblem angegangen sind. Sie können Deutschland als Anschauungsunterricht dienen, und sie zeigen eindrucksvoll, dass das Rad einer leistungsfähigen Vorsorge längst erfunden ist. Berlin muss es nicht immer wieder neu versuchen, sondern kann es zollfrei importieren. Meine untersuchten Beispielländer sind die USA, die Schweiz, die Niederlande, Frankreich und Norwegen. Aber ich hätte auch Schweden (das nachher in einem anderen Zusammenhang eine Rolle spielt), Dänemark, Neuseeland oder eine Reihe anderer Länder aufführen können, die mit zukunftsfähigen Lösungen aufwarten.

Die USA

Die Vereinigten Staaten von Amerika sind vermutlich weltweit das bekannteste Beispiel für eine seit langem bestehende betriebliche und private Vorsorge. Mir fällt allerdings bei Gesprächen mit Deutschen immer wieder auf, dass viele gar nicht wissen, dass die Amerikaner ihre Altersvorsorge beileibe nicht allein auf die beiden privaten Säulen beschränken, sondern auch ein funktionierendes System der staatlichen Rente haben.

Ich kann es beurteilen, weil ich selbst für meine Jahre in den USA eine kleine Rente aus der *Social Security* erhalte. Meine Gesprächspartner wundern sich oft, dass der Betrag für die wenigen Jahre, die ich in die Versicherung eingezahlt habe, erstaunlich hoch ausfällt. Dabei liegt der Beitragssatz seit rund 30 Jahren unverändert bei 12,4 Prozent, je zur Hälfte zu tragen von Arbeitnehmern und Arbeitgebern. Das ist also deutlich weniger als in Deutschland mit 18,7 Prozent (2017) und, wie ich schon beschrieben habe, zudem durch ein Kapitalvermögen von über zwei Billionen Dollar abgesichert.

Da die Beschäftigten einen geringeren Anteil ihres Einkommens für die gesetzliche Rente ausgeben müssen als bei uns, haben sie netto mehr Geld für die betriebliche und private Vorsorge übrig. Dieses »eingesparte« Geld fließt seit 1978 vielfach in die betriebliche Vorsorge, die mit dem *401(k)*-Plan (benannt nach dem entsprechenden Paragraphen im Steuergesetz) eine rentable und flexible Lösung bietet.

Viele Arbeitgeber, vor allem aus größeren Unternehmen, schießen 50 bis 100 Prozent der Beiträge zu. Arbeitnehmer können bis zu 15 Prozent ihres Jahreseinkommens, maximal 18.000 Dollar (bezogen auf das Jahr 2016, die Grenze steigt in etwa mit der Inflationsrate) einzahlen, über 60-Jährige zusätzlich 6.000 Dollar. Wenn man das mit den maximal 2.100 Euro jährlich für die Riester-Rente vergleicht, wird schnell klar: Mit so geringen Beträgen können die Deutschen kein Vermögen aufbauen, das den Rückgang des Rentenniveaus ausgleichen könnte – zumal hierzulande das Geld überwiegend in Riester-Versicherungen fließt, die wiederum überwiegend in Zinsanlagen investieren, die kaum Rendite abwerfen.

Ganz anders in den USA: Die Beiträge der *401(k)*-Pläne werden überwiegend in Aktien- und gemischten Fonds investiert, bei denen die Anlagestrategie auf das erwartete Rentenalter abgestimmt wird. In den letzten Jahren wurde ein zunehmend größerer Teil in ETF-Sparpläne angelegt, weil sie flexibel, breit gestreut und vor allem außerordentlich preiswert sind. Da einige der Anbieter von klassischen *401(k)*-Fondsplänen hohe Gebühren berechnet hatten, gab es immer wieder Konflikte und sogar Gerichtsverfahren. Das war natürlich ein gefundenes Fressen für die Anbieter von ETF-Plänen.

Die Beiträge sind für Arbeitnehmer steuerfrei, der Arbeitgeber kann seinen Anteil als Betriebsausgaben absetzen. Es gibt allerdings seit 2006 zusätzlich den *Roth 401(k)* (benannt nach dem Senator, der das Gesetz eingebracht hat), der mit versteuertem Einkommen aufgebaut wird. Bei ihm sind die Erträge dafür im Rentenalter steuerfrei, während sie beim klassischen *401(k)* dann der Einkommensteuer unterliegen. Die Beschäftigten können also wählen, mit welcher Variante sie sich steuerlich besserstellen, und sie können auch die Beiträge auf die beiden Arten splitten, was zunehmend mehr Arbeitnehmer machen.

Die Flexibilität ist groß, zumal die Verträge bei einem Stellenwechsel auf einen *401(k)*-Plan der neuen Firma übertragen werden können. Generell sind die Erträge – Zinsen, Dividenden, Kursgewinne – in der Phase des Ansparens steuerfrei. Beim Renteneintritt ist eine Umwandlung in Auszahlpläne ebenso möglich wie Einmalzahlungen, beide unterliegen der Einkommensteuer. Die Eigenverantwortung wird in den USA also großgeschrieben, während in Deutschland bei Riester-Verträgen nur maximal 20 bis 30 Prozent der Summe (je nach Abschlussdatum) ausgezahlt werden dürfen. Der Großteil muss verrentet werden, und das zu den enormen Kosten, die ich geschildert habe.

Das größte Problem in den USA liegt darin, dass weniger als 60 Prozent der Beschäftigten *401(k)*-Verträge abschließen, insgesamt sind es etwas mehr als 100 Millionen Verträge. Vor allem Geringverdiener und Teilzeitkräfte nehmen nur in mäßigem Umfang an betrieblichen und privaten Rentenplänen teil – und auch viele stark überschuldete Amerikaner können nicht genügend Geld für eine ausreichende Vorsorge aufbringen.

Unabhängig von der betrieblichen Vorsorge gibt es den *Roth IRA*, mit dem Privatpersonen aus versteuertem Einkommen Vorsorgevermögen bis zu jährlich 5.500 Dollar (über 50-Jährige bis zu 6.500 Dollar) ansparen können. Auch dieses Geld fließt überwiegend in Fonds und ETFs. Kapitalwachstum, Dividenden und Zinsen sind nach fünf Jahren Vertragsdauer steuerfrei. Insgesamt hat der Staat 2016 rund 83 Milliarden Dollar für die Förderung der Altersvorsorge aufgewendet. Das ist Präsident Trump natürlich zu viel, weshalb erwartet wird, dass er im Zuge seiner geplanten Steuerreform auch Änderungen in der staatlichen Förderung der Altersvorsorge vornehmen könnte. Im Herbst 2017, als ich diesen Text geschrieben habe, gab es allerdings noch keine konkreten Hinweise auf Art und Umfang möglicher Veränderungen.

Die transparente, flexible und renditestarke Art der Altersvorsorge hat bewirkt, dass US-Bürger 2014 kurz vor Renteneintritt (mit 60 bis 64 Jahren) im Durchschnitt 360.000 Dollar auf ihren Vorsorgekonten angespart hatten. Das ist viel, wenn man bedenkt, dass zusätzlich noch rund 80 Prozent der Rentnerhaushalte über Immobilienvermögen verfügen – ein Riesenunterschied zu Deutschland. Und dieser Umstand ist mit ein Grund dafür, dass der amerikanische Durchschnittshaushalt im internationalen Vergleich finanziell relativ gut für den Ruhestand gerüstet ist.

Die Schweiz

Die Eidgenossen haben im Herbst 2017 Schlagzeilen gemacht, weil eine Volksabstimmung über eine Rentenreform gescheitert ist, der Vorschlag des Parlaments fiel bei der Bevölkerung knapp durch. Die Reform hatte eine Gleichstellung des Renteneintrittsalters für Frauen an das der

Männer sowie eine leichte Anhebung der Beitragssätze zur gesetzlichen Rentenversicherung und eine Mehrwertsteuererhöhung vorgesehen. Die Schweiz leidet wie fast alle Industriestaaten unter den demografischen Veränderungen, weshalb die staatliche Sozialversicherung unter Druck steht.

Die gesetzliche Rente ist obligatorisch für die gesamte Bevölkerung, egal ob Angestellte, Beamte oder Selbständige. Sie dient der Existenzsicherung und der Vermeidung von Altersarmut, ist also eine typische Basisrente. Es gibt allerdings in der Schweiz keine Beitragsbemessungsgrenze, die Beiträge sind also nach oben offen.

Säule zwei betrifft die berufliche Vorsorge, die für alle Arbeitnehmer ab einem bestimmten Einkommen (2017 waren es 21.150 Franken) ebenfalls Pflicht ist. Das Geld wird überwiegend in Pensionskassen angelegt, bei denen der Arbeitgeber aus einer Vielzahl wählen kann.

Die Beitragssätze sind je nach Alter, Verdienst und Arbeitgeber unterschiedlich, jeweils die Hälfte zahlen Arbeitgeber und Beschäftigte. Die Anlagestrategie der schweizerischen Pensionskassen ist wesentlich aktienfreundlicher als die ihrer deutschen Pendants, sie legen im Durchschnitt rund 30 Prozent in Aktien an, hinzu kommen mit gut 15 Prozent Immobilien weitere Sachwerte. Gesetzliche Rente und Betriebsrente zusammen sollen nach dem Willen der Regierung 60 Prozent des vor dem Ruhestand erzielten Einkommens erreichen.

Die dritte Säule ist eine freiwillige private Vorsorge. Sobald mit ihr Steuererleichterungen in Anspruch genommen werden, ist ein Sparvertrag bindend. Deshalb nennt man sie gebundene Vorsorge. Sie kann mit Bankeinlagen, Wertpapieren oder Versicherungen geleistet werden. Die Einzahlungen können vom zu versteuernden Einkommen abgezogen werden, mindern also die Steuerlast. Erträge und Wertsteigerungen sind während der Sparphase steuerfrei. Die Auszahlung wird zu einem deutlich reduzierten Steuersatz belastet, die Erträge daraus sind im Ruhestand steuerpflichtig. Arbeitnehmer, die Mitglied einer Pensionskasse sind, können bis zu 6.768 Franken (2017) jährlich in die gebundene Vorsorge einzahlen, Selbständige und Arbeitnehmer ohne Pensionskasse bis zu 20 Prozent des Nettoeinkommens, höchstens 33.840 Franken. Auch hier also wie in den USA: Deutlich höhere Beiträge als in Deutschland werden steuerlich gefördert, und es gibt viel Freizügigkeit und Flexibilität in der Gestaltung der Vorsorge.

Frankreich

Bei unserem französischen Nachbarn ist die staatliche Rentenversicherung nach dem Umlageverfahren aufgebaut, aber wesentlich komplizierter gestaltet als in Deutschland. Da die Rentenhöhe trotz mehrerer Reformen und Reformversuchen im internationalen Vergleich mit einer Nettoersatzquote von knapp 68 Prozent (Deutschland 50 Prozent) immer noch hoch ausfällt, sehen viele Franzosen wenig Veranlassung, betriebliche und private Vorsorge zu betreiben. Die verschiedenen Regierungen der letzten Jahrzehnte haben zwar wegen der stark steigenden Sozialausgaben des Öfteren versucht, den Anteil der staatlichen Rente am Alterseinkommen zurückzufahren, sind aber immer wieder am Protest der Gewerkschaften gescheitert. Der junge französische Präsident Emmanuel Macron will einen neuen Anlauf unternehmen.

Eine betriebliche Altersvorsorge muss zwar jedes Unternehmen bereitstellen, üblicherweise mittels Pensionskassen. Aber der Zuspruch hält sich in Grenzen. Interessant ist vor allem die private Vorsorge, denn hier hat Frankreich einen aktienfreundlichen Weg gewählt. Für alle gibt es den Aktiensparplan *PEA* (*Plan d'épargne en actions*), in den jedermann im Lauf der Zeit bis zu 150.000 Euro in Aktien, Fonds und Zinsanlagen investieren kann. Voraussetzung: 75 Prozent der Aktien sind von Unternehmen aus der *Europäischen Union*. Die Erträge sind steuerfrei, ab fünf Jahren Haltedauer auch die Kursgewinne.

Da nach der Finanzkrise viele Franzosen ihre *PEAs* (die Anzahl ist von über sieben Millionen auf unter fünf Millionen gefallen) aufgelöst haben, hat die Regierung 2014 die Höchstsummen von 132.000 Euro auf 150.000 Euro angehoben und zusätzlich einen *PEA* für Aktien kleiner und mittlerer Unternehmen eingerichtet, in den weitere 75.000 Euro angespart werden können. Ein Alleinstehender kann also bis zu 225.000 Euro, ein Ehepaar bis zu 450.000 Euro in renditestarken Aktien und Fonds investieren. Im Vergleich dazu sind die Riester-Höchstbeträge ein Witz. Dass die Bürger *PEAs* trotz der attraktiven Förderung nicht mehr wie gewünscht annehmen, schreiben Experten vor allem der stark gestiegenen Arbeitslosigkeit nach der Finanzkrise und den Nachwirkungen der hohen Kursverluste in der Finanz- und der Eurokrise zu.

Niederlande

Die Holländer haben ein Vorsorgesystem entwickelt, das vielen anderen Ländern als Vorbild dient. Es wird gerne als »Cappuccino-Modell« bezeichnet: Grundrente als Kaffee, Betriebsrente als Sahne und private Vorsorge als Schokostreusel obendrauf.

Die Grundrente ist nach dem Umlageverfahren gestaltet mit der Besonderheit, dass alle Bürger dort versichert sind. Das gilt sogar für Beamte, weshalb die Niederlande zu den wenigen Staaten gehören, in denen Beamtenpensionen nicht mit Steuergeldern finanziert werden. Die Grundrente ist einheitlich, im Jahr 2016 betrug sie 1.138 Euro für Alleinstehende und 1.568 Euro für Paare, wenn sie mindestens 50 Jahre in Holland gewohnt haben, ansonsten gibt es für jedes Jahr weniger zwei Prozent Abschlag.

Die zweite Säule besteht aus der kollektiven betrieblichen Altersversorgung. Die meisten Rentengelder werden von Pensionsfonds verwaltet. Es gibt zwar keine gesetzliche betriebliche Rentenpflicht, wenn aber die Sozialpartner entscheiden, dass sie ihren Beschäftigten Regelungen anbieten wollen, kann der Staat dies als allgemeinverbindlich vorschreiben. Dann wird die betriebliche Vorsorge zur Pflicht.

Üblicherweise zahlen die Arbeitgeber zwei Drittel der Beiträge ein, Arbeitnehmer entsprechend nur ein Drittel. Deshalb verfügen 90 Prozent aller Arbeitnehmer über eine betriebliche Rentenversicherung, in Deutschland sind es nur 30 Prozent. Sie ist attraktiv, weil auf Pensionsbeiträge keine Steuern erhoben werden und alle Kapitalerträge der Pensionsfonds steuerfrei bleiben. Erst bei der Rentenauszahlung tritt die Steuerpflicht ein.

Da die ersten beiden Säulen zusammen ein hohes Altersruhegeld garantieren, wird die private Vorsorge vergleichsweise wenig genutzt, trotz steuerlicher Vorteile. Insbesondere Fondssparpläne und Versicherungen werden vom Staat gefördert. Die Niederländer zählen zu den Reichsten in Europa. Mit einem durchschnittlichen Bruttogeldvermögen von 138.000 Euro besaßen sie im Jahr 2016 fast genau doppelt so viel wie ihre deutschen Nachbarn mit 70.000 Euro.

Norwegen

Norwegen ragt aus einem besonderen Grund als Beispiel für eine vorbildliche staatliche Vorsorgepolitik heraus: Das Land besitzt den größten Staatsfonds der Welt, sein Vermögen hat Mitte 2017 erstmals die Marke von einer Billion Dollar überschritten. Jeder der gut fünf Millionen Einwohner besitzt damit allein rein rechnerisch fast 200.000 Dollar. Der Fonds nennt sich offiziell *Norwegischer Pensionsfonds Ausland*. Er legt seit 1996 einen Teil der Öleinnahmen der Skandinavier an Kapitalmärkten außerhalb des Landes an, um damit für die Zeit nach dem Ölreichtum vorzusorgen und den Lebensstandard späterer Generationen zu sichern.

Inzwischen hält der Staatsfonds immerhin 1,3 Prozent aller notierten Aktien weltweit und sogar 2,3 Prozent aller europäischen. Die Nordländer sind aus zwei Gründen ein Vorbild: Erstens haben sie rechtzeitig an die späteren Generationen gedacht und ihren Reichtum nicht verprasst, sondern fürsorglich teilweise auf die Seite gelegt. Das Sozialsystem Norwegens wird davon Jahrzehnte, wenn nicht gar Jahrhunderte profitieren. Zudem darf die Regierung einen sehr kleinen Teil des Vermögens abziehen, um Konjunkturprogramme und andere Maßnahmen zu finanzieren – was zuletzt auch praktiziert wurde.

Zweitens legen die Norweger das Geld langfristig und äußerst renditebewusst an. Bei der Gründung im Jahr 1996 war die Ziel-Aktienquote auf 40 Prozent festgelegt worden, ab 2007 betrug sie 60 Prozent und im Jahr 2017 wurde sie auf 70 Prozent angehoben. Die Anleihequote sank entsprechend von ursprünglich 60 Prozent auf 25 Prozent, der erst vor einigen Jahren neu eingeführte Immobilienanteil macht die restlichen fünf Prozent aus. Norwegen investiert den Aktienanteil zunehmend in ETFs und hat die Börsensegmente übergewichtet, die von der Wissenschaft als langfristig besonders renditestark ermittelt worden sind: Aktien kleiner Unternehmen und Value-Aktien, also »langweilige« Aktien mit niedriger Bewertung und hoher Substanz.

Das liegt haargenau auf meiner Linie, wie Sie in früheren Kapiteln gesehen haben und wie ich in meinen Vorschlägen zur richtigen Geldanlage noch schildern werde. Der Staatsfonds hat mit der Erhöhung des Aktienanteils auf die extrem niedrigen Zinsen reagiert, die einen nennenswerten realen Vermögenszuwachs fast unmöglich machen. Die Regierung betrachtet die weitere Stärkung der Aktie als »akzeptables Risiko«, da der Pensionsfonds langfristig investiert und Kurseinbrüche, wie sie in den über 20 Jahren seit Bestehen des Fonds gehäuft wie nie zuvor aufgetreten sind, »aussitzen« kann.

Weniger bekannt als der im Ausland anlegende riesige Staatsfonds ist der sehr viel kleinere inländische Pensionsfonds Norwegens. Er legt die Gelder der Sozialversicherung in norwegischen Wertpapieren an, und zwar 60 Prozent in Aktien und 40 Prozent in Anleihen. Auch hier also eine bewusst aktien- und renditefreundliche Investmentpolitik, die den künftigen Rentnergenerationen zugutekommt.

Natürlich kann man Deutschland nicht mit Norwegen vergleichen, wir sind nun einmal kein Ölförderland. Trotzdem wäre es sinnvoll, wenn unsere Politiker öfters gen Norden schauen würden, nicht nur wegen der starken Einbindung der Aktie. Beispielsweise wäre es keine schlechte Idee, die gewaltigen Einsparungen, die Draghis Nullzinspolitik dem Bundeshaushalt beschert hat und weiter beschert, nicht zu verfrühstücken, sondern sie teilweise in einen langfristig orientierten eigenen Staatsfonds einzuzahlen – um das Sozialsystem für spätere Generation wenigstens ansatzweise abzusichern.

Die Deutschland-Rente – ein interessanter Ansatz

Ende 2015 haben die drei hessischen Minister Thomas Schäfer, Stefan Grüttner (beide CDU) und Tarek Al-Wazir (Grüne) ein Konzept für die Altersvorsorge vorgelegt, das sie als *Deutschland-Rente* bezeichneten. Im Jahr 2017 erneuerten sie ihren Vorschlag und versahen ihn mit mehr Details. Das Konzept sorgte nach beiden Anläufen jeweils nur kurz für mediale Aufmerksamkeit – und dann verschwand es wieder weitgehend in der Versenkung. Völlig zu Unrecht, wie ich meine, denn die Deutschland-Rente verdient es, dass man sie als Alternative zur gescheiterten Riester-Rente näher in Augenschein nimmt.

Da sich die drei Minister vor allem an den komplizierten Regeln, den geringen Renditen und den hohen Kosten der Riester-Rente stören, plädieren sie für »ein einfaches, kostengünstiges und transparentes Standardprodukt«, das der Staat organisiert: die *Deutschland-Rente*. Kernstück soll ein *Deutschland-Fonds* sein, der einen höheren Aktienanteil als Riester-Versicherungen und Pensionskassen aufweisen und so langfristig höhere Renditen erzielen soll als die bisherigen staatlich geförderten betrieblichen und privaten Vorsorgeprodukte. Eine Kapitalgarantie, die höhere Renditen verhindert, soll es nicht geben.

Die Hessen schlagen vor, dass die Arbeitgeber für ihre Beschäftigten die Beiträge an die *Deutsche Rentenversicherung* überweisen, falls ihre Arbeitnehmer nicht widersprechen. Das wäre das so genannte *Opt-out*-Verfahren, bei dem die Arbeitnehmer aktiv werden müssen, um die automatischen Zahlungen von ihrem Gehalt zu stoppen, während sie bisher selbst aktiv werden müssen, um einen Vertrag abzuschließen. Erfahrungen im Ausland zeigen, dass bei den *Opt-out*-Modellen sehr viel mehr Menschen eine Altersvorsorge aufbauen als bei *Opt-in*-Verfahren, wie sie in Deutschland üblich sind.

Die Gelder sollen aber nicht von der staatlichen Rentenversicherung verwaltet, sondern an einen eigenständigen, vor Staatszugriffen (als Sondervermögen wie ETFs und Fonds) geschützten *Deutschland-Fonds* weitergeleitet werden. Der Fonds soll zu Selbstkosten operieren und somit die Provisionsschinderei vieler Riester-Anbieter vermeiden. Es ist nur zu verständlich, dass der Versicherungsverband *GDV* ein besonders lauter Gegner der hessischen Vorschläge ist. Aber er ist nicht allein, Politiker aus allen Lagern kritisieren vor allem die fehlende Kapitalgarantie. Typisch deutsche Angst. Stellvertretend zitiere ich, was der Rentenexperte der Grünen, Markus Kurth gesagt hat: »Der Aktienmarkt ist keine Alternative zur Rentenversicherung. Die Deutschland-Rente hat daher keine Zukunft.« Diese unbedarfte Antwort zeigt die ganze geistige Armut, die in der deutschen Politik in Sachen Finanzwissen, Vermögensbildung und Altersvorsorge herrscht. Deutschland liegt hier auf dem Niveau eines Entwicklungslands. Es gibt doch, wie hier beschrieben, in unseren Nachbarländern und in Übersee seit langem Musterbeispiele von viel besseren, vor allem deutlich ertragreicheren Lösungen.

Dabei müssten wir ja nur nach Schweden blicken, wo ein ähnliches Modell seit Jahren gut funktioniert. Dort gibt es die so genannte Prämienrente, in die jeder Arbeitnehmer 2,5 Prozent des Bruttoeinkommens (zusätzlich zur gesetzlichen Rentenversicherung) einzahlen muss, zum Teil vom Arbeitgeber finanziert. Die Schweden hatten bis zu 850 Fonds zur Auswahl, aus denen sie bis zu fünf aussuchen konnten – und haben häufig die falschen gewählt, also solche mit zu hohen Gebühren und viel zu geringen Erträgen. Deshalb hat die Regierung im Jahr 2010 zusätzlich einen staatlich verwalteten Standardfonds eingerichtet, genannt *AP7*.

Dieser *AP7* besteht aus zwei Einzelfonds, einem Aktienfonds und einem Rentenfonds. Das Geld wird bis zum Alter von 55 Jahren des Versicherten voll in den Aktienfonds angelegt, anschließend wird ein zunehmend größerer Teil sicherheitshalber in den Rentenfonds umgeschichtet. Also eine bewusst aktienfreundliche Vorsorge mit dem Sicherheitsanker Rentenfonds in den letzten Jahren vor dem Ruhestand. Der Aktienfonds legt das Geld breit international in rund 2.500 Aktiengesellschaften an.

Und siehe da, immer mehr Schweden wechseln in den *AP7*, weil er bisher sehr hohe Renditen gebracht hat und mit einer extrem niedrigen Kostenquote von jährlich rund 0,1 Prozent auskommt. Mitte 2017 waren bereits über 50 Prozent aller Gelder, die in Prämienrenten fließen, im *AP7* angelegt.

Die Benachteiligung der Aktie muss aufhören

Wie ich Ihnen zeigen konnte, haben zahlreiche Länder ihre Altersvorsorge schon vor vielen Jahren in die richtige Richtung manövriert. Die Aktie spielt dabei eine zunehmend größere Rolle. Nur in Deutschland bewegt sich viel zu wenig. Hier setzt der Staat in der privaten und betrieblichen Rentenpolitik immer noch fast ausschließlich auf zinsbasierte Produkte mit Rundum-sorglos-Garantie. Aber das ist ein Irrweg, weil die Kombination aus Magerzinsen und teurem Garantieunwesen nur etwas mit Sicherheit bewirkt: Die Enteignung der Sparer, die auf diese Weise keine Renditen erwirtschaften können, die wenigstens die Inflation übertreffen.

In welchem Desaster dies enden kann, sehen wir an den massenhaften geplanten Verkäufen der Versicherungsbestände an ausländische Finanzinvestoren wie Hedgefonds, früher gern Heuschrecken genannt. Im Herbst 2017 haben innerhalb weniger Tage zwei der großen deutschen Versicherungsgesellschaften – *Ergo* und *Generali* – angekündigt, insgesamt rund zehn Millionen Lebensversicherungsverträge an Investoren abzustoßen. Da zuvor schon mehrere kleine Versicherer dasselbe getan haben und mit der *Axa* ein weiterer großer Anbieter dies als überlegenswert bezeichnete, bestand hier für rund 20 Prozent der über 85 Millionen Lebensversicherungspolicen die Gefahr eines Besitzerwechsels. Ende November allerdings machte die *Ergo* (eine Tochter der Münchener Rück) einen Rückzieher, weil ihr die von Hedgefonds gebotenen Preise viel zu niedrig waren. Nun sollen die Kunden doch bei der *Ergo* bleiben »dürfen«.

So hatten sich das die Kunden, die vor Jahren und Jahrzehnten die Verträge abgeschlossen hatten, sicherlich nicht vorgestellt. Zuerst gingen die Erträge ihrer Policen in den Keller und nun werden sie, ob die Kunden wollen oder nicht, an »Heuschrecken« verkauft, die wie üblich den maximalen Ertrag für sich selbst aus dem Deal pressen wollen. Die gutgläubigen Versicherungskunden bleiben auf der Strecke. Dass es so weit kommen konnte, daran trägt die Politik ein gerüttelt Maß an Schuld. Sie hat die Deutschen jahrzehntelang mit verlockenden Steuervorteilen in die Lebensversicherung getrieben. Die Versicherungsvertreter hatten da ein leichtes Spiel. Erträge aus Lebensversicherungen sind zwar inzwischen nicht mehr völlig steuerfrei, wenn bestimmte Bedingungen eingehalten werden, aber steuerlich stellen sich Lebensversicherungen immer noch besser als Aktien oder Fonds.

Und da wären wir schon bei der nächsten Schweinerei seitens der Politik. Die Reform der Investmentfondsbesteuerung hat das gekippt, was vor der Einführung der Abgeltungsteuer ab 2009 den privaten Anlegern hoch und heilig versprochen worden war: Dass Veräußerungsgewinne aus Altbeständen, also solchen Fonds, die vor 2009 angeschafft worden sind, komplett steuerfrei bleiben. Nun aber werden alle diese Fonds Ende 2017 fiktiv als verkauft betrachtet, und ab 2018 als neu angeschafft, die anfallenden Verkaufserlöse unterliegen ab 2018 somit voll der Abgeltungsteuer. Zwar gibt es einen Freibetrag von 100.000 Euro pro Anleger. Das klingt nach viel, aber wer seine Altersvorsorge frühzeitig auf Fonds gebaut hat und hohe Altbestände besitzt, kann diese Grenze im Lauf der Zeit leicht erreichen. Vor allem junge Bürger, die zeitig angefangen haben fürs Alter vorzusorgen, werden hier vom Staat in unverantwortlicher Weise abkassiert.

Außerdem gilt ab 2018, dass innerhalb des Fondsvermögens von Aktienfonds und gemischten Fonds (das gleiche gilt für ETFs) Dividenden, Mieterträge aus deutschen Immobilien und Verkaufsgewinne aus deutschen Immobilien mit 15 Prozent besteuert werden. Dafür gibt es zwar für Anleger so genannte Teilfreistellungen auf die Abgeltungsteuer. Damit wird nur ein bestimmter Prozentsatz der Ausschüttungen von Fonds besteuert. Aber vielfach gleicht das die neue Besteuerung innerhalb des Fondsvermögens nicht aus.

Dem Ganzen die Krone setzt ein anderer Punkt auf: Betroffen von den Verschlechterungen sind nur Aktienfonds und gemischte Fonds. Zinseinnahmen von Rentenfonds fallen nicht darunter. Also erneut eine eklatante Schlechterstellung der Aktie bzw. von Anlageinstrumenten wie Fonds und ETFs mit Aktien als Schwerpunkt gegenüber Zinsanlagen.

Viel wäre ja schon gewonnen, wenn die Regierenden künftig die Aktie steuerlich nicht weitaus schlechterstellen würden als Zins- und Versicherungsanlagen, sondern sie gleich behandeln würden. Aber bei Aktien gibt es eine lupenreine Doppelbesteuerung, weil Anleger auf die bereits von der Aktiengesellschaft versteuerten Gewinne nochmals Steuer zahlen »dürfen«, nämlich die Abgeltungssteuer. In früheren Jahren wurden die vom Unternehmen abgeführten Steuern noch ganz oder teilweise angerechnet – inzwischen greift die Steuer unbarmherzig doppelt zu.

Fast noch schlimmer finde ich es, dass mit der Einführung der Abgeltungsteuer im Jahr 2009 die Spekulationssteuerfrist völlig abgeschafft worden ist. Zuvor waren Kapitalerträge steuerfrei, wenn die Aktien (und andere Wertpapiere) mehr als ein Jahr lang gehalten wurden. Das schützte die Anleger vor hektischem Hin- und Herhandeln und bevorzugte den langfristigen Kapitalaufbau gegenüber den Zockern.

Im Jahr 2008 habe ich vor der Einführung der Abgeltungssteuer bei einer vom Herausgeber der Zeitschrift *Börse Online*, Hans Linder, initiierten und von Anlegerschützern mitgetragenen Aktion mitgemacht, um diesen Unsinn zu stoppen. Das Wochenmagazin hatte seine Leser zu Protestschreiben an ihre Bundestagsabgeordneten aufgerufen. Wir sind damals mit Tausenden von Protestschreiben zum Finanzministerium nach Berlin gefahren. Dort wurden wir von Barbara Hendricks, damalige parlamentarische Staatssekretärin bei Finanzminister Peer Steinbrück und spätere Umweltministerin, empfangen.

Ich habe Frau Hendricks vorgetragen, dass die Abschaffung der Spekulationsfrist eine schreiende Ungerechtigkeit besonders gegenüber jungen Anlegern sei, die langfristig mit Aktien oder Aktienfonds für ihr Alter sparen. Denn gerade die junge Generation müsse privat mehr für ihr Alter vorsorgen, weil die staatliche Rente zukünftig nicht ausreichen werde. Man solle doch bitte unterscheiden zwischen Börsenspielern und Langfristanlegern. Die Spekulationsfrist solle doch beibehalten werden für Anleger, die langfristig fürs Alter sparen. Im Übrigen schade es der Aktienkultur, die ja in Deutschland ohnehin nur schwach entwickelt sei. Wir fanden jedoch kein Gehör. Das Gesetz wurde durchgerammt. Ein fürsorglicher Staat handelt klüger und verantwortungsvoller.

In vielen anderen Ländern gibt es Spekulationssteuerfristen, es muss ja nicht ein Jahr sein, auch drei Jahre oder fünf Jahre würden viel für den langfristigen Vermögensaufbau und die Altersvorsorge bringen, wie wir an den Beispielen aus dem Ausland sehen konnten. Aktien sind für den Vermögensaufbau unverzichtbar. Warum die Regierung Merkel die Spekulationsfrist komplett gekippt hat, entzieht sich meinem Vorstellungsvermögen. Das kann nur aus tiefer Unkenntnis des Wesens der Aktie und tiefer Abneigung gegen die Anteilspapiere an Unternehmen geschehen sein – beides ist in der Bundesregierung leider weit verbreitet. Deshalb wird die Aktie vermutlich auch nie im Mittelpunkt der staatlichen Vorsorgepolitik stehen.

Aber wenigstens die Benachteiligung gegenüber Zins-, Versicherungs- und teilweise auch Immobilienanlagen sollte abgebaut werden. Nur dann werden die Deutschen stärker als bisher Aktien, Aktienfonds und Aktien-ETFs in ihre Anlagestrategie einbauen. Und ohne Aktien ist eine sinnvolle Altersvorsorge jetzt in der Nullzinsphase noch weniger als sonst möglich. Aber selbst trotz der bestehenden Benachteiligungen durch den Staat eignen sich die genannten Aktienprodukte aufgrund ihrer langfristig überlegenen Renditen hervorragend zur Altersvorsorge.

EIN PLÄDOYER FÜR DIE AKTIE

In der *Frankfurter Allgemeinen Sonntagszeitung* erschien am 5. November 2017 eine ganzseitige Anzeige mit einem flammenden Plädoyer für das Sparen mit Aktien in der Altersvorsorge. Sie kam von Friedrich von Metzler, dem seit Jahren entschiedensten Befürworter der Aktie, den ich sehr schätze. Ich habe mich darüber sehr gefreut, weil ich Wochen davor beim Schreiben dieses Buches mit demselben Nachdruck für das Aktiensparen geworben habe.

Dieser angesehene Bankier aus Frankfurt, persönlich haftender Gesellschafter der Privatbank gleichen Namens, schrieb, Deutschland brauche mehr Aktien in der Altersvorsorge, denn die gesetzliche Rente werde für die Generation der heute 20- bis 35-Jährigen nur noch knapp 40 Prozent des letzten Bruttoeinkommens betragen. Zudem werde besonders diese Altersgruppe nicht nur sinkende Renten zu verkraften haben, sondern auch stark steigende Beitragszahlungen. So werde ihr sehr viel weniger Kapital zur Verfügung stehen. Daher müsse in der Altersvorsorge das Sparen mit Aktien gefördert werden, denn Aktien seien eine Anlageform, mit der sich langfristig hohe Erträge erzielen ließen. Die Aktie biete die Chance auf eine überdurchschnittlich hohe Rendite bei geringem Ausfallrisiko. Bravo! Ich kann jedes Wort unterschreiben.

Kurz vor dieser Annonce erschien in der *FAZ* der *Berliner Appell zu mehr Vermögensbildung in Mitarbeiterhand,* von einem Zusammenschluss von Führungspersonen aus Wirtschaft und Wissenschaft. Sie führten aus, dass der Aufschwung in einer ganz wesentlichen Komponente an den Bürgern vorbeigehe, denn die Beteiligung an Unternehmen friste in Deutschland ein Schattendasein. Nur eine Minderheit der Deutschen seien in Aktien investiert oder seien als Belegschaftsaktionäre an ihrem Unternehmen beteiligt.

Der Schlüssel zur Lösung dieses Problems sei die Mitarbeiter-Kapitalbeteiligung, dank deren die Angestellten direkt am Erfolg des eigenen Unternehmens partizipierten und damit die Möglichkeit zur Vermögensbildung erhielten. Unzureichende Kenntnisse und ungünstige Rahmenbedingungen seien die Gründe dafür, dass es um Deutschland auf diesem Gebiet so schlecht bestellt sei.

Auch diesen *Berliner Appell* empfinde ich als sehr hilfreich. Aber man muss sich an den Kopf fassen, wenn 60 Jahre zuvor der damalige Wirtschaftsminister und »Vater des Wirtschaftswunders«, Ludwig Erhard, bereits zum selben Thema auf dem CDU-Parteitag in Hamburg ausführte: »Die CDU hat sich zum politischen Ziel gesetzt, mit jedem weiteren wirtschaftlichen Fortschritt zu einer immer breiteren Streuung des Eigentums an den Produktionsmitteln zu kommen.«

Als ersten Schritt kündigte Professor Erhard damals an, »das Volkswagenwerk über das Mittel der Volksaktie in den Besitz weitester Volkskreise zu überführen«. Den Worten folgten Taten. Als erste Volksaktie kam 1959 die *Preussag* (heute *TUI*), im Jahr 1961 folgte *VW* und 1965 die *Veba* (heute *E.ON*). Und was geschah danach? Nichts! Weitere Aktionen gab es nach dem Abgang des Wirtschaftsprofessors aus dem Bundeskanzleramt im Jahr 1966 nicht mehr. Die CDU hat Ludwig Erhards kostbares Vermächtnis schändlich verkommen lassen.

Es ist höchste Zeit, dass wir in der totalen Schieflage der heutigen Vermögensbildung und Altersvorsorge an Ludwig Erhards weitsichtiger Vorstellung anknüpfen, und zwar mit folgenden wirtschaftspolitischen Maßnahmen:

- ein mit hohen Freibeträgen steuerlich gefördertes Aktiensparprogramm für die Altersvorsorge,

- die verstärkte Bildung betrieblicher Pensionsfonds wie beispielsweise in den USA,
- die weitere Privatisierung von staatlichen Unternehmen,
- die Beteiligung der Arbeitnehmer am Produktivkapital oder am Ertrag.

Darüber hinaus muss die Steuerfreiheit von realisierten Kursgewinnen wieder eingeführt werden. Die so genannte Spekulationsfrist kann auf drei oder fünf Jahre erweitert werden, aber es muss ein Unterschied gemacht werden zwischen kurzfristigen Spielern an der Börse und langfristigen Anlegern im Unternehmen. Die heutige Regelung ist eine schreiende Ungerechtigkeit, gerade gegenüber der jüngeren Generation, die für ihre Altersvorsorge langfristig anlegen muss.

Diese von mir vorgeschlagenen Maßnahmen würden mehrere Probleme gleichzeitig lösen oder zumindest entschärfen:

- Die gesetzliche Altersvorsorge würde nicht nur um ein dynamisches Element ergänzt, sondern auch auf ein solides Fundament gestellt.
- Die Arbeitnehmer hätten bei gleichen Beiträgen eine höhere Altersrente zu erwarten.
- Die deutschen Unternehmer würden mit einem ständigen Strom neuen Kapitals für ihre Investitionen versorgt, würden neue Arbeitsplätze schaffen und wären wettbewerbsfähiger.
- Die Vermögensverteilung würde breiter, gerechter und gesünder.

Die Beteiligung an Sachkapital ist eine besonders ertragreiche Form der Vermögensbildung und sie schützt – im Gegensatz zu Geldwerten – vor der Geldentwertung. Eine breite Verteilung des Produktivkapitals macht Arbeitnehmer zu Miteigentümern. Das ändert auch ihren Blickwinkel, denn dadurch tritt der gemeinsame Unternehmenserfolg an die Stelle des Verteilungskonfliktes. Es steigert gleichzeitig die Motivation der Mitarbeiter und die Produktivität der Betriebe.

Im vorherigen Unterkapitel habe ich ja fünf internationale Beispiele ausgewählt, die mit unterschiedlichen Methoden das Rentenproblem erfolgreich angegangen sind. Sie zeigen, dass das Rad einer leistungsfähigen Vorsorge längst erfunden ist. Wir könnten kostenfrei die besten Elemente aus den ausländischen Systemen heraussuchen und nachahmen.

10. Wie Sie die Revolution der Geldanlage am besten nutzen

Geduld ist die oberste Tugend des Anlegers.

Benjamin Graham, US-Wirtschaftsprofessor,
»Vater« des Value Investments und Lehrer von Warren Buffett

In diesem Kapitel des Buches will ich Ihnen exemplarisch zeigen, wie sich am besten ein Wertpapierdepot (oder ein Sparprogramm) mit höchstmöglicher Sicherheit bilden lässt, das gleichzeitig langfristig überdurchschnittliche Erträge erbringt. Das hört sich zunächst an wie die Quadratur des Kreises in der Geldanlage. Es gilt zwar die Regel, dass ein höherer Ertrag untrennbar mit einem höheren Risiko verbunden ist. Jedoch gilt diese Regel für einzelne Anlageprodukte: für eine einzelne Aktie, für eine einzelne Aktienklasse oder für eine einzelne Anleihe.

Vier einfache Regeln für ein optimales Depot

Die Risiken für einzelne Anlageprodukte können allerdings durch die kluge Gestaltung der Struktur eines Wertpapierdepots, das vielerlei Einzelrisiken enthält, mit relativ einfachen Mitteln weitgehend ausgehebelt werden. Als Erstes gilt es, Chancen und Risiken eines Depots in ein ausgewogenes Verhältnis zu bringen.

Erste Priorität sollte nach meiner Erfahrung die Vermeidung von Verlusten besitzen. Einen Teil des Risikos – gemessen an dem gebräuchlichsten Risikomaß, der Standardabweichung – kann man durch Diversifikation vollständig beseitigen. Die Risikofelder bei der Zusammenstellung eines Portfolios beziehen sich im Wesentlichen auf:

- **das Einzelwertrisiko:**
  Dieses bezieht sich auf eine einzelne Aktie und kann durch breite Streuung wegdiversifiziert werden.

Aktienklassenrisiko:
Auch dieses kann durch breite Streuung über mehrere Aktienklassen hinweg eliminiert werden.
• **das Gesamtmarktrisiko:**
Es besteht, wenn alle Aktien weltweit fallen (wie zum Beispiel im Jahr 2008). Dieses Risiko lässt sich nicht wegdiversifizieren. Im Durchschnitt bleibt ein Risiko von ca. 40 Prozent, während 60 Prozent des Risikos durch breite Diversifikation beseitigt werden können.

Auch wenn man nicht alle Risiken vollständig wegdiversifizieren kann, so kann man doch durch kluge Strategie und eine entsprechende Auswahl das Risiko so weit wie möglich minimieren. Ich zeige Ihnen, dass Sie als Anleger mit einfachen Methoden und leicht zu verstehenden Produkten ohne großen Aufwand höhere Renditen bei gleichzeitig reduziertem Risiko erzielen können.
Vier einfache Regeln genügen:

• **Aktieninvestments breit streuen**
das senkt das Risiko.
• **International investieren**
das steigert die Rendite.
• **Langfristig überlegene Aktienklassen übergewichten**
das sind Substanzwerte mit hoher Dividende, sowie Nebenwerte (*Small Caps*) und Papiere aus Schwellenländern.
• **Anlagehorizont verlängern**
auf mindestens fünf bis zehn Jahre.

Mit breiter internationaler Streuung, starken Aktienklassen und einem langen Anlagehorizont ist ein Portfolio ertragsstark und risikominimiert. Zusätzlich kann man einen Anleiheanteil als Sicherheitsnetz beifügen, um das Restrisiko weiter zu senken. Gegenüber einem vormals zu 100 Prozent aus Aktien bestehenden Depot sinkt durch die Beimischung einer risikofreien Anlage – zum Beispiel Bundeswertpapiere mit einer kurzen Laufzeit von zwölf bis 18 Monaten – proportional die Rendite, jedoch sinken zugleich die Schwankungen überproportional.

Die 72er-Regel

Wie lange brauche ich bei einem bestimmten Zinssatz, bis sich ein Geldbetrag verdoppelt? Um eine annähernd richtige Antwort auf diese Frage zu bekommen, genügt es, eine einfache Faustformel zu kennen, die in der Finanzbranche seit langem verwendet wird: die 72er-Regel. Man muss lediglich 72 durch den Zinssatz (oder die Rendite) dividieren, zu dem das Ersparte angelegt wird oder werden soll. Bei einem Prozent dauert es also 72 Jahre, bei zwei Prozent mit 36 Jahren nur halb so lang, bei sechs Prozent ist die Verdoppelung bereits nach zwölf Jahren geschafft und bei 7,2 Prozent schon nach zehn Jahren. Die 72er-Regel ist damit ein probates Mittel, um nach der Methode »Pi mal Daumen« einfach und schnell die ungefähre Wirkung von Zinshöhe und Anlagedauer – und damit den Zinseszinseffekt – auf die Ersparnis zu berechnen.

Gerade in der jetzigen Minizinsphase kommen Ergebnisse heraus, die jedem Anleger die Augen öffnen müssen: Bei den von der Bundesbank für August 2017 ermittelten durchschnittlich 0,03 Prozent Zinsen auf Tagesgeldkonten (auf denen fast 1,3 Billionen Euro lagerten) dauert es 2.400 Jahre, bis sich der Sparbetrag verdoppelt. Bei Bundesanleihen mit zehn Jahren Laufzeit muss man bei den 0,4 Prozent Rendite vom Oktober 2017 immerhin 180 Jahre lang sparen.

Bis dahin hat die Inflation das Vermögen längst weitgehend entwertet. Auch das lässt sich mit der 72er-Regel ausrechnen. Man teilt dazu 72 durch die Inflationsrate und erfährt, nach wie vielen Jahren die Kaufkraft nur noch halb so hoch ist wie derzeit. Bei zwei Prozent Inflation – der Zielgröße der Notenbanken – sind 100 Euro real also nach 36 Jahren nur noch halb so viel wert.

Die internationale Diversifikation ist wichtig. Eine Studie über den Zeitraum vom 31.12.1984 bis 31.12.2014, die ich in Zusammenarbeit mit dem renommierten New Yorker Assetmanager Michael Keppler durchführte, hat dies bestätigt. Sie war angelegt für einen Mischfonds mit einem Anteil von 30 Prozent Anleihen und 70 Prozent Aktien. Das Ergebnis war, dass ein internationales Depot gegenüber einem rein deutschen Depot (70 Prozent *DAX*-Aktien und 30 Prozent *REX*-Bundesanleihen) eine um zehn Prozent höhere Rendite und ein um 18 Prozent geringeres Risiko – gemessen an der Standardabweichung oder Volatilität – aufwies. Während der *DAX* in diesen 30 Jahren neun Minusjahre hatte, waren es bei dem internationalen Depot nur sieben Jahre. Der volatilitätsadjustierte Ertrag (*Sharpe Ratio*) betrug beim deutschen Depot 0,54, beim internationalen 0,69, das heißt, er war um 28 Prozent höher. Der größte Verlust beim *DAX* entstand im Jahr 2002 mit -43,9 Prozent, beim internationalen Depot waren es nur -19,8 Prozent, also weniger als die Hälfte!

Welche Depotstruktur für Sie angemessen ist, hängt von Ihrer persönlichen Risikoneigung und Ihrer Risikotragfähigkeit ab. Das eine sagt aus, welches Risiko Sie sich zutrauen, das zweite, welcher Risikograd für Sie faktisch vertretbar ist. Wunsch und Wirklichkeit können durchaus differieren. Letztlich ausschlaggebend bleibt die Risikotragfähigkeit, weil sie sowohl Ihre psychologischen Bedürfnisse als auch Ihre materiellen Gegebenheiten darstellt. Es ist ein Risiko, zu viel Risiko einzugehen. Weil viele dann Gefahr laufen, die Nerven zu verlieren, wenn es an den Börsen einmal talwärts geht. Es ist aber auch ein Risiko, zu wenig Risiko zu wagen. Weil Sie dadurch Chancen verpassen und Ihre Rendite unnötig schmälern. Entscheidend ist die richtige Dosierung, mit der Sie gut leben und ruhig schlafen können.

Es ist nicht sinnvoll, wenn Sie Ihre Lebensqualität mindern und vor lauter Angst schlecht schlafen, weil Sie für Ihre Verhältnisse zu hohe Risiken eingegangen sind. Umgekehrt ist es aber auch nicht vernünftig, wenn Sie materiell und psychisch einen hohen Risikograd eingehen könnten, aber sich wegen einer Gedankenlosigkeit oder einer falschen Angewohnheit mit Minizinsen begnügen und dadurch erhebliche langfristige Vermögenszuwächse verschenken. Die Zeiten sind nicht so, dass Sie leichtfertig etwas zu verschenken hätten. Bei der Einschätzung des angemessenen Risikograds ist das Alter ein wichtiger Faktor. Junge Menschen, die noch 30 bis 40 Jahre Spartätigkeit bis zum Ruhestand vor sich haben, können bis zu 100 Prozent ihrer freien Mittel in Aktien anlegen, denn Aktien sind die mit Abstand renditestärkste Anlageklasse. Sie können auch zehn Prozent in Anleihen beimischen für etwaige finanzielle Bedarfsfälle. Mit zunehmendem Alter verschiebt sich der Aktien-/Renten-Anteil, je näher das Ruhestandsalter rückt. Ein 40-jähriger Anleger kann 80 Prozent Aktien und 20 Prozent Anleihen haben. Ab 50 Jahren kann die Relation 60 Prozent Aktien und 40 Prozent Anleihen sein, ab 60 Jahren kann sich die

Relation auf 50/50 oder 40/60 verschieben, denn jetzt beginnt bald die Entsparphase, in der das Privatvermögen verbraucht wird.

Die genannten Depotanteile von Aktien und Anleihen sind natürlich nur Anhaltspunkte, die beispielhaft anzeigen sollen, welches Risikomaß – abhängig unter anderem von Ihrem Alter, Ihrem Einkommen und Ihren Vermögensverhältnissen – für Sie angemessen ist.

In anderen Worten, wie es um Ihre individuelle Risikotragfähigkeit – materiell und psychologisch – bestellt ist.

Mein Partner Kostolany hat die Anleger in zwei Gruppen unterteilt: in »Hartgesottene« und »Zittrige«. Hartgesottene haben gewisse fachliche Kenntnisse, aber vor allem ein robustes Nervenkorsett. Zittrige dagegen verlieren schnell die Nerven und lassen sich zu Fehlreaktionen hinreißen, wenn die Börsen mal stärker schwanken.

Für diese Anleger ist ein Berater oder Verwalter von großem Nutzen. Der kostet zwar Geld, aber das macht sich bezahlt, wenn er für Sie entsprechend Ihren Vorgaben, Ihrem Anlageziel und Ihrer Risikotragfähigkeit treuhänderisch handelt. Neben seinem Investment-Know-how und seiner Erfahrung ist ein wichtiger Aspekt seiner Funktion, dass er besonders in turbulenten Börsenphasen die nötige Disziplin aufbringt und rational handelt. Ein Teil seiner Gebühr ist gewissermaßen »Schmerzensgeld«. Überdies tut er für Sie all das, wofür Sie vielleicht keine Neigung oder keine Zeit haben.

Ich habe Ihnen bereits die Gründe geschildert, weshalb ich das *Stock Picking* und das *Markt-Timing* skeptisch sehe. Solche bisher allein seligmachende Arbeitsmethoden mit aufwändigem Aktienresearch und mit *Timing* mittels Absicherungsinstrumenten sind langfristig praktisch von geringem Nutzen. Vielmehr kommt es auf die Verwendung der überlegenen Aktienklassen und auf die entsprechende internationale Strukturierung eines Portfolios an. Doch was bedeutet diese Erkenntnis für das Anlageverhalten?

In der Konsequenz bedeutet dies: Die Portfoliogestaltung wird drastisch von den Einzelwerten auf Pakete oder Module umgestellt. Und das führt uns schnurstracks in die Welt der modernen Industrie.

Module statt Einzelwerte

Das nachstehende Bild wird Sie überraschen, denn es hat zunächst wenig mit Aktien zu tun.

Es zeigt die Zusammensetzung eines 5er *BMW*. Sie werden sich fragen, was dies mit Geldanlage zu tun hat? Sie sehen, dass Teile von 42 großen Zulieferfirmen im 5er *BMW* enthalten sind. Ich stelle Ihnen eine neuartige, effiziente und erfolgreiche Anlagemethode vor, die sich die heutigen Baumethoden der Autobauer zunutze macht. Die Autobauer stellen ihre Fahrzeuge heute nach dem Baukastensystem her mit Modulen, größtenteils produziert von Zulieferfirmen.

Zulieferfirmen BMW

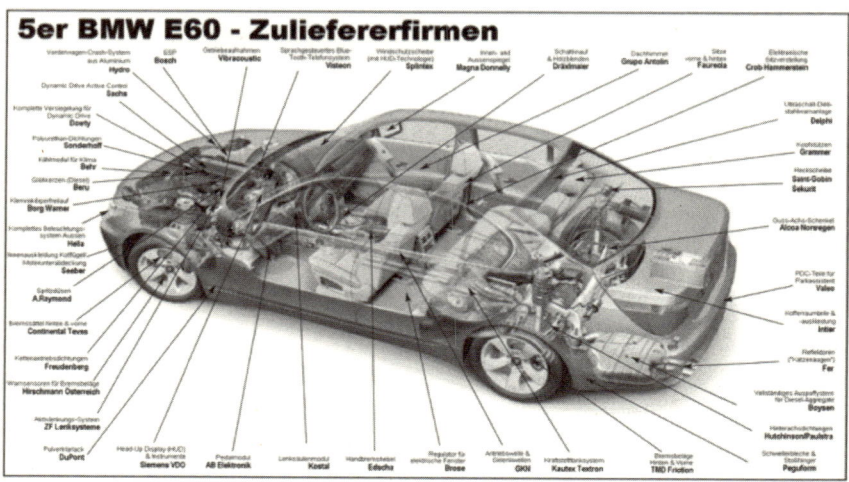

Ich illustriere dies am Beispiel eines 5er *BMW*. Nach eigenen Angaben (aus dem Jahr 2015) von *BMW* bezieht die Firma Bauteile von insgesamt 12.000 Zulieferfirmen aus 70 Ländern. *BMW* sucht sich weltweit die besten Zulieferer, um ein bequemes, sicheres, robustes und kostengünstiges Vehikel zu produzieren. Das Gleiche tun *Audi*, *Mercedes* und *VW*. Was sich die Autobauer zunutze machen, um ein hochwertiges, sicheres und kostengünstiges Fahrzeug zu bauen, werden wir jetzt auf die Vermögensanlage übertragen.

Und jetzt geht es darum, wie man die Erkenntnisse in die Praxis umsetzen und damit höhere Renditen erzielen kann. Was sind die »Zulieferer« der Module? Das sind in erster Linie die ETFs. Es gibt Tausende von ETFs für fast alle Indizes in der ganzen Welt. Ein Depot, das nur aus 15

ETFs besteht, kann 7.000 oder 8.000 Einzeltitel enthalten. Mit dieser innovativen Bauweise haben wir beeinflussbare Risiken »wegdiversifiziert« und gleichzeitig die Rendite erhöht. Damit haben wir ein hochwertiges, bequemes, abgefedertes Investmentvehikel geschaffen – und das auch noch kostengünstig.

Mit dieser Methode haben wir uns vier Vorteile verschafft:

- **eine radikale Kostenminderung** durch Kosten meist im Promillebereich
- **ein umschlagarmes Depot** statt eines renditeschädlichen »Rein-und-Raus«
- **Investieren ohne großen Aufwand** mit einfach zu verstehenden Anlagemedien
- **eine höchstmögliche Sicherheit** durch globale Diversifikation.

Die frohe Botschaft ist, dass Sie als Privatanleger mit dieser Methode die institutionellen Profis mit ihren schnellen Computern schlagen und besser als sie abschneiden können.

BEISPIELE FÜR DIE GESTALTUNG VON ETF-PORTFOLIOS UND SPARPLÄNEN

Wir wenden nun das Baukastensystem in der Vermögensanlage an und stellen ein stabiles, renditestarkes, schwankungsarmes und kostengünstiges Anlagevehikel her. Es lässt sich ohne großen Aufwand erstellen – ähnlich einem modernen Automobil. Die Zulieferfirmen sind ETFs der großen Anbieter *Black Rock* (*iShares*), *State Street* (*SPDR*), *Deutsche Bank* (*db x-tracker*), *Commerzbank* (*Comstage*), *Sparkassen* (*Deka*), *Société Général* (*Lyxor*) und *Vanguard*.

Einmalanlagen

Wie baue ich mit 10.000 Euro ein ETF-Depot?

Fangen wir mit der Anlage einer vorhandenen Sparsumme an, die derzeit vielleicht noch auf Tagesgeldkonten lagert. Bereits mit rund 10.000

Euro lässt sich ein solides und ertragreiches Depot mit breiter Streuung erstellen.

Ich habe 10.000 Euro gewählt, weil die Anlagestruktur bequem auch mit größeren Beträgen abgebildet werden kann. Die Summen, die für die einzelnen ETF-Bestandteile aufgewendet werden, sind einfach zu ermitteln. Wer beispielsweise 20.000 Euro anlegen kann, muss die unten angegeben Beträge nur verdoppeln, wer 17.000 Euro investiert, muss die Beträge eben mit 1,7 multiplizieren. Auch geringere Anlagesummen als 10.000 Euro lassen sich leicht auf die ETFs umrechnen, bei 7.000 Euro entfallen entsprechend 70 Prozent auf jeden ETF. Allerdings sollten Anleger darauf achten, dass die einzelnen ETFs nicht zu geringe Beträge aufweisen. Das kann, vor allem bei Filialbanken, sonst relativ hohe Gebühren verschlingen.

Bei Beträgen in der Größenordnung um 10.000 Euro sollten Anleger Value-/Dividenden-Aktien, Nebenwerte und *Emerging-Markets*-Aktien bevorzugen. Bei einem reinen Aktien-Portfolio finden Sie die möglichen Bestandteile in meiner Liste, das »Warenlager« der ETFs, auf den kommenden Seiten. Wenn Sie die dort zu den einzelnen ETFs angegebene Wertpapierkennnummer ISIN im Internet eingeben (entweder über eine Suchmaschine oder noch besser auf der Homepage einer Direktbank), erhalten Sie noch detailliertere Informationen, als ich sie im »Warenlager« aufgeführt habe.

Die Basis eines solchen Depots über 10.000 Euro sollte ein ETF sein, der die Aktien der Standardwerte aus den Industriestaaten abbildet, am besten ein Indexfonds auf den *MSCI World* mit über 1.600 Einzeltiteln. Für den Value-Anteil können Sie den Index *MSCI World Value Factor* nehmen. Dieser Index enthält über 400 Value-Aktien global. Ich habe zwei Produkte dazu in meinem »Warenlager.« Als weiteren Index können Sie den *MSCI World Size Factor* kaufen. Er enthält die mittelgroßen Aktien der Industrieländer. Wahlweise können Sie den *MSCI World Small Cap* nehmen, der aus Aktien der kleinen Nebenwerte der Industrieländer besteht. Nun fehlen noch die *Emerging Markets*. Um diese abzudecken, scheint mir der Index *MSCI Emerging Markets* ideal. Er enthält die wichtigsten Aktien aus den Schwellenländern.

Wir haben also mit vier Indizes die Aktien der Standardwerte, die Value-Aktien (Substanzwerte), die kleinen Aktien sowie die Aktien der *Emerging Markets* weltweit abgedeckt. Je nachdem welchen ETF aus dem »Warenlager« Sie verwenden, haben Sie mit gerade einmal vier Einzeltiteln insgesamt rund 3.800 bis 5.300 Aktien in Ihrem Portfolio von 10.000 Euro. Sie können in diese vier ETFs zu gleichen Teilen investieren, das heißt je 2.500 Euro pro Indexfonds.

Sofern Sie an hohen laufenden Ausschüttungen Ihrer Kapitalanlagen interessiert sind, können Sie wahlweise noch einen fünften ETF hinzunehmen, der eine Dividendenstrategie nachbildet. Sie finden diese ETFs ganz oben auf der Liste unter »Aktien Global«. So investieren Sie in die dividendenstärksten Aktien weltweit. In diesem Fall reduziert sich der Anteil je ETF auf 2.000 Euro. Falls Sie ein möglichst schwankungsarmes Investment wollen, können Sie an Stelle des Dividenden-ETF einen Anleihe-ETF wählen.

Die in der Liste aufgeführten Staats- oder Unternehmensanleihen-ETFs sind allesamt Kurzläufer, die enthaltenen Anleihen haben Laufzeiten von ein bis drei Jahre, wodurch sie nahezu kein Kursrisiko aufweisen.

Die Index-Bauteile des 10.000-Euro-Depots

MSCI World
MSCI World Value Factor
MSCI World Size Factor oder MSCI World Small Cap
MSCI Emerging Markets
Stoxx Global Select Dividend oder Global Dividend Aristocrats
Euro Government 1-3 years

Wie baue ich ein 50.000-Euro-ETF-Depot?

Sie sind in der glücklichen Situation, einen Betrag von rund 50.000 Euro anlegen zu können. Bei dieser Größenordnung können Sie weitere ETFs hinzunehmen, womit Sie Ihr Portfolio noch besser austarieren können, sowohl geografisch als auch nach Anlagestil.

Wenn Sie diese Anlagesumme vollständig in Aktien anlegen wollen, finden Sie in der Liste viele Auswahlmöglichkeiten. Sie könnten ein ETF-Portfolio mit zehn Positionen zu gleichen Teilen bestücken, das heißt pro ETF wenden Sie rund 5.000 Euro auf. Ein gut strukturiertes Portfolio könnte mit folgenden Indizes gestaltet werden: *MSCI Europe Value, MDAX, MSCI USA Value, S&P Small Cap 600, MSCI AC Far East ex-Japan Small Cap, MSCI Japan Small Cap, Core MSCI Emerging Markets, MSCI Emerging Markets Small Cap, STOXX Europe 600* und *S&P 500.*

Sie können die Wertschwankungen des Aktien-Portfolios noch etwas reduzieren, indem Sie zusätzlich einen ETF des globalen Immobilien-Index beimischen, weil Immobilienaktien schwach mit Industrieaktien korrelieren. Ferner können Sie ein solches Portfolio individuell anpassen: Ob Dividenden und Zinsen einbehalten (thesauriert) oder ausbezahlt (ausgeschüttet) werden, das hängt von Ihren persönlichen Zielen ab.

Je nachdem welche Indizes Sie bei der Wahl Ihrer ETF verwenden, wird dieses Portfolio insgesamt rund 7.200 bis 8.400 Aktien enthalten. Sie können aus diesem 100-Prozent-Aktien-Portfolio auf ganz einfache Weise ein Misch-Portfolio von – sagen wir – 70 Prozent Aktien und 30 Prozent Anleihen oder jedem anderen Mischungsverhältnis aufbauen. In diesem Fall sind 35.000 Euro in Aktien-ETFs und 15.000 Euro in Anleihen-ETFs zu investieren. An der Struktur des Aktien-Portfolios ändert sich nur der Anlagebetrag pro ETF. Anstatt 5.000 Euro pro ETF beim 100-Prozent-Aktien-Portfolio sind es nun nur 3.500 Euro pro ETF beim Misch-Portfolio.

Für den Anleiheteil von 15.000 Euro können Sie beispielsweise den Index *Barclay 1-3 Year Euro Government* sowie den *iBoxx Sovereigns Germany Capped* zu gleichen Teilen, also 7.500 Euro pro ETF, verwenden. Der Anleiheteil sorgt für die Stabilität, der Aktienteil für die Rendite des Misch-Portfolios. Sie können dieses Portfolio auf alle Anlagesummen ab rund 50.000 Euro verwenden.

Die Index-Bauteile des 50.000-Euro-Depots

MSCI Europe Value
MDAX
MSCI USA Value
S&P Small Cap 600
MSCI AC Far East ex-Japan Small Cap
MSCI Japan Small Cap
Core MSCI Emerging Markets
MSCI Emerging Markets Small Cap
STOXX Europe 600
S&P 500
Global Real Estate Securities Market
Barclay 1-3 Year Euro Government Bond
iBoxx Sovereigns Germany Capped

Wie gestalte ich Depots über 100.000 Euro?

Natürlich können Sie dieses System bei größeren Summen von mehr als 100.000 Euro noch weiter ausdifferenzieren. Sie können zusätzlich zu den Value-ETFs noch gezielt Dividenden-ETFs hinzunehmen und bei den Nebenwerten, dort wo Sie *Mid Caps* besitzen, noch *Small Caps*, oder wo Sie *Small Caps* haben, noch *Mid Caps* beifügen.

Allgemein sollten Sie darauf achten, dass Sie nicht ETFs mit nahezu denselben Aktien benutzen, denn das bringt weder einen weiteren Rendite-Effekt noch einen zusätzlichen Diversifikations-Effekt. Die beigemischten ETFs dürfen nicht vorhandene doppeln, sondern müssen sie ergänzen. Das Portfolio sollte jedoch ausgewogen bleiben. Value- und Dividenden-Aktien sowie die Nebenwerte (*Mid/Small Caps*) sollten jeweils ca. 25 bis 27 Prozent, die *Emerging Markets* 15 bis 17 Prozent des Aktien-Portfolios ausmachen. Somit sind diese drei langfristig überlegenen Aktienklassen zusammen mit 65 bis 70 Prozent übergewichtet. Die restlichen 30 bis 35 Prozent sollten in Standard-Indizes angelegt werden, in denen üblicherweise die Wachstumswerte (*Growth Stocks*) deutlich die Value-/Dividenden-Aktien überwiegen.

Die Karte Value/Dividenden, Nebenwerte und *Emerging Markets* sticht nämlich nicht immer. Es gibt Börsenphasen, die durchaus mehrere Jahre andauern können, in denen die Wachstumswerte (*Growth Stocks*) besser abschneiden. Dies ist vor allem bei Phasen stärkeren Wirtschaftswachstums der Fall. Durch ihre Beimischung sind wir auch in solchen Zeiten wenigstens mit rund einem Viertel des Portfolios bei den Gewinnern dabei und können die temporäre Durststrecke der Value-Titel besser überstehen.

Bei der prozentualen Gewichtung der einzelnen Aktienklassen empfehle ich Gleichgewichtung. Wenn Sie beispielsweise zehn Aktien-ETFs in Ihrem 100-Prozent-Aktien-Portfolio verwenden, sollte jeder ETF – einerlei ob er große oder kleine Aktien enthält – gleichgewichtet zehn Prozent ausmachen. Dies hat zwei Vorteile: Die Nebenwerte (*Small Caps*) – die »Schnellboote« – werden hochgestuft und große Werte (*Big Caps*) – die »Dickschiffe« – werden heruntergestuft. Dadurch wird das Portfolio langfristig eine etwas höhere Rendite erzielen. Allerdings nimmt auch das Risiko (die Volatilität) etwas zu. Das Portfolio wird zudem übersichtlicher, da man Abweichungen von der Gewichtung leicht erkennt.

Ich möchte ausdrücklich betonen, dass die von mir beschriebenen Portfoliostrukturen beispielhaft und weder vollständig noch perfekt sind.

Das perfekte Portfolio gibt es nicht – es ist eine Utopie. Es gibt nur relativ bessere oder relativ schlechtere Lösungen. Ich habe die Portfoliostruktur beschrieben, deren langfristige empirische Ergebnisse sowohl von der Finanzwissenschaft als auch von der Anlagepraxis als die beste Lösung bestätigt wurden.

Die Portfoliostruktur aufrechterhalten

Sie sollten Ihr Portfolio je nachdem, wie sich die Börsen entwickelt haben, ein- oder zweimal im Jahr überprüfen. Die Kurse mancher ETFs werden stärker gestiegen sein, andere, deren Kurs nicht so stark gestiegen oder gefallen sind, werden nachhinken. Dann sollten Sie adjustieren und die ETFs, die ins Kraut geschossen sind, entsprechend kappen und die Nachzügler aufstocken, so dass wieder in etwa Gleichgewichtung herrscht. Experten nennen dies *Rebalancing*. Wissenschaftliche Studien zeigen, dass konsequentes, nicht zu häufiges *Rebalancing* langfristig die Rendite erhöht und das Risiko senkt – im Vergleich zu Depots, die nicht angepasst werden.

Diese Maßnahme gilt in besonderem Maß bei Misch-Portfolios. Wenn Sie beispielsweise ein Portfolio mit 30 Prozent Anleihen und 70 Prozent Aktien angelegt haben und der Aktienteil infolge starker Kursgewinne sich auf 80 Prozent erhöht und der Anleiheteil demzufolge sich auf 20 Prozent gesenkt hat, gilt der erste Schritt der Wiederherstellung der ursprünglichen Relation. Denn nun hat sich ja der risikofreie Anteil auf 20 Prozent reduziert, während der risikobehaftete Anteil sich auf 80 Prozent erhöht hat. Entsprechend ist das Risiko Ihres Portfolios gestiegen. Sie verwenden also die Mittel, die durch Verkauf von Anteilen, die stark gestiegen sind, für die Aufstockung des Anleiheteils auf 30 Prozent. Einfacher geht es, wenn Sie Barmittel zur Aufstockung zur Verfügung haben.

Einer Anpassung Ihres Portfolios bedarf es auch, wenn sich Ihre Lebensumstände oder Anlageziele geändert haben. Sei es, dass Sie in der Lage sind, mehr Risiko einzugehen, oder dass Sie gezwungen sind, das Risiko zu senken. Beides geht ganz einfach, indem Sie den risikofreien Anteil der Anleihe-ETFs erhöhen oder senken. Das alles ist mit wenig Aufwand zu machen, im Gegensatz zu einem Portfolio, das aus vielen Einzelaktien besteht.

Sie sehen, mit ETFs kann man auf einfache Art und Weise eine passgenaue Struktur bilden und die höchstmögliche Sicherheit erreichen.

Wertpapiersparpläne

Für Wertpapiersparpläne bieten sich ETFs als ideale Instrumente an. Im Gegensatz zu umständlichen Sparplänen mit Einzelaktien können Sie mit einem einzigen ETF-Anteil 2.000 Einzelaktien und mehr erwerben.

Sparprogramm 50 Euro

Wenn Sie monatlich 50 Euro sparen können oder wollen, dann gibt es einen Index, der sich besonders gut dafür eignet: Das ist der *MSCI ACWI*. Dieses Kürzel *ACWI* steht für *All Country World Index* (Weltweiter Aktienindex). Ich habe das Prinzip ja im ETF-Kapitel beschrieben. Der Index deckt alle Börsen der Welt einschließlich die der Schwellenländer ab und enthält über 2.400 Einzelaktien. Sein Nachteil ist allerdings, dass er praktische keine Nebenwerte enthält. Die ETFs auf diesen Index sind in der Regel nicht mit allen diesen Aktien bestückt, sondern wenden das Prinzip des *Sampling* an, viele kleinere Werte bleiben also außen vor, ohne dass dies die Wertentwicklung des Indexfonds beeinträchtigt.

Sparprogramm 100 Euro

Sie können in zwei Indizes anlegen, den *MSCI ACWI* und neu dazu kommt der *MSCI World Small Cap*. Dieser Index enthält über 4.200 Einzelaktien. Mit den beiden Indizes partizipieren Sie also an der Entwicklung von zusammen über 6.000 Einzelaktien.

Sparprogramm 200 Euro

Mit 200 Euro im Monat können Sie entweder die Beträge des 100-Euro-Programms verdoppeln, also je 100 Euro in den *MSCI ACWI* und den *MSCI World Small Cap* anlegen. Alternativ können Sie in vier Indizes zu je 50 Euro anlegen. Den *MSCI World Small Cap* (4.200 Einzelaktien), den *MSCI Core Emerging Markets* (1.930 Einzelaktien), den *STOXX Europe 600*, der Aktien aus ganz Europa enthält, und den amerikanischen *S&P 500*.

Sparprogramm 300 Euro

Bei 300 Euro monatlich oder vierteljährlich können Sie in ETFs von sechs Indizes zu je 50 Euro investieren und dadurch die Rendite-Risiko-Struktur weiter verbessern. An Stelle des *MSCI ACWI* können Sie ETFs von zwei anderen Indizes nehmen: den *MSCI World*, der über 1.600 Aktien der Industrieländer enthält, sowie den *MSCI Emerging Markets IMI* (*IMI* steht für *Investable Market Index*), der über 2.600 Einzelaktien der Schwellenländer enthält, neben Standardaktien auch *Small* und *Mid Caps*. Sie können die Nebenwerte noch stärker einbeziehen, zum Beispiel mit dem *MDAX* Index und dem *S&P Small Cap 600* Index. Als fünften Index können Sie beispielsweise den *STOXX Europe 600* nehmen, der Aktien aus ganz Europa enthält. Und schließlich als sechsten den *S&P 500*, der – wie der Name sagt – 500 US-Aktien enthält.

Wenn Sie auch etwas Geld in Anleihen investieren wollen, können Sie an Stelle des *Core S&P 500*-Index einen ETF eines Bond-Index, den *Barclays 1-3 Year Euro Treasury Bond* Index verwenden. Dieser Index ist fast risikolos und könnte für den Notfall auch als Liquiditätsreserve dienen.

Betrachten Sie bitte die von mir genannten Indizes, von denen es ETFs verschiedener Investmentgesellschaften gibt (z.B. *iShares*, *SPDR* oder *db x-tracker*) als beispielhaft. Es hängt von der Bank oder dem Broker ab, bei dem Sie Ihr Depot besitzen, welche ETFs jeweils kostengünstig für Sparpläne angeboten werden. Viele Banken bieten heute Fondssparpläne an, besonders die Direktbanken wie *Comdirect, ING-DiBa, Consorsbank, maxblue* und andere. Ganz allgemein möchte ich dazu ermuntern, dass alle, die monatlich oder in anderen zeitlichen Abständen Geld investieren können, es auch konsequent durchhalten.

Automatisch sparen

Bekanntlich ist der Mensch das schwächste Glied in der Anlagekette, weil er sich zu sehr von seinen Gefühlen treiben lässt. Wie lässt sich nun dieser »menschliche Faktor« am einfachsten ausschalten, oder wie lässt sich zumindest sein Einfluss deutlich verringern? Nun, indem Sie Ihren Sparprozess so weit wie möglich automatisieren. Dadurch schützen Sie sich vor der größten Schwachstelle, den Emotionen. Sie schützen sich also vor sich selbst. Das erreichen Sie besonders effektiv, wenn Sie sich nicht laufend ums Anlegen kümmern müssen, sondern Ihr Anlageverhalten auf Autopilot schalten.

Das klappt ganz einfach mit einem vollautomatisierten Sparprozess. Der erste Schritt besteht darin, auszurechnen, wie viel Geld Sie regelmäßig – also monatlich oder vierteljährlich – entbehren und wegsparen können. Seien Sie bei der Berechnung ehrgeizig. Sie werden vielleicht schnell merken, dass Sie Ihren Lebensstil gar nicht groß ändern müssen, wenn Sie zehn oder 15 Prozent Ihres Nettoeinkommens zurücklegen.

Vor allem sollten Sie so frühzeitig wie möglich damit anfangen, weil der Zeitfaktor eine entscheidende Rolle spielt. Wenn Sie beispielsweise mit 30 Jahren beginnen, haben Sie fast 40 Jahre vor sich bis zum Ruhestand. Wenn Sie klug mit Aktien-ETFs sparen und pro Jahr eine Durchschnittsrendite von sechs Prozent erzielen, genügen, wie die nachstehende Tabelle zeigt, 52 Euro pro Monat, um am Ende der 40 Jahre ein Endvermögen von 100.000 Euro zu erreichen.

Wenn Sie 312 Euro, also das Sechsfache, sparen können, kommen Sie auf 600.000 Euro Endvermögen, ein schönes Ruhepolster fürs Alter. Wenn Sie aber zehn Jahre später beginnen, also im Alter von 40 Jahren, müssen Sie monatlich schon 612 Euro, also das Doppelte, auf die Seite legen. Die Tabelle zeigt auch die nötigen Sparraten bei anderen Durchschnittsrenditen von zwei Prozent bis acht Prozent.

Monatlichen Sparraten um ein Endvermögen von 100 000 Euro zu erreichen

Anlagephase in Jahren	Jährliche Verzinsung (Rendite) in Prozent						
	2	3	4	5	6	7	8
10	753	715	679	645	612	581	551
20	339	305	274	245	219	196	175
30	203	172	145	122	102	85	71
40	136	109	86	67	52	40	31

Der einfache Trick, um den jedem Anleger innewohnenden Schweinehund zu überwinden, besteht darin, Ihrer Bank einen Dauerauftrag zu erteilen, monatlich einen bestimmten Betrag in die von Ihnen vorgegebenen ETFs zu investieren.

Dauerauftrag hat zwei Vorteile: Sie müssen nicht jeden Monat dar-
.ken, Ihrer Bank einen Auftrag zu erteilen. Sie können das Auf und
Aᴜ ᴗ. den Börsen ignorieren. Sie profitieren besonders von dieser Auto-
matik, wenn die Börsenkurse fallen und die Anleger instinktmäßig aus
Angst eher nichts tun oder gar verkaufen. Für Sie werden Kursrückgänge
sogar sympathisch, weil Sie mehr »Ware« – sprich Anteile – für Ihr Geld
bekommen. Dadurch erreichen Sie einen günstigeren durchschnittlichen
Kaufpreis.

Automatisch wieder anlegen

Wenn Sie im Rahmen eines Fondssparplans langfristig anlegen, sollten Sie thesaurierende ETFs benutzen, die Dividenden und Zinsen einbehalten und im Fonds wieder anlegen. Dadurch kann der Zinseszinseffekt
voll wirken, und Sie brauchen sich um die Wiederanlage nicht zu kümmern.

DIE BAUSTEINE EINES ERFOLGREICHEN ETF-PORTFOLIOS

Auf dieser und den nächsten Seiten finden Sie eine Liste von ETFs, die als
Bauteile eines nach den hier beschriebenen Regeln gestalteten Portfolios
dienen.

Name	TER	RV/RT/D	A/T	Anzahl	ISIN
Aktien global					
iShares MSCI ACWI	0,6	RT	T	1.173	IE00B6R52259
SPDR MSCI ACWI	0,4	RT	T	1.883	IE00B44Z5B48
SPDR MSCI ACWI IMI	0,4	RT	T	961	IE00B3YLTY66
Vanguard FTSE All-World	0,25	RV	A	3.090	IE00B3RBWM25
Vanguard FTSE All-World High Dividend Yield	0,29	RV	A	1.248	IE00B8GKDB10
iShares MSCI World	0,5	RT	A	1.620	IE00B0M62Q58
iShares Core MSCI World	0,2	RT	T	1.651	IE00B4L5Y983

Name	TER	RV/ RT/D	A/T	Anzahl	ISIN
Vanguard FTSE Developed World	0,18	RV	A	2.144	IE00BKX55T58
Vanguard Global Minimum Volatility	0,22	RV	T	202	IE00BYYR0C64
db x-trackers MSCI World Value Factor	0,25	RT	T	399	IE00BL25JM42
iShares Edge MSCI World Value Factor	0,3	RT	T	400	IE00BP3QZB59
Vanguard Global Value Factor	0,22	RV	T	1.171	IE00BYYR0B57
db x-trackers Stoxx Global Select Dividend 100	0,5	D	A	100	LU0292096186
iShares STOXX Global Select Dividend 100	0,46	RV	A	100	DE000A0F5UH1
SPDR S&P Global Dividend Aristocrats	0,45	RT	A	99	IE00B9CQXS71
iShares Edge MSCI World Size Factor	0,3	RT	T	902	IE00BP3QZD73
SPDR MSCI World Small Cap	0,45	RT	T	2.344	IE00BCBJG560
Aktien Europa					
db x-trackers Stoxx Europe 600	0,2	RT	T	598	LU0328475792
iShares STOXX Europe 600	0,2	RV	A	602	DE0002635307
SPDR MSCI Europe	0,25	RV	T	450	IE00BKWQ0Q14
Vanguard FTSE Developed Europe	0,12	RV	A	579	IE00B945VV12
Vanguard FTSE Developed Europe ex UK	0,12	RV	A	440	IE00BKX55S42
iShares Edge MSCI Europe Value Factor	0,25	RT	T	150	IE00BQN1K901
SPDR MSCI Europe Value Weighted	0,25	RT	T	315	IE00BSPLC306
iShares EURO STOXX Select Dividend 30	0,31	RV	A	30	DE0002635281
SPDR S&P Euro Dividend Aristocrats	0,3	RV	A	40	IE00B5M1WJ87

Name	TER	RV/ RT/D	A/T	Anzahl	ISIN
db x-trackers Euro Stoxx Select Dividend 30	0,3	RV	A	30	LU0292095535
db x-trackers MSCI Europe Small Cap Index	0,3	RT	T	979	LU0322253906
iShares MSCI EMU Mid Cap	0,49	RV	T	127	IE00BCLWRD08
iShares MSCI EMU Small Cap	0,58	RT	T	495	IE00B3VWMM18
iShares EURO STOXX Mid	0,4	RT	A	99	IE00B02KXL92
iShares STOXX Europe Mid 200	0,2	RV	A	201	DE0005933998
iShares STOXX Europe Small 200	0,2	RV	A	200	DE000A0D8QZ7
SPDR MSCI Europe Small Cap	0,3	RT	T	1.002	IE00BKWQ0M75
Deka MDAX	0,3	RV	T	50	DE000ETFL441
iShares MDAX	0,51	RV	T	50	DE0005933923
iShares TecDAX	0,51	RV	T	30	DE0005933972
Aktien USA					
iShares Core S&P 500	0,07	RV	T	505	IE00B5BMR087
SPDR S&P 500	0,09	RV	A	506	IE00B6YX5C33
Vanguard S&P 500	0,07	RV	A	507	IE00B3XXRP09
iShares Edge MSCI USA Value Factor	0,2	RV	T	150	IE00BD1F4M44
UBS ETF (IE) MSCI USA Value	0,2	RV	A	337	IE00B78JSG98
db x-trackers MSCI North America High Dividend Yield Index	0,39	RV	T	146	IE00BH361H73
iShares Dow Jones U.S. Select Dividend	0,31	RV	A	98	DE000A0D8Q49
SPDR S&P U.S. Dividend Aristocrats	0,35	RV	A	107	IE00B6YX5D40
iShares MSCI USA Small Cap	0,43	RT	T	1.797	IE00B3VWM098
iShares S&P SmallCap 600	0,4	RT	A	601	IE00B2QWCY14
SPDR S&P 400 U.S. Mid Cap	0,3	RV	T	400	IE00B4YBJ215
SPDR MSCI USA Small Cap Value Weighted	0,3	RT	T	1.261	IE00BSPLC413

Name	TER	RV/ RT/D	A/T	Anzahl	ISIN
Aktien Asien					
iShares Core MSCI Pacific ex-Japan	0,2	RV	T	151	IE00B52MJY50
iShares MSCI AC Far East ex-Japan	0,74	RT	A	573	IE00B0M63730
Vanguard FTSE Developed Asia Pacific ex Japan	0,22	RV	A	368	IE00B9F5YL18
iShares Asia Pacific Dividend	0,59	RV	A	30	IE00B14X4T88
iShares Dow Jones Asia Pacific Select Dividend 30	0,31	RV	A	30	DE000A0H0744
SPDR S&P Pan Asia Dividend Aristocrats	0,55	RT	A	102	IE00B9KNR336
iShares MSCI AC Far East ex-Japan Small Cap	0,74	RT	A	1.355	IE00B2QWDR12
iShares MSCI Japan Small Cap	0,58	RT	A	933	IE00B2QWDY88
Aktien Schwellenländer					
iShares Core MSCI EM IMI	0,25	RT	T	1.962	IE00BKM4GZ66
iShares MSCI EM	0,75	RT	A	874	IE00B0M63177
SPDR MSCI Emerging Markets	0,42	RT	T	704	IE00B469F816
Vanguard FTSE Emerging Markets	0,25	RV	A	1.050	IE00B3VVMM84
iShares MSCI EM Small Cap	0,74	RT	A	1.854	IE00B3F81G20
SPDR MSCI Emerging Markets Small Cap	0,55	RT	T	1.108	IE00B48X4842
Immobilien Aktien Global					
iShares Developed Markets Property Yield	0,59	RV	A	309	IE00B1FZS350
SPDR Dow Jones Global Real Estate	0,4	RT	A	214	IE0038GF1M35
Staatsanleihen (Euro)					
ComStage iBoxx € Sovereigns Germany Capped 3m-2	0,12	D	T	16	LU0444606700
ComStage iBoxx € Liquid Sovereigns Diversified 1-3	0,12	D	T	25	LU0444605991

Name	TER	RV/ RT/D	A/T	Anzahl	ISIN
iShares € Govt Bond 1-3yr	0,2	RT	A	6	IE00B14X4Q57
SPDR Barclays 1-3 Year Euro Government Bond	0,15	RT	A	77	IE00B6YX5F63
Deka iBoxx EUR Liquid Sovereign Diversified 1-3	0,15	RV	A	25	DE000ETFL128
Unternehmensanleihen (Euro)					
iShares € Corp Bond ex-Financials 1-5yr	0,2	RT	A	603	IE00B4L5ZY03
iShares € Corp Bond BBB-BB	0,25	RT	A	1.338	IE00BSKRK281
SPDR Barclays 0-3 Year Euro Corporate Bond	0,2	RT	A	646	IE00BC7GZW19
db x-trackers EUR Corporate Bond	0,16	RT	T	2.221	LU0478205379

Quellen: Homepages der Emittenten; Stand der Daten: Ende Oktober/Anfang Dezember. Die beiden Buchstaben der ISIN kennzeichnen das Land, in dem die ETFs aufgelegt worden sind: DE=Deutschland, IE=Irland, LU=Luxemburg. Die Transaktions-(Handels-)Währung ist in allen Fällen Euro.

Diese umfangreiche und doch übersichtliche Liste von ETFs dient sozusagen als Warenlager, aus dem Sie sich die ETFs aussuchen können, die für Ihre Zwecke – sei es für ein Sparprogramm oder für eine bestimmte Anlagesumme – geeignet sind. Ich habe mehrere ETF-»Lieferanten« genannt, weil nicht jede Kunden- oder Direktanlagebank dieselben ETFs im Sortiment hat. Das gilt besonders bei Sparprogrammen.

Die in der Liste verwendeten Abkürzungen bedeuten:

- **TER** heißt *Total Expense Ratio* – zu Deutsch: Gesamtkosten pro Jahr in Prozent.
- **RV**, **RT** benennt die so genannte Replikationsstrategie: Das bedeutet, in welcher Form der ETF einen Index nachbildet – »repliziert«. RV bedeutet, dieser ETF bildet die darin enthaltenen Wertpapiere einzeln voll nach. RT bedeutet, dass die im ETF enthaltenen Wertpapiere nur teilweise nachgebildet werden. Das geschieht, wenn der ETF eine große Zahl von Wertpapieren enthält. Es ist statistisch unerheblich, wenn – sagen wir bei 1.000 Einzeltiteln –

die 100 mit der geringsten Marktkapitalisierung bei der Kursbildung nicht einbezogen sind, weil ihr prozentualer Anteil nur noch sehr gering ist. Der ETF-Kurs folgt dennoch genau dem Index-Verlauf.

- **D** bedeutet, dass der ETF die Wertpapiere nicht physisch enthält, sondern dass der betreffende Index durch Derivate (Optionen, Terminkontrakte oder Swaps) dargestellt wird. Ich bevorzuge replizierende ETFs und daher besteht die Liste fast ausschließlich aus diesen ETFs.

- **A** bedeutet, dass dieser ETF Dividenden oder Zinserträge ausschüttet.

- **T** bedeutet, dass Dividenden oder Zinserträge einbehalten und wieder angelegt – thesauriert – werden.

- »Anzahl der Titel« bedeutet, wie viele Aktien oder Anleihen in dem ETF enthalten sind.

  Als Beispiel: Wenn Sie einen Anteil des *SPDR MSCI World Small Cap* kaufen, besitzen Sie 2.340 Aktien (Nebenwerte) aus aller Welt.

- **ISIN** ist die zwölfstellige internationale Wertpapierkennnummer, unter der dieser ETF an den Börsen gelistet ist.

Die Liste ist geografisch angelegt, beginnend mit globalen ETFs einschließlich der globalen Schwellenländer (*Emerging Markets*), die hauptsächlich für kleine Anlagebeträge – sei es für Sparprogramme oder Einmalanlagen – in Frage kommen.

Danach folgen ETFs der einzelnen Regionen, angefangen bei Europa. Hierbei sind alle langfristig überlegene Aktienklassen: Value/Dividenden, Nebenwerte (mittlere *Mid Caps* und kleinere *Small Caps*) enthalten. Dabei habe ich mehrere Anbieter genannt, um Ihnen eine Auswahl zu bieten, wenn Sie lieber ein Portfolio mit ausschüttenden ETFs oder mit thesaurierenden ETFs zusammenstellen wollen. Ausschüttend heißt, dass regelmäßig Dividenden gezahlt werden. Thesaurierend bedeutet, dass etwaige Dividenden einbehalten und vom Fonds wieder angelegt werden.

Ein weiterer Grund für die Nennung mehrerer ETFs derselben Gattung ist, dass Direktanlagebanken oder andere Institute nur eine begrenzte Auswahl von ETFs haben, die sie kostengünstig, zum Beispiel bei Sparprogrammen, anbieten. Des Weiteren bietet die Liste auch die Möglichkeit, gezielt in ausschüttende Dividenden-ETFs anzulegen oder alternativ vorzugsweise thesaurierende ETFs zu wählen.

Gestaltung eines Portfolios sollten Sie die langfristig ertrag-
Anlageklassen nur übergewichten, aber auch ein paar Gesamt-
·imischen. Daher enthält die Liste die Gesamtindizes *S&P 500*,
ᴤ ᴛ ᴜ . . *Europe 600* und *MSCI Emerging Markets*. In diesen nehmen die
Wachstumswerte ein deutliches Übergewicht ein. Der Grund, nicht alles
auf eine Karte zu setzen, ist, dass Value-Aktien, oder Nebenwerte (*Mid/
Small Caps*) oder *Emerging Markets* eben nicht immer besser abschneiden
als andere Aktienklassen. Wenn sie dies täten, dann würde kein Risiko bestehen und die Überrendite würde verschwinden, weil alle Anleger diese
Aktien kaufen und die Kurse hochtreiben würden. Nur weil das Risiko besteht, dass man sich nicht darauf verlassen kann, dass Value-, *Mid/Small
Caps* und *Emerging-Markets*-Aktien besser abschneiden, bieten diese Aktienklassen eine Überrendite.

Es kann manchmal eine zwei- bis dreijährige Durststrecke geben. Daher ist ein Portfolio, das auch eine Portion Wachstumsaktien enthält,
langfristig etwas schwankungsärmer und seine Wertentwicklung ist etwas gleichmäßiger.

Weitere Bauelemente für ein schwankungsarmes Portfolio sind risikofreie Anleihen. Sie wirken wir Stoßdämpfer bei einem Auto.

Ein Portfolio mit einem Anteil von 70 Prozent Aktien und 30 Prozent
Anleihen könnte wie folgt aufgebaut sein:

Aktien ETFs:	
Europa	20%
USA	20%
Asien	10%
Emerging Markets	15%
Global (Immobilien)	5%
Gesamt	70%

Die Proportionen des Welt-Portfolios richten sich nicht nach der Börsen-
kapitalisierung der Welt, weil damit 50 Prozent auf die USA entfallen würden – eine zu deutliche Übergewichtung. Sie orientieren sich vielmehr
nach dem Anteil an der Wirtschaftsleistung der Welt, dem Bruttoinlandsprodukt (*BIP*). Aber auch hier gibt es zwei Berechnungsmethoden. Die
gängige Methode ist das nominale Welt-*BIP*, das auf dem US-Dollar ba-

siert, mit einem klaren Übergewicht der Industrieländer. Die andere ist das Welt-*BIP*, das auf der Kaufkraftparität (die vergleicht, was ein bestimmter Warenkorb in der jeweiligen Landeswährung kostet) beruht, bei der die Emerging Markets ein Übergewicht erreichen. Beide Werte würden kein realistisches Bild widerspiegeln. Daher habe ich einen angenäherten Mittelwert gewählt.

Übersetzt auf die Portfolioanteile heißt dies:

Aktien:	
Value-Dividenden-ETFs	20% aufgeteilt auf alle Regionen
Nebenwerte-/*Mid-/Small-Cap*-ETFs	20% aufgeteilt auf alle Regionen
Emerging Markets	10% (+ 5% Em. Mkts. Standardwerte)
Standard-Indizes:	
Europa, USA, Em. Mkts.	15%
Immobilien Global	5%
Gesamt	70%
Anleihen:	
Risikofreie kurzlaufende Anleihen 1 bis 3 Jahre Laufzeit	30%

Anmerkung: Die langfristig überlegenen Aktienklassen sind mit ca. 70 Prozent übergewichtet.

Dieses so genannte Mischdepot bietet als Langfristanlage einige Vorteile: Es ist dank des Anleiheanteils von 30 Prozent schwankungsärmer als ein reines Aktien-Portfolio. Das hat einen positiven psychologischen Effekt, weil dieses Portfolio im Falle eines Rückschlags an den Börsen sich nicht im freien Fall befindet, sondern gewissermaßen an einem Fallschirm hängt. Ein Anleger wird daher nicht so schnell in Panik verfallen und zu Tiefstkursen verkaufen.

Ein zweiter Vorteil ist, dass man so ein Portfolio nicht absichern muss. Der Aktienanteil hat dank seiner besonderen kompakten Struktur eine innere (inhärente) Stabilität und mit einem risikofreien Anleiheteil quasi ein Sicherheitsnetz. Man muss nicht hektisch einzugreifen. Es ist ja erwiesen, dass die Profis weder sehr gut agieren bei einem rückschlag noch bei einem nachfolgenden Börsenaufschwung. ___ __eagieren sie zu spät beim Abschwung und wieder zu spät beim Aufschwung.

Bei allen von mir vorgeschlagenen ETFs gibt es natürlich Alternativen. Da die entsprechenden ETFs den gleichen Index abbilden, sind ihre Ergebnisse jedoch ähnlich. Ich habe jene ETFs mit hoher Kapitalisierung und geringen Kosten (TER) vorgezogen, weil bei ihnen das Risiko geringer ist, dass der Indexfonds aufgelöst oder mit einem anderen ETF verschmolzen wird – wie das bei kleinen ETFs relativ häufig geschieht.

Eine bequeme Lösung für ein globales ETF-Portfolio

Es könnte ja sein, dass Sie keine Neigung oder keine Zeit haben, sich Ihr eigenes Portfolio zusammenzustellen und sich darum zu kümmern. Wer es also bequemer und einfacher haben will, für den oder die gibt es einen genau nach meinen Vorgaben strukturierten Fonds, wie auf Seite 233 dargestellt, den die FIDUKA Ende 2017 aufgelegt hat. Er heißt Pro Select Weltfonds (ISIN-Nr. LU1696810313). Dieser Fonds basiert auf neuen wissenschaftlichen Erkenntnissen und meinen Erfahrungen aus nahezu 50 Jahren in der Vermögensverwaltung.

Die laufenden Kosten eines Fonds sind wegen der Gebühr für die Investmentgesellschaft und den Fondsmanager, sowie gesetzlicher Regularien, natürlich etwas höher. Die Managementgebühr ist mit 0,55% so niedrig, wie es eben geht. Der Pro Select Weltfonds hat keinen Ausgabeaufschlag. Er eignet sich also auch für Sparprogramme.

Ich selbst halte es wie John Bogle (s. S. 13): Ich bin weder an der Managementgebühr des Pro Select Weltfonds beteiligt, noch an den Gewinnen der FIDUKA, weil ich nur der oberste Aufseher des Managements bin. An der FIDUKA bin ich nicht mehr beteiligt, weil ich alle meine Anteile an die Mitarbeiter abgegeben habe. Ich verdiene, wie jeder andere Anleger, nur über das Geld, das ich selbst in diesen Fonds investiert habe.

Wem der im Fonds enthaltene 30-Prozent-Anteil der „risikofreien" Anlage zu niedrig ist, könnte diese Quote durch Zukauf eines Anleihe-ETFs erhöhen (s. S. 229-230). Wem dagegen der Anteil zu hoch ist, könnte durch den Zukauf eines ETFs auf den MSCI All Country World Index

(MSCI ACWI), der Large Caps und Mid Caps der Industrie- und Schwellenländer umfasst, den Aktien-Anteil erhöhen (s. S. 226).

Was tun, wenn schon ein Wertpapier-Portfolio besteht

Wenn Sie ein bestehendes Portfolio umstrukturieren wollen, um ETFs zu verwenden, sollten Sie zuerst prüfen, bei welchen Aktien oder Aktienfonds es sich um Altbestände handelt, die Sie also vor dem 31.12.2008 gekauft haben. Bei diesen Wertpapieren wird für etwaige Kursgewinne bei einem Verkauf keine Abgeltungssteuer erhoben. Dabei sollten Sie wegen der ab 2018 geänderten steuerlichen Bestimmungen für vor 2009 erworbene Altbestände auch auf steuerliche Aspekte achten.

Zudem sollten Sie die Struktur Ihres Depots überprüfen und den prozentualen Anteil einzelner Aktienklassen und Länder ermitteln. Sie sollten keine ETFs mit den gleichen Inhalten kaufen, die Sie schon im Bestand haben, und Ihr Portfolio stärker international diversifizieren.

DIE ZEHN GOLDENEN REGELN FÜR IHREN BÖRSENERFOLG

Meine in diesem Buch geschilderten Erfahrungen als Vermögensverwalter und Fondsmanager, mein Wissen, das ich in fast 50 Berufsjahren erworben habe, sowie die Erkenntnisse zahlreicher wissenschaftlicher Studien habe ich in meinen zehn goldenen Regeln für Sie kurz und prägnant zusammengefasst.

1. Langfristig Anlegen

Time und nicht Timing schafft Werte und spart Kosten.
Die meisten Menschen denken bei der Geldanlage viel zu kurzfristig, vor allem bei Aktien. Sie sehen die starken Schwankungen, aber nicht den langfristigen Aufwärtstrend mit imponierenden Erträgen. Trotz Kriegen, Währungsreformen, Konjunktureinbrüchen und Inflationszeiten übertreffen die Aktienrenditen die Erträge aller anderen Geldanlagen klar.

Aktien sind beileibe keine Objekte für Spekulationen und Finanzwetten, und auch nicht nur für Reiche geeignet. Sie sind Anlagen für alle, wenn sie als das betrachtet werden, was sie wirklich sind: Beteiligungen an Unternehmen, die auf langfristiges Wachstum ausgerichtet sind und nicht auf den schnellen Gewinn. Mit einem Wort: Sie sind Investitionen.

Wer das Auf und Ab an den Börsen aushält, wird deshalb im Lauf der Zeit reich belohnt. Langfristig denken und handeln sollten Anleger in ihrer gesamten Anlagestrategie. Aktien sind ein ganz wichtiger Teil davon, aber auch Zins- und Immobilienanlagen gehören selbstverständlich dazu. Sie sollten in ein Gesamtkonzept integriert werden, das an die unterschiedlichen individuellen Voraussetzungen und Ziele jedes Anlegers angepasst ist.

2. In verschiedene Anlagearten investieren

Breite Streuung sorgt für Stabilität.
Alles auf eine Karte zu setzen ist in der Geldanlage höchst gefährlich. Da niemand die Zukunft genau kennt, kann keiner voraussagen, wie sich die wirtschaftlichen und politischen Rahmenbedingungen und damit die Finanzmärkte entwickeln werden. Deshalb ist es ratsam, Ersparnisse auf verschiedene Anlageklassen zu verteilen und so die Chancen und vor allem die Risiken zu verteilen.

Die wichtigsten Investmentklassen sind Aktien und Zinsanlagen, insbesondere Anleihen. Die Aufteilung auf die verschiedenen Anlageklassen bestimmt nach wissenschaftlichen Erkenntnissen zu über 90 Prozent die künftigen Renditen und Risiken, die Auswahl der Wertpapiere und das *Timing* spielen eine untergeordnete Rolle.

Aktien sind in erster Linie für die Wertentwicklung verantwortlich, Zinspapiere für die Stabilität im Depot. Sie glätten die Wertschwankungen. Mit Immobilien und Rohstoffen lässt sich die Streuung noch verbreitern.

3. Sachwerte bevorzugen

Sie schützen vor Inflation und sorgen für gute Renditen.
Den besten Schutz vor der Entwertung der Ersparnisse durch Inflation bieten Sachwerte. Noch vor Immobilien eignen sich Aktien für den realen – inflationsbereinigten – Werterhalt. Forderungen an Schuldner, also Zinsanlagen und die Mehrzahl der Versicherungen, werden dagegen

durch die Inflation schleichend entwertet. Eine Fräsmaschine oder eine Autolackieranlage verliert bei steigenden Lebenshaltungskosten nicht an Wert, ebenso wenig wie das Know-how von Mitarbeitern.

Besonders Aktien, die eine hohe, gesicherte Dividendenrendite aufweisen, sind attraktiv. Sie schützen doppelt vor inflationärer Geldauszehrung: Anleger haben die Chance auf Kursgewinne und auf steigende Dividendenzahlungen, denn beides wächst mit der Inflation normalerweise stärker als sonst. Im Gegensatz zu festen Zinsen bei Anleihen sind die Dividenden bei Aktien also gewissermaßen inflationsindexiert.

4. Frühzeitig regelmäßig sparen

Damit Zinseszins- und der Cost-Average-Effekt den Vermögensaufbau beschleunigen.

Zeit spielt beim Vermögensaufbau eine entscheidende Rolle, deshalb sollten Anleger früh mit regelmäßigem Sparen beginnen. Zwei Effekte helfen ihnen dabei, dass sich das Kapital stark vermehrt.

Der wichtigste ist der Zinseszinseffekt, den der berühmte Physiker Albert Einstein als »stärkste Kraft im Universum« bezeichnet hat. Warum? Weil die Ersparnisse mit immer größerer Geschwindigkeit zunehmen, wenn laufende Erträge – Zinsen und Dividenden – sofort wieder angelegt und dadurch mitverzinst werden.

Je länger die Zeit des Sparens und je höher die Rendite, desto ausgeprägter wirkt der Zinseszins. Aktien profitieren wegen ihrer hohen Renditen besonders. Auch der Cost-Average-Effekt trägt zum beschleunigten Vermögensaufbau bei. Wer regelmäßig gleiche Beträge spart, kauft bei niedrigen Kursen automatisch mehr Aktien, ETFs oder Fonds als bei hohen und erhält günstige Durchschnittskurse.

5. Aktien weltweit und nach Branchen streuen

Das erhöht die Rendite und senkt das Risiko.

Viele deutsche Anleger haben bei der Aktienanlage einen *Home Bias*, das bedeutet, sie investieren ausschließlich oder überwiegend in deutsche Aktien. Und manchmal auch noch den größten Teil in einer Branche wie der Autoindustrie oder in Internetunternehmen. Das kann riskant werden, weil deutsche Aktien bei Kursstürzen und Börsenturbulenzen meistens kurzfristig besonders stark leiden.

Das Risiko lässt sich jedoch deutlich verringern, wenn ein Depot Aktien aus verschiedenen Regionen, Branchen und Währungen enthält. Auch Aktien aus Schwellenländern sollten vertreten sein, da sie langfristig überdurchschnittliche Chancen aufweisen. Das Schöne daran: Eine breite Diversifikation senkt nicht nur das Risiko, sondern sie steigert langfristig auch den Ertrag. Mit ETFs können Anleger bequem preisgünstig ein risikoarmes und ertragsstarkes internationales Depot aufbauen.

6. Value und Substanz bei Aktien bevorzugen

Werthaltige Dividendenpapiere bringen langfristig hohe Erträge.
Nicht die glamourösen Growth- oder Wachstumsaktien aus dem Internet-, Computer- oder Social-Media-Bereich bringen langfristig die höchsten Erträge, sondern die »langweiligen« Value- oder Substanzaktien. Denn »gestandene« Unternehmen wachsen zwar langsamer, aber dafür gesund. Und sie sind, gemessen am Kurs-Gewinn-Verhältnis oder dem Kurs-Buchwert-Verhältnis, deutlich günstiger bewertet als die oft sehr teuren Growth-Titel. Das belegen viele wissenschaftliche Untersuchungen.

Allerdings kann es manchmal lange dauern, bis Value-Aktien ihre Überlegenheit ausspielen. Langfristig orientierte Anleger sollten Substanzwerte, die meistens auch hohe Dividendenrenditen aufweisen, zwar übergewichten, aber nicht ausschließlich auf sie setzen. Auch Wachstumswerte dürfen in einem ausgewogenen Depot nicht fehlen.

7. Auf die Kleinen achten

Small Caps schneiden besser ab als die Blue Chips.
Die meisten Anleger schauen auf den DAX, wenn sie wissen wollen, wie sich der deutsche Aktienmarkt entwickelt. Aber die wenigsten wissen, dass er der deutsche Auswahlindex mit den niedrigsten Erträgen ist. *MDAX, SDAX* und *TecDAX* schlagen ihn klar aus dem Feld.

So hat der *DAX* sein Ausgangsniveau von Ende 1987 bis Oktober 2017 »nur« auf das 13-Fache gesteigert, der *MDAX* ist dagegen doppelt so stark auf das 26-Fache geklettert. Das ist kein Zufall. Wissenschaftliche Studien zeigen, dass Nebenwerte weltweit langfristig deutlich besser abschneiden als große Standardwerte, allerdings kurzfristig auch stärker schwanken. Sie wachsen schneller und die Chance ist größer, dass sie von anderen Unternehmen zu einem lukrativen Preis übernommen werden.

Anleger sollten deshalb einen beträchtlichen Anteil an deutschen und internationalen Small Caps in ihr Depot nehmen – mit ETFs geht das besonders leicht.

8. Keinen Investmentmoden nachlaufen

Das bewahrt vor zu teurem Einkauf.
An der Börse ist es oft so wie in der Mode: Es gibt Branchen, die »in« sind, und solche, die außer Mode gekommen sind. »In« waren zum Beispiel ab Mitte der 1990er Jahre alle Branchen, die mit Telekommunikation und Internet zu tun hatten.

Weil viele Anleger in Aktien der von Medien und Banken hochgejubelten Modebranchen einsteigen, klettern die Kurse steil nach oben, bis die Bewertung astronomische Höhen erreicht, die Aktien also sündteuer sind. Von solchen teuren Investmentmoden sollten sich Anleger fernhalten oder höchstens einen kleinen Teil des Kapitals dort investieren, aber nur, wenn die Kurse noch moderat bewertet sind.

9. Die Kosten der Geldanlage niedrig halten

Teure Provisionen und Verwaltungsgebühren schmälern den Ertrag deutlich.
Die einfachste und sicherste Möglichkeit, um die Rendite von Geldanlagen zu steigern, ist, die Kosten zu senken. Vor allem komplizierte Investmentprodukte verschlingen viel Geld, zum Beispiel Lebensversicherungen, geschlossene Fonds und Zertifikate.

Besonders niedrig sind hingegen die Aufwendungen bei börsengehandelten Indexfonds. Die Verwaltungskosten bei diesen ETFs sind deutlich niedriger als bei klassischen Fonds, und auch die Kaufgebühren sind viel geringer. Mit einem Kauf erwerben Anleger einen gesamten Index mit zig oder gar Hunderten von Wertpapieren, aber sie zahlen dafür nur einmal Gebühren, bei Einzelanlagen fallen sie dagegen beim Kauf jeder Aktie oder Anleihe an.

Kosten sparen lässt sich auch mit einem Depot bei Direktbanken, die oft keine Depotgebühren und dazu niedrigere Transaktionskosten verlangen als Filialbanken.

10. So wenig wie möglich handeln

Das bewahrt vor unüberlegten Aktionen und spart enorm Kosten.
Die meisten Anleger begehen den Fehler, ihr Depot zu oft umzuschichten. Das wirkt sich doppelt negativ auf die Rendite aus: Sie agieren häufig impulsiv und unüberlegt auf kurzfristige Ereignisse und treffen deshalb falsche Entscheidungen, die ihre langfristige Rendite drücken. Die Kosten des vielen Kaufens und Verkaufens schmälern zusätzlich die Erträge.

Eine Untersuchung der Finanzprofessoren Andreas Hackethal und Steffen Meyer bei 40.000 Kunden von Direktbanken zeigt, dass die Anleger mit den wenigsten Transaktionen in den zehn Jahren von 2005 bis 2015 die höchsten Renditen nach Kosten erzielt haben, die Spekulanten mit den meisten Trades haben sogar Verluste erlitten. Nicht erstaunlich ist, dass auch die Renditen vor Abzug der Kosten bei den Anlegern mit den wenigsten Aktionen am höchsten waren und die mit den meisten Trades am niedrigsten.

SCHLUSSWORT

GROSSARTIGE ZEITEN FÜR ANLEGER!

Was gibt uns wohl den schönsten Frieden
Als frei am eig'nen Glück zu schmieden.

Johann Wolfgang von Goethe

Ich habe es in diesem Buch ausgiebig beschrieben: Schon seit Jahren herrscht in Deutschland ein Anlagenotstand, ja, angesichts der langen Dauer muss man sogar von einer Anlagekatastrophe sprechen. Die Renditen von Bundesanleihen sind abgestürzt, bei Banken gibt es Nullzinsen, die Mindestverzinsung von Lebensversicherungen ist schon unter ein Prozent abgesunken.

Der Kahlschlag bei Renditen und Zinsen bedeutet eine schleichende Enteignung der deutschen Sparer. Schlimmer noch: Nicht nur wächst das Vermögen nicht mehr, es wird auch noch durch die Inflation entwertet. Vorbei die schönen Zeiten, da Anleihen noch risikolose Renditen boten. Heute sind sie zu renditelosen Risiken geworden.

Es sieht ganz danach aus, dass diese renditelose Phase noch längere Zeit andauern wird. Gibt es ein Entkommen aus der Nullzinsfalle? Ja, das gibt es: mit Aktien. An Aktien kommt man beim Aufbau eines Vermögens nicht vorbei. Dabei reden wir jedoch immer von einzelnen Aktien und wie mühevoll es ist, sie auszuwählen, sie zu überwachen und wieder auszusteigen. Es gibt doch kaum einen Anlageberater, dem nicht schon beim kleinsten Gewinn von fünf oder zehn Prozent über die Lippen kommt, jetzt Gewinne »mitzunehmen«. Was für ein Blödsinn!

Doch es gibt in meinen Augen eine einfache Lösung, mit der man der bisherigen, manchmal frustrierenden Anlagepraxis mit Aktien entgeht. Das ist die wunderbare Erfindung der immer populärer werdenden ETFs. Anleger haben mit diesen Indexfonds nun die Möglichkeit, eine sehr breite internationale Streuung zu außerordentlich günstigen Kosten zu erreichen – gerade das Richtige für langfristige Investments und hier besonders für das regelmäßige Sparen fürs Alter.

Die Anbieter dieser Produkte verzichten auf ein aktives Management und bilden dafür Indizes, die es heute aus aller Welt gibt, passiv nach. Gut so! Denn Studien belegen eindeutig, dass die meisten aktiv gemanagten Investmentfonds ihre Messlatte – also ihren Vergleichsindex – langfristig nicht schlagen. Die passiven Indexfonds in Form von ETFs sind eine segensreiche Innovation, meiner Meinung nach die bemerkenswerteste Neuerung in der Finanzindustrie seit Jahrzehnten.

Sieger dieser Revolution in der Finanzwirtschaft ist gerade auch der einfache, oft unerfahrene Otto Normalsparer. Während früher Banken und Versicherungen ihr Herrschaftswissen hüteten, befindet sich der einfache Anleger aufgrund des technologischen Fortschritts und der beschriebenen innovativen Produkte nun auf Augenhöhe mit den so genannten Gutbetuchten. Jedem Anleger bieten sich nun Möglichkeiten, wie sie noch keine Generation zuvor gehabt hat.

Mit einfachen Mitteln und zu geringen Kosten ist es nun für jedermann möglich, seine private Vermögensbildung und seine Altersvorsorge ganz unkompliziert in die Tat umzusetzen. Und das gilt sowohl für großes als auch für kleines Geld.

Zu keiner Zeit in meiner nunmehr 50-jährigen Karriere in der Vermögensverwaltung war das Investieren so einfach, so mühelos und nervenschonend wie heute. Machen Sie Gebrauch davon. Werden Sie vom konventionellen Sparer zum mündigen Anleger. Nutzen Sie Ihre Chancen!

Über den Autor

Gottfried Heller, geboren am 4. Februar 1935, teilt mit Ludwig Erhard nicht nur den Geburtstag, sondern auch seine gesellschafts- und wirtschaftspolitischen Überzeugungen.

1971 begann er mit der Gründung der unabhängigen Vermögensverwaltung FIDUKA in München – zusammen mit Börsenlegende André Kostolany – seine erfolgreiche Karriere als Fondsmanager und Vermögensverwalter.

Zuvor war er nach Abschluss eines Ingenieurstudiums in der Unternehmensberatung zunächst in Deutschland tätig.

1963 ging er in die USA. Nach einer kurzen Anstellung in einem Industriebetrieb war er in New York wieder als Unternehmungsberater aktiv.

Gleichzeitig studierte er an der Abenduniversität der New York University Geschichte und Journalismus und besuchte Kurse an der New York School of Social Research über Börsenkunde und Finanzanalyse.

Als Chefanlagemanager verwaltete Heller Wertpapierdepots von privaten und institutionellen Anlegern und Stiftungen sowie mehrere internationale Aktien- und Rentenfonds, darunter auch einen Fonds, gegründet bereits 1994, der weltweit in Aktien der Emerging Markets (Schwellenländer) investiert.

Mit André Kostolany zusammen rief er 1974 die »Kostolany Börsenseminare«, die ersten ihrer Art in Deutschland, ins Leben. Bis heute wird das Seminar – auch nach Kostolanys Tod 1999 – einmal jährlich veranstaltet. Es hat in 43 Jahren als Forum in Sachen Aktienaufklärung viel für die Aktienkultur in Deutschland getan.

Heller genießt einen hervorragenden Ruf als Analytiker langfristiger Börsen- und Wirtschaftstrends und gilt als profunder Kenner der internationalen Finanzmärkte.

Im Jahr 2007 wurde er vom »Elite-Report« als einer der »erfahrensten Vermögensverwalter« mit der Goldenen Pyramide ausgezeichnet.

Er ist sowohl Finanzkolumnist als auch Buchautor:

»Die Wohlstandrevolution«, 1992, ECON Verlag, und
»Der einfache Weg zum Wohlstand«, 2012, FinanzBuch Verlag.

Letzteres wurde für den Finanzbuchpreis 2013 nominiert. Es wurde ein Bestseller, der bereits in fünfter Auflage erschienen ist.

Homepage: www.gottfried-heller.de
Kontakt E-Mail: heller@fiduka.de

Danksagung

Die frohe Botschaft dieses Buches ist, dass eine Zeitenwende in der Geldanlage stattfindet, die es jedem Sparer oder Anleger ermöglicht, mit einfachen Mitteln, ohne großen Aufwand und zu geringen Kosten, mehr Rendite aus seinem Ersparten zu erzielen.

Dieses Buch basiert auf neuen wissenschaftlichen Erkenntnissen und meinen Erfahrungen aus nahezu 50 Jahren in der Vermögensverwaltung und an den Finanzmärkten.

Die Idee zu diesem Buch kam von Dr. Wolfgang Stock, ehemals Verlagsleiter beim ECON-Verlag. Von dort kannten wir uns, denn er war es, der mein erstes Buch »Die Wohlstandsrevolution« 1992 verlegte. Er animierte mich, ein weiteres Buch zu schreiben. Wir diskutierten das Projekt erstmals im Herbst 2016 und vertagten es bis zum Jahr darauf, weil ich im November die US-Präsidentschaftswahl in den USA miterleben wollte.

Im Februar trafen wir uns wieder, diesmal zu viert: Hinzu kamen Hans Linder, ehemals Chefredakteur und Herausgeber des Anlegermagazins *Börse Online*, sowie Erich Gluch, früher als Wissenschaftler beim ifo-Institut tätig. Die beiden letzteren hatten schon aktiv bei meinem Buch »Der einfache Weg zum Wohlstand« mitgewirkt, das 2012 beim FinanzBuch Verlag veröffentlicht wurde.

Es vergingen Wochen, in denen wir intensiv über den Buchinhalt diskutierten. Schließlich präsentierte Wolfgang Stock, als routinierter Buchmacher und Verleger, ein Inhaltsverzeichnis und ein Exposé als Diskussionsgrundlage zur Vorlage für den FinanzBuch Verlag.

Christian Jund, der Verlagschef, war sehr angetan von der Buchidee. Im Mai unterschrieb ich den Autorenvertrag und Mitte November lieferte ich das Manuskript beim Verlag ab. Zwischen diesen beiden Terminen hat sich die »Viererbande« in regelmäßigen Abständen getroffen.

Ein Buch mit ca. 260 Seiten in so kurzer Zeit zu schreiben wäre nicht möglich gewesen, ohne die tatkräftige Mitarbeit meiner Freunde. Ihr Beitrag war mir eine große Hilfe bei der Bearbeitung einer breiten Themenpalette und bei Recherchen oder der Erstellung von Kalkulationen, Tabellen und Grafiken.

Allein der geistige Austausch hat großen Spaß gemacht. Das wäre schon ein Wert an sich gewesen, auch ohne, dass dabei ein Buch entstanden wäre.

Erich Gluch, Hans Linder und Wolfgang Stock gilt deshalb mein ganz besonderer Dank.

Zu großem Dank verpflichtet bin ich auch meinem Freund Michael Keppler, dem renommierten Assetmanager in New York. Er und sein Mitarbeiter Roderick Cameron haben wichtige Stammdaten und Berechnungen für Grafiken geliefert.

Dank gebührt auch Georg Hodolitsch, Programmleiter beim FBV, der das Projekt mit großem Engagement begleitet hat, sowie Bettina Goschin, die sich als Projektmanagerin verdient gemacht hat.

Danke sagen möchte ich auch Christian Jund, der mein Buchprojekt mit offenen Armen annahm.

Zu guter Letzt gilt mein ganz besonderer Dank meiner Frau Margaret, die meine Handschrift lesen kann und das ganze Manuskript ohne Murren geschrieben hat. Auch muss ich ihr die Engelsgeduld hoch anrechnen, die sie dem oft geistesabwesenden Wesen in ihrem Heim entgegengebracht hat. Ihr ist dieses Buch gewidmet.

LITERATUR

Beck, Hanno/Prinz, Alois: *Die große Geldschmelze.* München 2014: Hanser Verlag

Berryessa, Norman/Kirzner, Eric: *Gobal Investing: The Templeton Way.* Homewood, Illinois 1988: Dow-Jones-Irwin

Dimson/Marsh/Staunton: *Global Investing Returns Yearbook 2017.* Zürich 2017: Credit Suisse

Erhard, Ludwig: *Wohlstand für Alle.* Neuausgabe 1990. Düsseldorf 1990: Econ (Originalausgabe Düsseldorf 1957: Econ)

Erhard, Ludwig: *Deutsche Wirtschaftspolitik. Der Weg der Sozialen Marktwirtschaft.* Düsseldorf 1962: Econ

Geppert, Dominik: *Ein Europa, das es nicht gibt.* Berlin 2013: Europa Verlag

Graham, Benjamin: *The Intelligent Investor.* New York 1973: Harper & Row

Hagstrom Jr., Robert: *The Warren Buffett Way. Investment Strategies of the World's Greatest Investor.* New York 1994: John Wiley & Sons, Inc.

Heller, Gottfried: *Die Wohlstandsrevolution.* Düsseldorf 1992: Econ

Heller, Gottfried: Erhards »Unvollendete«. In: 100 Jahre Ludwig Erhard – Das Buch zur Sozialen Marktwirtschaft. Düsseldorf 1997: MVV Medien

Heller, Gottfried: *Der einfache Weg zum Wohlstand.* München 2015, 5. Auflage: FinanzBuch Verlag

Heller, Gottfried/Horstmann, Ulrich/Werhahn, Stephan: *SOS Europa. Wege aus der Krise – ein Kompass für Europa.* München 2016: FinanzBuch Verlag

Henkel, Hans-Olaf: *Rettet unser Geld! Deutschland wird ausverkauft. Wie der Euro-Betrug unseren Wohlstand gefährdet.* München 2010: Heyne

Horstmann, Ulrich: *Bargeldverbot.* München 2015: FinanzBuch Verlag

Hüfner, Martin: *Rettet den Euro!* Hamburg 2011: Murmann Verlag

Ibbotson, Roger: *Stocks, Bonds, Bills and Inflation (SBBI) 2016 Yearbook.* New Jersey 2016: John Wiley & Sons, Inc.

Issing, Otmar: *Wie wir den Euro retten und Europa stärken*. Kulmbach 2012: Börsenmedien – Börsenbuchverlag

Kommer, Gerd: *Souverän investieren mit Indexfonds und ETFs*. Frankfurt 2015: Campus

Kostolany, André: *Kostolanys Wunderland von Geld und Börse*. Stuttgart 1982: Seewald

Kostolany, André: *Kostolanys Börsenseminar. Für Kapitalanleger und Spekulanten*. Düsseldorf 1986: Econ

Kostolany, André: *Kostolanys Bilanz der Zukunft*. Düsseldorf 1995: Econ

Kostolany, André: *Weisheit eines Spekulanten*. Düsseldorf 1996: Econ

Le Bon, Gustave: *Psychologie der Massen*. Stuttgart 1973: Kröner

Linder, Hans/Tietz, Volker: *Das große Börsenlexikon*. München 2008: FinanzBuch Verlag

Lowe, Janet: *Warren Buffett Speaks. Wit and Wisdom from the World's Greatest Investor*. New York 1997: John Wiley & Sons, Inc.

Lynch, Peter: *One up on Wall Street*. New York 1989: Simon & Schuster.

Merriman, Paul A.: *Financial Fitness Forever*. New York 2012: McGraw Hill

Nell-Breuning, Oswald von: *Grundzüge der Börsenmoral*. Freiburg 1989: Herder

O'Neill, Jim: *The Growth Map. Economic Opportunity in the BRICs and Beyond*. New York 2011: Penguin Press

Otte, Max: *Die Krise hält sich nicht an Regeln*. Berlin 2011: Econ

Reinhart, Carmen/Rogoff, Kenneth S.: *This Time is Different*. Princeton 2009: University Press.

Roubini, Nuriel/Mihm, Stephen: *Crisis Economics. A Crash Course in the Future of Finance*. New York 2010: Penguin Press

Siegel, Jeremy: *The Future for Investors*. New York 2005: Crown Publishing Group

Siegel, Jeremy: *Stocks for the Long Run*. New York 2014: McGraw Hill Education

Sinn, Hans-Werner: *Der schwarze Juni*. Freiburg im Breisgau 2016: Herder

Taleb, Nassim Nicholas: *Der schwarze Schwan. Konsequenzen aus der Krise*. München 2010: Hanser

Glossar

Abgeltungsteuer
Sie gilt seit dem 1. Januar 2009 für Kapitaleinkünfte in Deutschland. Zinsen, Dividenden und Gewinne aus Wertpapierverkäufen werden mit einer Steuer von 25 Prozent zuzüglich Solidaritätszuschlag und ggf. Kirchensteuer »abgegolten«. Diese Erträge müssen nicht mehr in der Einkommensteuererklärung angegeben werden. Kursgewinne von Aktien, die vor 2009 gekauft und seither nicht veräußert worden sind, bleiben von der Abgeltungsteuer verschont.

Aktie
Sie verbrieft ein Anteilsrecht am Grundkapital einer Aktiengesellschaft. Aktionäre sind damit Miteigentümer eines Unternehmens, sie haben verschiedene Rechte wie anteilige Gewinnbeteiligung, Stimmrechte (bei Stammaktien) und Auskunftsrechte.

Aktienindex
Er fasst die Kursentwicklung einer festgelegten Gruppe von Aktien in einer Zahl zusammen – zum Beispiel der 30 wichtigsten deutschen Aktiengesellschaften im DAX. Mit Hilfe eines Index lassen sich die Marktbewegungen im Zeitablauf auf einen Blick erfassen und errechnen. Unterschieden wird zwischen Kursindizes, die nur die reinen Kursbewegungen messen, und Performanceindizes wie dem DAX, die zusätzlich zu den Kursen auch (wiederangelegte) Dividenden und Bezugsrechte erfassen.

Aktiv gemanagter Fonds
Hier entscheidet das Fondsmanagement, welche Wertpapiere ge- und verkauft werden. Auch der Zeitpunkt der Transaktionen (Timing) wird aktiv vom Fondsmanagement bestimmt. Ziel ist es, ein besseres Anlageergebnis als ein vorher festgelegter Vergleichsindex zu erzielen. Langfristig gelingt das, wie viele Studien zeigen, nur sehr wenigen aktiven Fonds.

Anlagestrategie

Sie legt die Struktur des Gesamtvermögens fest. Für die wichtigsten Anlageklassen – Aktien, Anleihen, Immobilen Rohstoffe etc. – werden prozentuale Zielgrößen (z.B. 60 Prozent Aktien) bestimmt, außerdem wird innerhalb der Anlageklassen eine Gewichtung vorgenommen – bei Aktien beispielsweise eine Übergewichtung bestimmter Regionen (wie Europa), Branchen (wie Autoindustrie) oder Anlagestile (wie Value-Aktien).

Anleihe

Sie ist ein börsengehandeltes Wertpapier, mit dessen Kauf Anleger dem Emittenten für bestimmte Zeit (Laufzeit) ein Darlehen geben und dafür (in der Regel) einen festgelegten Zinssatz erhalten. Schuldner, die Anleihen auflegen, können Staaten (z.B. Bundesanleihen), Firmen (Unternehmensanleihen) oder Banken (z.B. Pfandbriefe) sein.

Börsencrash

So wird ein dramatischer Kurseinbruch an den Börsen innerhalb kurzer Zeit bezeichnet. Üblicherweise spricht man von Crash, wenn die Kurse im Durchschnitt innerhalb weniger Wochen um 20 Prozent und mehr abstürzen. In den Medien werden oft schon Kursrückgänge um wenige Prozent fälschlicherweise Crash genannt – hier handelt es sich jedoch um Korrekturen.

Computerbörse

Im Gegensatz zum Präsenzhandel, bei dem Händler die Kauf- und Verkaufsaufträge ausführen, erfolgen im Computerhandel die Zusammenführung der Orders und die Kursbildung über ein elektronisches System. Dadurch entstehen niedrigere Kosten, eine schnellere Abwicklung und ein ortsungebundener Zugang. Computerbörsen in Deutschland sind Xetra für den Wertpapierhandel, insbesondere für Aktien und ETFs, und Eurex für den Terminhandel.

Derivate

Das sind Finanzinstrumente, deren Preise von der Entwicklung anderer Anlageprodukte abhängen. Man kann sie auch als Finanzwetten bezeichnen. Darunter fallen vor allem Optionen, Futures, Zertifikate und Swaps. Derivate können sowohl zur Spekulation als auch zur Absicherung gegen Verluste eingesetzt werden.

Diversifikation
Die Verteilung des Vermögens auf verschiedene Anlageprodukte heißt Streuung oder Diversifikation. Wird sie systematisch mit verschiedenen Anlageklassen und Einzelwerten angewandt, führt Diversifikation zu einer Verringerung des Risikos und zu einer Optimierung des Ertrags.

Dividendenstrategie
Hier wird gezielt in Aktien investiert, die eine hohe Dividendenrendite aufweisen oder bei denen die Dividenden regelmäßig steigen oder zumindest stabil bleiben. Meistens handelt es sich um Value-Aktien, die einen erheblichen Teil ihrer Gewinne an die Anleger ausschütten. Studie zeigen, dass dividendenzahlende Aktien langfristig besser abschneiden als Aktien von Unternehmen, die keine Dividenden ausschütten. Da viele Anleger hohe Ausschüttungen bevorzugen, gibt es zahlreiche Indizes, die Dividendenstrategien verfolgen – und entsprechend viele ETFs auf diese Indizes.

Emerging Markets
Englischer Begriff für die aufstrebenden Märkte, auch Schwellenländer genannt. Emerging Markets weisen ein höheres Wachstum auf als Industrienationen, da sich ihre Volkswirtschaften noch im Entwicklungsstadium befinden. Die Bedeutung der Schwellenländer hat seit dem wirtschaftlichen Aufstieg Chinas, Südkoreas und Indiens stark zugenommen. Aktien der Emerging Markets haben langfristig höhere Renditen als die der Industrieländer erzielt – zudem sind sie ideal für die Diversifizierung eines Depots, da sie sich oft nicht im Gleichschritt mit den Industrienationen entwickeln.

ETF
So lautet die Abkürzung für einen Exchange Traded Fund. Das ist ein börsengehandelter Indexfonds, der einen Referenzindex wie den DAX oder den MSCI World so genau wie möglich nachbildet. Er verzichtet also auf die Auswahl von Wertpapieren und auf das Timing von Käufen und Verkäufen. Die auch passive Fonds genannten ETFs werden wie Aktien laufend an der Börse gehandelt. Sie sind als Sondervermögen nicht von Zahlungsproblemen oder einem Konkurs der Emittenten betroffen. Studien zeigen, dass ETFs langfristig besser abschneiden als die Mehrzahl der aktiv verwalteten Investmentfonds.

Fonds
Das ist die Kurzform von Investmentfonds, die von Sparern Geld durch den Verkauf von Fondsanteilen einsammeln und es aktiv von professionellen Wertpapiermanagern verwalten lassen. Die wichtigsten Kategorien sind Aktienfonds, Rentenfonds, gemischte Fonds, die in Aktien und Rentenwerten anlegen, sowie Immobilienfonds. Als Sondervermögen sind sie vor Zahlungsproblemen oder einem Konkurs der Emittenten geschützt.

Fondsvermögen
So wird der aktuelle Wert aller Kapitalanlagen eines Fonds plus Barvermögen bezeichnet. Das Fondsvermögen wird bei klassischen Investmentfonds börsentäglich, bei ETFs laufend berechnet. Dividiert man das Fondsvermögen durch die Zahl der ausgegebenen Fondsanteile, ergibt sich der aktuelle Kurs eines Fondsanteils.

Freefloat
Das ist der Anteil am Grundkapital einer Aktiengesellschaft, der sich nicht in festem Besitz befindet. Er wird auch als Streubesitz bezeichnet. Aktienpakete von 5 Prozent und mehr gehören nicht zum Freefloat. Sie werden damit nach der Definition der Deutschen Börse bei der Berechnung der für die Aufnahme in den DAX und andere Aktienindizes entscheidenden Marktkapitalisierung nicht berücksichtigt.

Growth-Aktien
Sie werden auch Wachstumsaktien genannt und zeichnen sich dadurch aus, dass die Anleger ein überdurchschnittlich starkes Wachstum der Unternehmensgewinne erwarten. Growth-Aktien sind meistens in Technologiebranchen und neuen Geschäftsfeldern zuhause. Sie weisen in der Regel weit überdurchschnittliche Bewertungen (KGVs) auf zahlen geringe oder keine Dividenden. Langfristig schneiden Wachstumswerte schlechter ab als Value-Aktien – aber es gibt oft lange Phasen, in denen dies nicht der Fall ist.

iBoxx-Index
Das ist der Begriff für eine Familie von weltweiten Rentenindizes. Sie gelten als wichtigste Kursbarometer für festverzinsliche Wertpapiere und

bilden häufig die Index-Grundlage für ETFs und Derivate. iBoxx-Indizes werden von einer Tochter des Londoner Markit-Instituts berechnet.

Indexfonds

Das ist der Sammelbegriff für passive Fonds, die einen bestimmten Index so genau wie möglich nachbilden. Ursprünglich gab es sie nur in der klassischen Variante (wie bei aktiv gemanagten Fonds) mit lediglich einer Preisfeststellung pro Börsentag, seit den 1990er-Jahren werden sie zunehmend in Form von ETFs angeboten, also als börsengehandelte Indexfonds.

Korrelation

Dieser Begriff aus der Mathematik heißt übersetzt Wechselbeziehung. Er misst den Zusammenhang zwischen zwei Größen. In der Geldanlage spielt die Korrelation eine wichtige Rolle, weil sie aussagt, wie sich der Kursverlauf verschiedener Anlagen zueinander verhält. Um ein Depot möglichst risikoarm und trotzdem renditestark zu gestalten, sollten die darin enthaltenen Wertpapiere nicht alle in die gleiche Richtung marschieren (also nicht stark miteinander korrelieren), sondern sich unterschiedlich entwickeln. Am besten erreicht man das mit einer breiten Streuung in verschiedene Anlageklassen.

Kurs-Gewinn-Verhältnis (KGV)

Das KGV ist die wichtigste Kennziffer für die Bewertung von Aktien. Sie lässt sich leicht errechnen, indem man den aktuellen Börsenkurses durch den Jahresgewinn je Aktie teilt. Mit anderen Worten: Das Kurs-Gewinn-Verhältnis gibt an, mit welchem Vielfachen die Börse den Gewinn je Aktie bewertet. Entscheidend ist nicht der Ertrag der Vergangenheit sondern der erwartete, da an der Börse die Zukunft gehandelt wird. Normalerweise wird der von Analysten geschätzte Gewinn des folgenden Jahres zur Berechnung herangezogen.

Large Caps

Das sind Aktien großer Unternehmen mit einer sehr hohen Marktkapitalisierung, oft auch Blue Chips genannt. In den bekannten Leitindizes wie dem DAX oder dem Dow Jones sind nur Large Caps vertreten, da die Indexzugehörigkeit von der Höhe der Marktkapitalisierung abhängt. Large Caps weisen einen Börsenwert von mindestens 5 Milliarden Dollar auf.

Liquidität

Im Investmentbereich sagt sie aus, wie schnell eine Geldanlage verkauft und somit in Bargeld umgewandelt werden kann. Je höher der Börsenumsatz einer Aktie oder Anleihe ist, desto liquider ist das Wertpapier. Bei Large Caps ist die Liquidität in der Regel besonders hoch, bei Small Caps oft sehr gering.

Marktkapitalisierung

Sie gibt den Börsenwert eines Unternehmens an und wird berechnet, indem der aktuelle Kurs mit der Anzahl der ausgegebenen Aktien multipliziert wird. Die meisten Aktienindizes sind nach der Höhe der Marktkapitalisierung geordnet. Der englische Begriff lautet Market Capitalisation, abgekürzt Market Cap. Das »Cap« findet sich im internationalen Gebrauch bei der Zuordnung nach der Aktiengröße wider, also bei Large-Caps, Mid-Caps und Small-Caps.

Mid-Caps

Das sind Aktien mittelgroßer Unternehmen, die in der Regel einen Börsenwert von mehr als einer Milliarde Euro aufweisen, aber zu klein sind, um in die Indizes für Large Caps aufgenommen zu werden. Die Obergrenze ist deshalb von Land zu Land verschieden. In Deutschland ist der MDAX das Barometer für Mid Caps. Der kleinste Wert hatte Ende November 2017 eine Marktkapitalisierung von rund 1,7 Milliarden Euro.

Passiv gemanagte Fonds

Sie verzichten völlig auf eine gezielte Wertpapierauswahl und auf ein Timing beim Kauf und Verkauf, sondern bilden einen Index möglichst exakt nach. Da, wie viele Studien belegen, die meisten aktiven Fonds langfristig ihren Vergleichsindex nicht übertreffen, wächst die Nachfrage nach passiven Fonds – vor allem ETFs – seit Jahren dynamisch.

Rendite

Das ist der Gesamtertrag, der in einem bestimmten Zeitraum mit einer Geldanlage erzielt wird. Üblicherweise wird die Rendite pro Jahr angegeben, in der Fachsprache p.a. vom lateinischen per annum. Bei Aktien wird die Rendite als Summe von Dividenden (und anderen Ausschüttungen) und Kursveränderungen errechnet, bei Anleihen aus laufender Verzinsung, Restlaufzeit und Kursverlauf.

Small-Caps

So werden die Aktien von Unternehmen mit geringer Marktkapitalisierung bezeichnet. Ein anderer Begriff dafür lautet Nebenwerte. In Deutschland deckt der SDAX das Segment der Small Caps ab. Der kleinste Wert wies Ende November 2017 einen Börsenwert von rund 380 Millionen Euro auf.

Sondervermögen

Das ist die Summe aller den Anlegern gehörenden Vermögenswerte (der Wert aller Fondsanteile) in einem Investmentfonds. Um die Kunden vor Zahlungsproblemen oder einer Insolvenz der Fondsgesellschaft zu schützen, muss das Sondervermögen von einer unabhängigen Depotbank treuhänderisch für die Anleger verwahrt werden.

Spekulationsfrist

Gewinne aus privaten Geldgeschäften – zum Beispiel Kursgewinne beim Verkauf von Aktien – werden in Deutschland seit 2009 wie Zinsen und Dividenden voll besteuert, egal wie lange die Wertpapiere im Depot sind. Bis Ende 2008 gab es jedoch eine Spekulationsfrist von 12 Monaten. Hatte ein Anleger seine Wertpapiere länger als ein Jahr gehalten, konnte er die Kursgewinne steuerfrei realisieren, wer sie früher verkaufte, unterlag mit den Erträgen der Einkommensteuer. Eine Spekulationsfrist dient dazu, Gewinne aus kurzfristigen Spekulationen zu versteuern, langfristige Investments dagegen zu verschonen. Sie fördert somit den langfristigen Vermögensaufbau, zum Beispiel für die Altersvorsorge. Seit 2009 gibt es nur noch bei privaten Immobiliengeschäften eine Spekulationsfrist. Sie beträgt 10 Jahre. Spekulationsfristen sind in zahlreichen Ländern insbesondere in der staatlich geförderten privaten Altersvorsorge üblich, in Deutschland leider nicht mehr.

Spread

Darunter wird die Differenz zwischen dem Geld- und dem Briefkurs (also dem Ankauf- und Verkaufskurs) bei einer Börsentransaktion verstanden. Der Spread, auch Handelsspanne genannt, kann in Prozent oder in absoluten Beträgen angegeben werden und ist umso größer (teurer für die Anleger), je geringer die Handelsumsätze sind. Auch beim ETF-Handel gibt es einen Spread, er ist bei marktgängigen Indizes sehr gering, bei selten gehandelten Indizes dagegen relativ hoch. Für Langfristanleger spielt die Höhe des Spread keine entscheidende Rolle, wohl aber für Trader.

Stock-Picking

Der Begriff stammt aus dem Englischen und bedeutet gezielte Aktienauswahl. Das Ziel der Stock-Picker besteht darin, Aktien auszusuchen, die ihrer Ansicht nach besser als der Gesamtmarkt abschneiden. Die Aktienauswahl kann nach fundamentalen Kriterien (Gewinnentwicklung, Dividenden, Bewertung etc.) oder nach charttechnischen Signalen (Analyse der Kursverläufe) erfolgen. Zahlreiche Studien zeigen, dass aktives Stock-Picking im Durchschnitt der passiven Anlage in ETFs langfristig unterlegen ist.

Thesaurierung

Sie liegt vor, wenn laufende Erträge wie Dividenden nicht an die Anleger ausgeschüttet sondern automatisch im gleichen Wertpapier wiederangelegt – thesauriert – werden. Das spart Kosten, die sonst bei der individuellen Neuanlage anfallen, und es entsteht ein Zinseszinseffekt. Thesaurierung ist vor allem bei Fonds und ETFs sinnvoll, weil durch den Zinseszinseffekt der langfristige Vermögensaufbau beschleunigt verläuft.

Timing

Das ist der Versuch, günstige Ein- und Ausstiegszeitpunkte bei Wertpapieren zu finden und dadurch besser abzuschneiden als der Markt. Günstig bedeutet, Wertpapiere – vor allem Aktien – zu möglichst niedrigen Kursen zu kaufen und zu hohen zu verkaufen. Timing wird sowohl bei Einzelwerten als auch beim Gesamtmarkt angewandt. Es kann nur erfolgreich sein, wenn Anleger oder Fondsmanager bessere Informationen als der Markt besitzen, was langfristig angesichts der Fülle von Einflussfaktoren als unwahrscheinlich gilt. In der Praxis führt Timing in der Regel zu unterdurchschnittlichen Ergebnissen. Time – also eine lange Anlagedauer – ist deshalb bei Aktien dem Timing vorzuziehen.

Transaktionskosten

Das sind die Kosten, die beim Kauf- und Verkauf von Wertpapieren anfallen. Sie umfassen die Gebühren der Börsen und Banken, sowie in manchen Ländern auch Steuern. In den letzten Jahrzehnten sind die Transaktionskosten dank neuer Wettbewerber wie der Direktbanken und der Konkurrenz der Börsenplätze untereinander deutlich gesunken.

Value-Aktien

So werden »werthaltige« Aktien genannt, also Aktien von Unternehmen, die günstiger bewertet werden als der Gesamtmarkt. Sie heißen auch Substanzwerte und weisen in der Regel ein niedriges KGV und eine relativ hohe Dividendenrendite auf. Meistens handelt es sich um Aktien aus »alten« Branchen, bei denen das Gewinnwachstum geringer ist als bei den »modernen« Wachstumswerten (Growth-Aktien) aus dem Technologiebereich. Die Grenzen zwischen Value- und Growth-Aktien sind fließend, das einfachste Unterscheidungsmerkmal ist es im Prinzip, ob eine Aktie billig (Value) oder teuer (Growth) ist. Langfristig übertreffen Value-Aktien die Renditen von Growth-Aktien.

Volatilität

Das ist ein Risikomaß, das den durchschnittlichen Schwankungsbereich eines Wertpapierkurses innerhalb eines bestimmten Zeitraums, üblicherweise innerhalb eines Jahres, um einen Mittelwert angibt. Je stärker ein Kurs nach oben und unten schwankt, desto höher ist die Volatilität (oft Vola abgekürzt), und umso höher ist entsprechend das kurzfristige Risiko. Die Volatilität wird anhand der statistischen Methode der Standardabweichung berechnet.

Zertifikate

Das sind Schuldverschreibungen, bei denen der Ertrag nicht wie bei »normalen« Anleihen aus Zinsen besteht. Der Rückzahlungsbetrag hängt vielmehr von der Wertentwicklung bestimmter Basiswerte ab, beispielsweise von Aktien, Börsenindizes, Anleihen, Devisen oder Rohstoffen. Es handelt sich somit um Derivate, also abgeleitete Finanzinstrumente. Da Zertifikate als Schuldverschreibungen bei Zahlungsschwierigkeiten des Emittenten (in der Regel einer Bank) nicht wie Sondervermögen geschützt sind, droht im Konkursfall ein Totalverlust für die Zertifikate-Inhaber. Die

Pleite von Lehman Brothers im Jahr 2008 hat vielen Anlegern hohe Einbußen beschert. Zertifikate sind in der Regel komplex und risikoreich.

Zinseszinseffekt
Wenn Erträge – Zinsen oder Dividenden – nicht ausgeschüttet, sondern wiederangelegt werden, wächst das Kapital nicht linear sondern exponentiell, also mit zunehmender Dynamik. Denn die investierten Erträge erhöhen nach jeder Ausschüttung oder Zinszahlung die Anlagesumme und damit die Erträge daraus. Nobelpreisträger Albert Einstein hat den Zinseszins als »stärkste Kraft im Universum« bezeichnet.

STICHWORTVERZEICHNIS

Der einfache Weg zum Wohlstand

Gottfried Heller

Umdenken und handeln, statt stillhalten und auf bessere Zeiten hoffen – das ist das Credo von Anlageexperte Gottfried Heller. Und wer, wenn nicht der jahrzehntelange Partner der Börsenlegende Kostolany, wäre besser geeignet für Empfehlungen, was in diesen unsicheren Zeiten in Sachen Geld und Vermögen das Beste ist. Sicher ist: Ohne wirklich guten Rat fressen Inflation, Steuern und Gebühren die Kapitalerträge auf. Was genau zu tun, zu beachten und zu bedenken ist, hat der erfolgreiche und renommierte Vermögensverwalter Gottfried Heller in diesem Buch festgehalten.

Heller zeigt genau, wie unterschiedlich die Anlagestrukturen je nach Risikoneigung, Alter und Lebenssituation ausfallen müssen. Dabei gibt er viele konkrete Hinweise, die einfach umgesetzt werden können, sei es vom Anleger selbst oder einem erfahrenen Berater.

ca. 336 Seiten | Hardcover mit Schutzumschlag | 24,99 € (D) | ISBN 978-3-89879-842-6

Aktien für die Ewigkeit

Jeremy Siegel

DAS Standardwerk für die richtige Portfoliostrategie und eine kontinuierliche Rendite in allen Marktphasen. Der Bestseller »Stocks for the Long Run« in der 5., komplett überarbeiteten Auflage.

Weltweit schwankende Aktienmärkte – die Zeiten sind chaotisch. Viele Anleger ziehen sich von den Börsen zurück oder wagen sich gar nicht erst an den Aktienmarkt. Und doch gibt es zahlreiche Möglichkeiten, das eigene Anlageportfolio so aufzubauen, dass trotz aller Unwägbarkeiten, unabhängig von der Lage an den Märkten, regelmäßige und dauerhafte Renditen erzielt werden können. Jeremy Siegels Klassiker stellt die wichtigsten Kriterien zusammen, die jeder Aktionär berücksichtigen sollte, um sein Portfolio möglichst stabil und sicher zu gestalten.

400 Seiten | Hardcover | 49,99 € (D) | ISBN 978-3-89879-978-2

Dieses Mal ist alles anders

Carmen Reinhart | Kenneth S. Rogoff

Dieses Mal ist alles anders, dieses Mal kann es gar nicht so schlimm werden wie beim letzten Mal. Denn dieses Mal steht die Wirtschaft auf soliden Füßen und außerdem gibt es diesmal viel bessere Kontrollmechanismen als beim letzten Mal. Wann immer es in der Geschichte der Menschheit zu Krisen kam, diese oder ähnliche Sätze waren jedes Mal zu hören. Doch was ist dran an derartigen Behauptungen?

Nicht besonders viel, haben Kenneth Rogoff und Carmen Reinhart herausgefunden. In akribischer Arbeit haben die beiden Autoren die Finanzkrisen der letzen acht Jahrhunderte in über 66 Ländern analysiert. Zum Schluss ziehen die beiden Autoren die Lehren aus ihrer Untersuchung und kommen zu dem Ergebnis: Es ist dieses Mal eben doch nicht anders.

576 Seiten | Hardcover mit Schutzumschlag | 34,90 € (D) | ISBN 978-3-89879-564-7

SOS Europa

Gottfried Heller | Stephan Werhahn | Ulrich Horstmann

Europa steht mal wieder – wie so oft in der Geschichte – am Scheideweg: Die einen wollen ein zentralistisches kopflastiges Europa, die anderen präferieren eine föderale Union von weiterhin selbstständigen Nationalstaaten, Regionen und Kommunen.

Doch wie kann Europa gegenüber der globalen Konkurrenz künftig bestehen? Wie können die inneren und äußeren Spannungen, die Europa bedrohen, abgebaut werden? Wie entfesselt man Europa, um die digitale Revolution zu bestehen? Und was können die Bürger dafür tun?

Gottfried Heller, Ulrich Horstmann und Stephan Werhahn zeigen Wege aus der Krise hin zu einem neuen Europa, das den Herausforderungen unserer Zeit gewachsen ist.

288 Seiten | Softcover | 17,99 € (D) | ISBN 978-3-89879-984-3

Bargeldverbot

Ulrich Horstmann

Der Bestseller bereits in der 6. Auflage jetzt mit 30 zusätzlichen Seiten zu den aktuellen Entwicklungen rund um die Bargeldabschaffung und die geplante 5000 € -Obergrenze.

Nicht nur die andauernde Niedrigzinsphase ist eine große Gefahr für Sie als Sparer, sondern auch das immer stärkere Zurückdrängen von Bargeld. In Italien und Frankreich sind bereits Bargeldzahlungen ab 1000 Euro illegal und viele Deutsche Banken haben neben Tageslimits schon Wochenlimits eingeführt.

- Alle Informationen über die Szenarien und Folgen einer Bargeldabschaffung
- Das erste Buch, das über diesen neuen Enteignungs- und Überwachungsansatz informiert
- Profundes Hintergrundwissen von zwei erfahrenen Finanzexperten

160 Seiten | Softcover | 6,99 € (D) | ISBN 978-3-89879-933-1

Intelligent Investieren

Benjamin Graham

Intelligent Investieren und maximale Renditen an der Börse erwirtschaften! Welcher Anleger möchte diese Taktik nicht zu gerne anwenden? Doch nur wenn Sie verstehen lernen, welche Anlagestrategien es überhaupt gibt und welche Rolle die Psychologie der Anleger spielt, werden Sie an den Märkten der Welt gewinnbringend operieren können!

Hier zeigt Ihnen Benjamin Graham, einer der einflußreichsten Investoren aller Zeiten und Vater der bahnbrecher den Finanzanalyse, wie Sie sich persönlich die erfolgreichsten Anlagekonzepte aufbauen und am gewinnbringendsten realisieren können. Zeitlos wichtige Informationen, äußerst praxisnah und spannend!

640 Seiten | Hardcover | 39,99 € (D) | ISBN 978-3-89879-827-3